JN108455

リディアードの
ランニング・
トレーニング

橋爪伸也 著

師であり、友であり、ヒーローでもあったアーサー・リディアードに捧げる；
感謝と、愛情と、栄誉を込めて
（写真：1984年、ニュージーランド・オークランド）

CONTENTS

Credit

装丁＆書籍デザイン＝ギール・プロ
実技モデル(第8章)＝市川美歩(美走ならしのRC)

実技撮影＝Gerry Smith (Stem Cell Studios)
カバー写真＝Getty Images

はじめに

「誰もが恩恵を受けるトレーニング」を求めて

　市民マラソンで4時間切りを目指すランナーにも、1マイル（1609m）で4分切りを目指すエリート・マイラーにも応用できる。60歳のおじさんも、16歳の女の子も同じ様に恩恵を得ることが出来る…。そんな都合の良いトレーニング・プログラムなんてこの世に存在するのでしょうか。実はそんな万能トレーニングが、半世紀も前に、南半球の島国、ニュージーランドで確立されたのです。現在「リディアード法」として、中長距離のイベントにとってゴールド・スタンダードの練習法として世界中で知られていて、恐らく世界中のエリート・ランナーは、なんらかの形で「リディアード法」を導入しているでしょう。しかし、誤解されている部分も多く、市民ランナーの間では敬遠されがちかもしれません。

　「リディアード・トレーニングの本を書いてみませんか？」クリールの駒木綾子さんからそう言われた時、迷わず同意しました。いつの日か私がリディアード本人から学んで来た「リディアード法の真髄」をまとめてみたい…という思いは常にありました。両親に無理を言って、わざわざアメリカの大学に行っている最中、1年間「休学」をしてニュージーランドに単身留学し、リディアード本人の元に押しかけて行ったのが1984年のこと。それから何と35年が経っていました。

　フランク・ショーターが福岡国際マラソンで優勝するのを観て走り始めた私ですが、当時の中長距離、マラソンの「教科書」といえば、故高橋進先生の書かれた各種本で、当然その中に「アーサー・リディアード」の名前が出てきていました。そんな時本屋で竹中正一郎先生の訳されたリディアードの初著書「Run to the Top」の日本語訳、ベースボール・マガジン社から出版されていた「リディアードの中長距離のトレーニング」（1965年）を手に取りました。むしろ白黒の写真が何故か新鮮でカッコよく見えたので、大した考えもなしに購入しました。中学生だった私は、ほとんど内容を読むことなく、即スケジュールのページに飛び、「20×400mなんてできっこないから10×200mにしておこう…」と、全くトレーニングの「何故」など理解することも、ましてや理解しようとする根性も毛頭なく、たまにインターバルをやって、他には週に数回、2〜3キロでも全力疾走してお茶を濁す程度でした。

高校になって、何かの拍子にまたこの本を手にすることになり、その中の
「週100マイル」というスケジュールに注目しました。当然「できっこない」
なんですが、その時は何故か「マイルをキロに変えて、週に100キロなら走
れるんじゃないか」と思いました。もちろんそれでも、別段毎日走る訳でも
なし、100キロにも及ばなかった方が多かったのですが、週末には15キロ、
20キロ、そして高校3年生の頃には30キロまで距離を伸ばしていました。
私は三重県の久居市で生まれ、10歳まで久居の小学校に通っていました。父
の実家が津市一身田で、当時は電車に乗って、そこからバスに乗り換えて…
という感じで祖父母の家に行ったものでした。10歳の時祖父が他界し、一身
田の方に引っ越したのですが、30キロというと、一身田の家から津に出て、
ちょっとした山を越えて久居の「一本松」というバス停に出て近鉄の久居駅
から阿漕駅のちょっとしたアップダウンの坂道を越えて、津の中心街に出て
白塚の海岸を回って帰ってくる、というその年頃の一般的な感覚ではちょっ
と考えられないような距離になっていました。時たま阿漕の坂を走っている
私をバスの中から見かけた高校の同級生から「お前はアホちゃうか?」とか
らかわれたものです。しかし、その時の思い出としては、そんな距離を走れ
ば走るほど力が漲ってくるのを感じた、ということでした。とにかくグング
ンペースを上げても自分の感覚ではほぼ全力疾走している感じなのに、かな
りの間をそのペースで押すことができるようになる、ということでした。そ
の後、ニュージーランドに行った時、ローマ五輪のマラソンで、あの裸足の
王者、アベベに次いで銅メダルを獲得、その後当時の朝日マラソン(福岡国
際マラソンの前身)で、日本国内で初めてのサブ2時間20分で走ったバリー・
マギーが、「チンタラ走りは『FUN』じゃない。しかし、コンディションが
出来てくると、チンタラ走りが本当の『走り』になり、その後『飛ぶように
走れる感覚』になるんだ」と言っていましたが、ちょうど本当にそんな感じ
になったのでした。距離を踏むことのマジックを初めて知った時でした。リ
ディアードの真髄です。

　高校を卒業し、今度はロータリーの交換留学生として1年間、オーストラ
リアに住むことになりました。ちょうどオリンピックの中間年で、エドモン
トンで英連邦大会が開かれていました。英文を読めないので普段は全く開こ
うともしていなかった新聞をめくる機会があり、何故か「ラッセ・ビレン」
という名前が目に飛び込んできました。1972年のミュンヘン、1976年のモン
トリオール五輪で、2大会連続で5,000m、10,000mで二冠に輝いたあの
ビレン選手のことです。私にとって高校2年生の夏、朝早く起きてテレビに

釘付けになって観ていたオリンピックの放送で、長距離の王者となったビレンです。当然ながら英語で書かれているので、四苦八苦で読むと、思っていたビレンの記事ではなく、ビレンをはじめとする「二代目空飛ぶフィンランド人（初代についてはP27にて後述）」の活躍の陰には、実はアーサー・リディアードがいた、ということが書かれていました。私にとって初耳の事実でした。そして、そのリディアードの最新著書が発売される、という内容でした。高校3年生の時の30キロ走の記憶がまだ新しく、その影響で、広大なオーストラリアの地ではとにかく走り込もうと思っていた時なので、このリディアードの新著書「Run—the Lydiard Way」を見逃さないように、とそれからほとんど毎日のように本屋に通ってとうとう手に入れました。この本が、私の一生において…初めて英語で全部読み切った本となりました！当時としては初めて聞く「aerobic」とか「anaerobic」とか、また身体のpHのレベルとか、その科学的な裏付けもさることながら、全体を通して「メイク・センス」する、つまり非常に理に適っている、ということに大きく感銘を受けました。今思えば、これは運命的な出会い、ということになるのでしょうか。

　この「Run—the Lydiard Way」は、その後増版を重ね、後年「Running with Lydiard」となり、今でも日本では大修館から出されている小松美冬さんの訳の「リディアードのランニング・バイブル」として、根強い人気を保っています。実はこの「リディアードのランニング・バイブル」には、私も小松さんのお手伝いをする機会があったのです。1984年、1年間のニュージーランドでの「遊学」を終えて日本に帰って来た私は、リディアードからもらった（もらった経緯は後述します）「Athletic Training」の簡単な手書きの日本語訳を、中学校の先生をやっていた知人に頼んで「わら半紙」（最近の若い人は知らないでしょうねぇ…、茶色の薄汚い紙です）にコピーしてもらい、近所の高校、大学の陸上部の監督さん、そしてその当時ちょっと有名になっていた実業団の監督さん2名に厚かましくも送ったのでした。高校の陸上部の指導者からは何の音沙汰もなかったですねぇ！（笑）しかし直接返事をくれたのが実業団の監督さんからでした。「ゆっくり走れば速くなる」の著者、LSDで有名になったNECの故佐々木功監督と、飛ぶ鳥落とす勢いのSB軍団のカリスマ的指導者、故中村清監督でした。1985年5月、ちょうど中村監督が釣りでの不慮の事故でお亡くなりになる1週間前に世田谷のご自宅にお邪魔しました。その際、彼にリディアードの新著を見せ、「いつかこの本を日本語訳したいですねぇ…」と言うと「いつかなんて言ってないで、すぐ訳

しなさい！」と言われました（笑）。そこですぐ翻訳を始め、そのすぐ後に、今度はリディアード本人から「日本人の女性で、私の本を日本語訳したい、と言っている人がいる」とその人のコンタクトをもらいました。それが小松さんでした。その後トントン拍子に話が進み、そこまでで私が訳した分を小松さんに手渡しました。1991年にアメリカのミネソタ州に「戻って」からは、地元の会社に勤めていた時、しばらくの間、小松さんから「チェックしてください！」と、1日30ページ近いファックスが連日届き、会社の人等から白い目で見られていました！

　話が前後しますが、オーストラリアから帰国した私は、次にアメリカ、ワシントン州の大学に進みました。当初は「『アメリカの大学』っていったら聞こえがいいものね…」をほとんど地で行って、モーゼス・レイクという何もないような草原の真っ只中（JALのトレーニング本拠地として知られていますが）のコミュニティー・カレッジにまず入学しました。その時、近くの大きなロードレース（ワシントン州スポケーン市のライラック・ブルームズデイ）で、アメリカで有名なランニング雑誌「Runner's World」の創始者の一人、ジョー・ヘンダーソン氏と知り合います。そして、何気なく彼に手紙を出して、その中で「アーサー・リディアードの住所を知っていますか？」という質問をしました。ジョーに教えてもらったリディアード本人の住所に手紙を出したのが1981年の春でした。夏休みが終わったところで、彼の「Athletic Training」を同封した返事を受け取ります。そして「文通指導」を受けるようになります。そしてその秋、「11月の感謝祭にシアトル・マラソンのゲストとして招待されている。来ないか？」という手紙を受け取ります。何故か巷で映画「レイダース、失われたアーク《聖櫃》」が流行っていたのを覚えています。夜行のグレイハウンド・バスに揺られること7時間、朝の6時にシアトルに到着、自他共にレジェンド・コーチとして知られるアーサー・リディアード本人に初めて会うのです！　少し早すぎるので、時間を潰してから7時半ごろ、彼の部屋に電話を入れます。「今ホテルのロビーに来ているんですが…。」「よし、4分で降りて行く。」一般に英語では「Wait a minute」とか、1分で終わりっこないのに「1分」とか「数分」とかいう言い回しをよく使いますが、「ここまできっちりと時間をいう人は聞いたことがないな」と変なことに感心して、しかもハッキリと記憶に残っています。これが彼、アーサー・リディアードと私の師弟関係と友情の始まりでした。

　その後、シアトル、ビーバートン、ポートランドと、リディアードのクリニッ

クに顔を出し、その間に、彼との手紙のやり取りで指導を受けている間に、「で、いつニュージーランドに来るんだ？」と彼が口にする様になりました。こんなチャンスはまたとない！とばかりに、両親に無理を言って、大学を休学し南半球に向かったのが1983年の暮れでした。12ヶ月の滞在中、リディアード本人はもちろん、リディアードのオリジナルのランナー達、バリー・マギー、ビル・ベイリー、ジェフ・ジュリアン…、そして誰よりもお世話になり、リディアード法のトレーニングの「実践法」を教えてくれたレイ・パケットなどと交流を深め、「リディアード法トレーニングの真髄」を学んで来ました。その後、イースタン・ワシントン州立大学を卒業後、日本に戻って日立製作所水戸工場の女子陸上部の初代コーチを経て、1991年、再度アメリカに舞い戻り、1999年と2004年、リディアード本人の希望で全米講演ツアーを企画、その2004年のツアーで、後2箇所を残してリディアードは帰らぬ人となりました。常に「我が道を行く」で、他人に頼らなかったリディアードが晩年に心を許してくれた数少ない人達の中に私が入っています。ガース・ギルモア著書のリディアードの自伝「Master Coach」に、リディアード本人が「私のスター的生徒へ」とサインしてくれました。「私をピーター・スネル等と同じレベルに思ってくれているのか？」と感動して聞くと、「ランナーとしてではないがね」とニヤリ。確かにそうなんですが、むしろだからこそ、気難し屋のリディアードが心を許してくれた「弟子」として、リディアードの教えを世に継承し続けて行くことは、私の使命と感じています。

　思えば、ランニングを、そしてリディアードを通して世界中のランナー、コーチ達と知り合うことができました。ナイキの創始者の一人、ビル・バウアーマンとも懇意にしていただいたのですが、彼が亡くなった後も彼の奥さんのバーバラと交流を深めていました。バーバラに電話をする度に「ノビー（「のぶや」の英語での愛称）はいつも『ランニングの輪』を広げていくのね…」と言っていました。1972年12月3日、フランク・ショーターが福岡国際マラソンで連覇した勇姿を見て走り始めた私ですが、そのショーターとは2004年のボストン・マラソンのエキスポで初めて言葉を交わすことが出来ました。ちょうどアーサー・リディアードをアメリカに呼んで講演ツアーを企画している最中でした。ショーターがいなかったらランニングにのめり込むこともなかったでしょう。あたかも、運命の輪の最後の部分が結びついて完結した思いでした。日本でも、「リディアード」の名の下に、故中村清監督、故小出義雄監督にもお会いする機会を持てました。また、三井住友海上の渡辺重治元総監督、そして彼を通して土佐礼子選手、渋井陽子選手、そして、

カネボウの高岡寿成監督などとも懇意にしていただいています。

　私自身は、小学校の時、校内マラソン大会（２キロ！）で上位に入賞して以来「かけっこ」が好きになりました。そして中学校に上がって陸上部に入り、長距離を走り始め、オーストラリア留学中リディアードの本に出会い「理に適ったトレーニング」の虜になりました。それでも私自身の「競技歴」は、「どうすれば速く走れるのだろう」の疑問続きで、結局全く日の目を見ずに、「市民ランナーに毛が生えた程度」で終わりました（涙）。それでも、実業団のプロのコーチの経験も経て、今、アメリカで何百人もの「市民ランナー」に触れ合うに当たって、レベルにかかわらずその「真剣さ」というのは全く変わらない、ということを痛感しています。そして、そんな「普通のランナー」のほとんどが、私同様、「どうすれば速く走れるのだろう」、「どうすればもっと楽に、故障することなしに、楽しく走ることができるのだろう」と、暗中模索している人達です。私は常に、「もし誰か、トレーニングの本当のノウハウを知っている人が、正しい『道案内』をしてくれていたら…」と思っていました。そんな私の「クローン・ランナー」達に、私自身が学んで来た「リディアード・トレーニングのノウハウ」をこの本を通して伝えることが出来れば幸いです。

　リディアードは「チャンピオン・ランナーのメーカー」として知られると同時に「ジョギングの父」としても知られています。そして公然と「オリンピックの表彰台に選手を立たせるよりも、中年のオジちゃん、オバちゃんにランニングの素晴らしさを教える方により意義を感じる」といつも言っていました。私は、故中村清監督や故小出義雄監督らの「マラソンの、ランニングのロマン」にも触れるチャンスが持てて、その両方に同じ重さの「ロマン」を感じ、リディアードの持論である「私のトレーニング法は、その真髄を理解すれば４時間マラソンランナーにも４分マイラーにも応用できる。60歳のおじさんも、16歳の女の子も同じ様に恩恵を得る事が出来る」を、私なりに実証することが出来ればこのうえなく喜ばしい限りです。

　ちょうどこの本を書いている真っ最中の2019年９月、ドーハで行われている世界陸上競技大会に先駆けて、IAAF、国際陸上競技連盟は、アーサー・リディアードに「国際アスリーツ・レジェンド」の称号を授与することにした、という情報が飛び込んできました。リディアードの「人となり」を知っている私には彼の声が聞こえてくる様です：「ずいぶん時間がかかったもの

だ…！」(笑)。彼の名が世界に知れ渡る様になってから59年が経っています。この称号を「受理」したのは、元アメリカ人で、現在ニュージーランド人と結婚し、ニュージーランド・アスレチックスのディレクターとして活躍しているピーター・フィッジンガー。彼はマサチューセッツ州出身で、ボストンの伝説的コーチ、ビル・スクワイヤーズ（ビル・ロジャースのコーチ）の指導を受け、1984年ロス五輪のアメリカ代表となり、1985年には来日、広島ワールドカップ・マラソンで18位になっています。当時ボストンを本拠地としていたニュージーランド人で、バリー・マギーに指導を受けたケビン・ライアンに影響を受け、ロス五輪の準備として1983年のクリスマスをニュージーランドで過ごしていました。その時リディアードを訪問、「ヒル・トレーニングについてもっと詳しく知りたいのだが…」。本書Chapter8でご紹介する、リディアードがスピード養成として最も有効と説くヒル・トレーニングを学んだそうです。明けて新年のアメリカ・オリンピック・マラソン予選。当時アメリカ国内では負け知らずだったアルベルト・サラザール、満を持して自信満々のレース運びを見せます。最後三つ巴となった壮絶なラスト・スパート合戦、最後の最後の30メートルでサラザールを抜き去り後塵を浴びせたのが、誰あろう、フィッジンガーでした。国境を超え、時空を超えたリディアードの影響が垣間見えます。

　昔から、「偉大なアスリートは偉大な指導者にはなれない」と言われています。偉大どころか、「まともなランナー」の領域に引っかかるか引っかからないか、程度だった私だからこそ、私自身も試行錯誤を繰り返し、英語をマスターしてからは（かなりペラペラだと自負しています！）、海外の著名ランナー、コーチ達と意見交流を深めてきました。日本ではSUSHI MANさんが広めているレッツ・ラン・ジャパンのアメリカの本家本元のフォーラムなどを読んで、また、ミシガン州のランニング店、ガゼル・スポーツで500人近い「リディアード・ランナー（私たちが立ち上げたオンライン・リディアード・トレーニング・プログラム）」を使って春の25キロレースと秋のマラソンに向けてトレーニングをしているランナー達と交流することで今のランナーがリディアードをどう捉えているか、どこを誤解しているか、どこが知りたいかなどを把握しています。そして、機会あるごとに、そのギャップを埋めて橋渡しするよう努めてきました。そしてこの度、その私の今までの体験談の集大成として、一冊の本にまとめることが出来ることを本当にありがたく思っています。

　このチャンスを与えていただいたベースボール・マガジン社、このプロジェクトを具体化していただいた駒木綾子さんと、編集にご尽力いただいた朝岡秀樹さんに心から感謝の意を表したいと思います。私が中学校の陸上部に入った時、真っ先に購入したのが「陸上競技マガジン」でした。その意味でも全く感慨深いです。これもまた、運命の輪が完結したような思いです。

　当初から日本でのリディアードの活動を支えてくださった（どうしても「ランニング雑誌『クリール』の」と言わずにはおれない）樋口幸也さん、2008年のピーター・スネル博士の日本公演で大変お世話になり、現在でも、日本での「リディアード・アカデミー」の設立を後押ししてくださっている「日本ランニング学会」の山西哲郎先生、日本での新時代の「リディアードの本」の道を切り開いてくれた小松美冬さん、小松さん同様リディアードから直接紹介され2000年以降交流を続け、日本を代表する土佐礼子選手、渋井陽子選手のエージェントを務める機会をつくってくれ、今でも日本でのリディアード・クリニックには何度か友情出演してくれている三井住友海上の渡辺重治元監督、ヒル・トレーニングのモデルを快く引き受けてくださった千葉の「美走ならしのランニング・クラブ」の市川美歩コーチ、日立製作所水戸工場女子陸上部の初代コーチとなるチャンスを与えてくださり、また、トレーニングの「実践論」を教えてくださった岩渕仁さん、そしてマラソンのロマンを教えてくださった故中村清監督、「かけっこ」の喜びを教えてくださった故小出義雄監督…。そしてもちろん決して忘れてはならない、私が走り出した時、外国の学校に行きたいと言い出した時、そして大学の途中でニュージーランドに「遊学」したいと言い出した時、渋々ながらも（笑）黙認してくれてサポートしてくれた私の両親、当然それなりの皺寄せを受けたであろう私の兄に心から感謝したいと思います。

　ここまでが日本人編（笑）。レジェンド的コーチでありながら懇意にしていただき、ほとんど家族ぐるみで友好を深めてくれたビル、バーバラ、そして次男のジェイ・バウアーマン、同じくレジェンド的コーチ（ビル・ロジャース、グレッグ・マイヤー、ボブ・ホッジ等を指導）、ボストン・マラソンに行くといつも家に泊めてくれて、午前2時、3時まで雑談しながら自身のコーチングの奥義を教えてくれた「ボストンの顔」でもあるビル・スクワイヤーズ、リディアード・ファウンデーションの前身の「ファイブ・サークルズ」（NPO）の時代から現在の「リディアード・アカデミー」まで資金的援助を続けてくれたブリーズ・ライト発明者のブルース・ジョンソン、同じく

名コーチで、運動生理学と統計学にも長け、「リディアード・ランナー（www. lydiardrunner.com、オンライン・リディアード・トレーニング・プログラム。英名は Running Wizard)」の基礎となる方程式を組み立て「リディアードの基礎を一般ランナーに広めることが出来るなら」といって、それを快くファイブ・サークルズに寄贈してくれたディック・ブラウン博士、中学高校時代に私にランニングにのめり込むインスピレーションを植えつけてくれたフランク・ショーターとビル・ロジャース、同じく私の高校時代のヒーローでもあり、1984 年のニュージーランド留学以来友人として交流を深めて来てくれたディック・クアックス、ミネソタ州に移住して以来、ミネソタでのリディアード・コネクションとして友情を深めて来たスティーブ・ホーグ、私のニュージーランド滞在中、忙しかったアーサーの代わりに私の世話をしてくれて、現在私が理解している「リディアード法トレーニング」のノウハウのほとんどを伝授してくれたレイ・パケット、そして締め括りとして、私のランナー / コーチ人生を可能としてくれ、世界中のランナー、コーチ達との交流の輪を広めるための橋渡しとなってくれ、「ランニング」という贈り物を、私に、そして世界中の全てのランナーにくれたアーサー・リディアード、そして最後の最後に何よりも、長い間私の「道楽」を我慢して見守りサポートしてくれた妻のミーガンと、常に応援してくれた娘のアンナ美雪に心から「ありがとう！」と言いたいと思います。

　そのほかにもたくさんの方々のご指導、ご援助のお陰で、この本の発行となりました。皆様のご慈愛に心から感謝の意を表したいと思います。

1 ページの写真から 20 年後、2004 年、アメリカ・ワシントン州スポーケン市にて。この写真を撮影した 1 か月後の 2004 年 12 月、ランニングクリニック中にリディアードは急逝。

第Ⅰ部

リディアード・
トレーニングの
概要

Chapter 1

リディアード神話の始まり

実際に起こったおとぎ話

　次のストーリーを想像してみてください。ある中年のクツ屋のおじさんが、「人間はどれくらい走れるのだろう、中年になっても（トラック競技の）記録はよくなるんだろうか？」という素朴な疑問を満たすために走り始めました。ここまでは（ってまだ始まったばかりですが！）マラソン・ブーム真っ只中の現在の日本のどこにでもあるようなストーリーですよね！　その当時は、陸上競技の専門書でも週に 50 キロ以上も走ると心臓に良くないと注意していた時代ですが、彼は朝夕に関わらず走り続け、ついには週に 250 キロ近くも走るようになりました。彼は走れば走るほど力が漲ってくるのを感じ、40 歳に手が届くという、当時であれば競技生活引退して当然の年齢にも関わらず、トラックでの中距離のタイムまで自己新を出すようになりました！それに興味を示した近所の若者達が集まってきて一緒に走るようになりました。そのたった 10 数名に満たないローカル・チーム（彼の自宅から半径 20 キロ）のうち、5 人がオリンピック代表となり、二人が金メダル、他の一人が銅メダルを獲得し、続く 4 年間に数え切れない程の国内最高記録と選手権、果ては世界記録までも塗り替えるまでに成長し、次のオリンピックでも金メダル 2 個、銅メダル 1 個を獲得しました！

　こんなおとぎ話のような「サクセス・ストーリー」が、実は半世紀も昔、ニュージーランドのオークランド市郊外で本当に起こったのです。この「中年のおじさん」の名前はアーサー・リディアード。スポーツの指導経験も運動の生理学の知識もない高校中退（世界恐慌の影響）のリディアードが確立したトレーニングこそ、近代持久スポーツ・トレーニングの基礎と言われているのです。日本でも SB 陸上部の故中村清監督、佐倉アスレチック倶楽部の故小出義雄監督も、そして今や時の人でもある青山学院大学の原晋監督も

賞賛しているトレーニング法です。ではまず、このリディアード法のトレーニングの歴史的背景、そして世界中への影響に触れてみたいと思います。

　持久系スポーツのトレーニングの革命の発端となったとまで言われるほどのその「事件」は、1960年、9月2日の夕方、イタリアの古都、ローマの熱い夏の日でした。折しもスポーツの祭典、オリンピックの真っ最中。陸上競技の男子800m決勝、ニュージーランドという日本の4分の3の大きさの南半球の島国、人口は日本のわずか40分の1という、イタリアっ子が「それってどこにあるの？」と聞いてくるような全く無名の国から、伝統の真っ黒の上下に胸には真っ白（本当は銀色）のシダの葉っぱをあしらったユニフォームに身を包んだ、世界ランキング25位というこれまた全く無名の21歳のピーター・スネル選手がスタート地点に並んでいました。この決勝の数日前、当時世界のスポーツ用品市場を牛耳っていたアディダス社は、陸上競技の各種目で目ざとい選手達に最新のスパイク・シューズを提供していましたが、男子800mの決勝で、スネルだけが訪問を受けず、彼のコーチ、アーサー・リディアードの手作りのスパイク・シューズを履いての出場となりました。ダントツの優勝候補はベルギーのロジャー・ムエンス選手、当時の世界記録保持者でした。ラスト100mで先頭に立ったムエンス選手、「これで私はオリンピック・チャンピオンだ！」と雲にも上る気持ちだったと言います。そんな彼の夢を、最後の最後、ゴールまでわずか5mで打ち砕いたのがこの全く無名のスネルでした。競技場内が興奮の坩堝になり、選手専用通路の役員たちは「この『シュネル』って一体誰なんだ？」と首を傾げていたそうです。それを聞いて唯一「次はオレの番だ…」と自信を深めていたのがスネルの同僚、マレー・ハルバーグ選手でした。

　ハルバーグは、その2年前の英連邦大会の5,000mで優勝、一応メダル候補には挙げられていました。彼は17歳の時のラグビー中の事故で左腕が使えなくなっていました。左肩が砕かれ、切断された動静脈から血液が心臓の周りに流れ出し凝固し始めたので、開胸手術。担当医は、三日もたないだろうと悲観的な見解で、使い物にならなくなった左腕を切断するかどうか、という問いに対して、彼の両親は「どうせ来週まで生き延びられないだろうから、せめて五体満足にしておいて」と懇願したと言います。奇跡的に生き抜いたハルバーグは、翌年、リディアードの元でトレーニングを開始します。左肩がつり上がって、腕がダランと「振れている」だけの奇妙なフォームを見た観客は「5キロも走り切れるの？」と同情気味だったと言います。

800m 決勝の 30 分後にスタートを切った男子 5,000m、ハルバーグは後 3 周というところで 1 周 60 秒で突然スパートします。周回数を間違えたか、と思われたほどです。必死でこのリードを守ったハルバーグが逃げ切り優勝！ ゴール地点でぶっ倒れたハルバーグ選手に真っ先に駆け寄って祝福したのが表彰式を待ってインフィールドにいたスネル選手でした。わずか 1 時間の間に、南半球の小さな島国ニュージーランドが、金メダルを 2 個獲得したのでした。

　その 1 週間後の 9 月 10 日、オリンピックの最後を飾るマラソンは、夕暮れのコロシアムの近く、ミケランジェロの彫刻が立ち並ぶカンピドリオの丘の前をスタートし、石畳のアッピア街道を巡って、松明の炎に浮かび上がったコンスタンチン凱旋門でゴールするという素晴らしい演出の中でスタートを切りました。台本のないレース本番では、これまた全く無名だったエチオピアのアベベ選手が、なんと、42 キロを裸足で走るという前代未聞のパフォーマンスで当時の世界最高記録で、東アフリカに初の金メダルをもたらしました。数分後、最初の白人としてニュージーランドのバリー・マギー選手が軽い足取りでゴール、銅メダルを獲得して「リディアード門下」の 3 つ目のメダルを勝ち取りました。施設もろくにそろっていない南半球の島国から、しかも同じ指導者の下、オークランド市の郊外の一地区からの全く無名の 3 選手がメダルを取ったということで、世界中のスポーツ界を驚愕させたのでした。

　これが「リディアード神話」の始まりでした。

ジョギングの発祥

　ところで、この「サクセス・ストーリー」には、実は第二弾があるのです。「有酸素能力を高める」というトレーニングのコンセプトが、実は思わぬ副産物を生み出すことになったのです。ローマ五輪の翌年、1961 年の暮れ、ライオンズ・クラブの会食の場で、この有酸素トレーニング（もちろん当時は「有酸素」などといった用語は誰も知りませんでしたが）の効用を説明したリディアードのもとに、数人の肥満気味のビジネスマンがやってきます。「心臓も筋肉で、（長くユックリ走ることで）鍛えることができる、というあなたの考え方の原点は、私たちのように心臓病を患ったことのある中年男にも適応できるものなのでしょうか？」この素朴な質問が「ジョギング」の発端となったのです！　世界で初めての「ジョガーの集い」は、1962 年 2 月 11 日、オー

クランド市郊外のコーンウォール公園だ、と記されています。この日集まったのは 20 人。一番若い人が 50 歳、最年長が 72 歳でした。全員が一度は心臓発作を起こしたことのある強者？の集まりでした。ほとんどが 200 メートルも「走った」ところでツリー・ハガー（Tree Hugger= 木に抱きついている人）となり果ててハーハーゼィゼィ。しかし、これに懲りることなく、リディアードは「絶対にむきになって競争心をむき出しにしないように。『鍛えよ、しかし無理をするな』（Train, Don't Strain）だ」と指導します。「人間は競争心にあふれている。『練習』を『競走』に置き換えないように。」中年太りのおじちゃん連中、「競走するな」と言われて全員が大笑い。しかし、わずか数週間で、そのアドバイスがいかに大切かを痛感します。

とにかくゆっくり、ゆっくりで「足で稼ぐ時間」を伸ばすように、とリディアードから教えを受けます。体力がつくにつれて、速く走りたくなる誘惑を我慢して、2 ～ 3 日毎に少しずつ時間を伸ばしていき、あれよあれよという間に 1 時間、1 時間半、そして 2 時間近く走れるようになります！ その間に心拍数は徐々に下がり、安静時が 90 近かった人も 50 台に減少。身体に取り入れる酸素量が増えるにつれて、仕事がはかどるようになり、おまけにゴルフのスコアまで良くなってみんなビックリ！（＊これは本当なんです。酸素の供給が増えたことで、神経が研ぎ澄まされ、それに加えて「疲れ知らず」のフィットネスになったということで、細かい動きにも耐えられて、ブレなくなった、という事実があるんです。有酸素運動によって、学校での成績も上がった、あるいは仕事が捗る様になった、という事実も確認されています。）

それから 8 ヶ月後、卒業式…ではありませんが、全員で 20 マイル（32 キロ）を走ることになります。この「ジョギング」に興味を抱いた地元の新聞記者が、冷やかし半分で「地元ジョガーがランニング中に死亡！」という新聞の見出しを思い描いて自転車に乗って後を追ってきます。ところが約 3 時間後、ハーハーゼィゼィ言っていたのはその新聞記者だけでした。初日に 200m しか走れなかった「ツリー・ハガー」達 20 人、全員が 32 キロを歩くことなく完走したのです！ しかもそのうち 8 人が、その後フルマラソンに挑戦、全員が完走。タイムは、何と「4 時間前後」だったというから驚きです！

オークランドからオレゴンへ、そして世界へ

この時の最年長の「オリジナル・ジョガー」が、アンディ・ステッドマン。

ビル・バウアーマン（左）とアーサー・リディアード（右）

翌1963年のクリスマス、その時74歳になっていたステッドマン氏、アメリカから来ていたリディアードのゲストと一緒に8キロジョグに行って彼を驚愕させます。このゲストこそがオレゴン大学陸上部コーチのビル・バウアーマン氏。当時すでに一流指導者として名を知られていたバウアーマン、むしろこの「ジョギング」に強く心を惹かれます。ニュージーランドに6日間滞在予定だったのを6週間に延ばしたバウアーマン、その間にリディアードから直接「ジョギングの真髄」を学びます。帰国後、教え子と一緒に「ブルーリボン・スポーツ社」という小さな靴会社（＝後の「ナイキ」）を創業し、地元オレゴン州で「ジョギング」の普及を始めます。これが「市民ランニング」の始まりといっても過言ではないでしょう。彼がオレゴン州の片田舎の大学都市、ユージーンで始めた「ジョギング教室」は、後に参加者2,000人にも膨れ上がって行くのです。その後ケネディ大統領から「アメリカ国民の健康と体力の向上に貢献した」として「栄誉のメダル」を受け取ったバウアーマン氏は、その授与式で「私は単なる使徒でしかない。アーサー・リディアードこそが伝道師だ」と言ったそうです。

　リディアードとバウアーマンの二人が始めた「ジョギング」ムーブメントは、あたかも大草原の野火のごとく世界中に広まっていきます。それまで夜の夜中に天下の公道を走る人なんて一人もいませんでした。オリジナルのジョガーの中には、暗くなってから走っていて、お巡りさんに詰問された人さえいました。オリンピックを目指すようなエリートでない限り、「トレーニングする」なんていうコンセプトは皆無だった時代。それがこのジョギング・ムーブによって、誰でも、どんなレベルの人であっても、いつでもどこでも、「走れる自由」を手にいれたのでした。

次期オリンピック開催国の名誉をかけて

　バウアーマンを通しての陸上王国アメリカを横目で見ながら、世界を先駆けてリディアードの教えを学ぼうとしたのは実は日本でした。ローマ五輪で

の陸上競技での惨敗を元に、続く 1964 年の東京オリンピックのホストでもある日本からトップのマラソン・ランナー達をニュージーランドに送り込んで合宿を組んでいました。当時人間蒸気機関車と異名をとっていたエミール・ザトペックの 20,000m と 1 時間走の世界記録を更新したこの合宿の参加者が故円谷幸吉選手でした（レースではリディアード門下生のビル・ベイリーが優勝、円谷選手は 2 位）。ご存知のとおり、この後円谷選手は東京オリンピックのマラソンで見事銅メダルを獲得、元祖国立競技場に唯一の日の丸を掲げました。本番東京オリンピックの直前に、アベベの世界最高記録を破った寺沢徹選手、翌メキシコ五輪のマラソンで銀メダルを獲得した君原健二選手、日本人初のサブ 2 時間 20 分で走った中尾隆行選手、東京オリンピックの 10,000m の日本代表となった船井照夫選手など、当時大活躍した日本のトップ選手は、すべてこの合宿の参加者でした。そして、この時のチーム・リーダーが中村清監督でした。

　さて、スネルとかハルバーグなんていう「白黒時代」の選手の名前は聞いたことないなぁ、という人でも「カラー時代」になったミュンヘン五輪で 5,000m と 10,000m で金メダルを獲得、続くモントリオール五輪でも 5,000 と 10,000 で優勝した新世代の「空飛ぶフィンランド人」、ラッセ・ビレン選手の名前は聞いたことがあるのではないでしょうか。ミュンヘンの 10,000m では、途中で転倒しながらも世界記録で優勝、モントリオールでは、5,000m で大接戦で優勝した翌日に初マラソンに挑戦し、ショーター、リスモン、ドレイトンなどといった日本でもお馴染みの錚々たるマラソン専門ランナー達を相手に 5 位に入賞するという偉業をやってのけました。その成功の秘密は？という時に、避けては通れない理由が実はリディアードだったのです。ローマでの大成功のおかげでリディアードはフィンランドにナショナル・コーチとして招待されます。1966 年のことです。2 年間の契約で迎えたメキシコ五輪、結果は思わしくありませんでしたが、滞在中直接選手を指導することなく、「指導者を指導することで選手層を厚くする」という持論から、コーチ相手のトレーニング理論の普及に力を注いできました。「最低でも 3 年間は土台作りが必要だ」と言うリディアードの声に耳を傾けたコーチの一人にロルフ・ハイコラがいました。ビレンのコーチです。ビレンの他にもペッカ・バサラ（ミュンヘン五輪 1,500m 優勝）、タピオ・カンタネン（ミュンヘン五輪 3,000m 障害銅メダル）、ペッカ・パイバリンタ（1973 年世界クロスカントリー選手権優勝）などがリディアードの教えを受け継いでいったのです。

ミュンヘン、モントリオールから2世代経った1992年バルセロナ五輪の男子マラソンで、森下広一選手と大接戦の後、見事優勝を飾った韓国の黄永祚選手を覚えているでしょうか。そしてその後アトランタ五輪でコニカのワイナイナ選手と大接戦、その後琵琶湖や福岡マラソンでも活躍し、ボストン・マラソンでケニヤの10連勝にストップをかけた李鳳柱選手はどうでしょうか。実は私が1984年にリディアードを慕ってニュージーランドに単身留学（遊学？）していた時初めて、1988年のソウル五輪に備えて韓国がリディアードを指導者として招待した、という事実を知りました。しかし食事が口に合わなかったため帰国せざるを得なかったアーサーの命を受けて、ローマ五輪のメダリストのバリー・マギーが韓国へ。しかし彼も食事に馴染めず、結局スネルと同年代のリディアード門下生、ジャック・ラルストンを送り込みました。ソウル五輪まで4年、「どんな調子？」と聞いた時、「4年では大した結果は期待できない」がリディアードとマギー両者の答えでした。「しかしその次（92年バルセロナ五輪）は期待できるだろう」と…。実はそのことは、森下選手と黄選手のモンジュイックの丘での抜きつ抜かれつの大接戦を目の当たりにするまで思い出さなかったのです。その時、フィンランドで、メキシコ五輪では「失敗だった」と酷評された時のリディアードの言葉を思い出しました。「メダル云々を語れるようになるまで、最低でも3年は『土台作り』に励む必要がある…」。

ケニヤ人の基礎

　トレーニングに関して、何も考えずに今まで通りのやり方を続けている場合って結構ありませんか？「先輩がいつもこの練習をやってたから」とか、あるいは「これがこのチームの伝統だから」…。リディアードは常に、「もし『この練習は何のために行うのか、どんな効果があるのか』と尋ね、あなたのコーチがその質問に答えられなかったら、別のコーチを探すべきだ」と言っていました。全ての練習は、たとえそれが30分のジョグであっても、ハッキリした目的があるべきです。疲労回復が目的の30分ジョグを、一生懸命40分走ったとしましょう。それではその「練習」の目的を正しく遂行したとは言えません。こんな例は掃いて捨てるほどありますよね。特に、常に頑張らなければいけない、と思い込んでいる一般市民ランナーの方達にはよくありがちなことだと思います。ネット上で情報が溢れてしまっている昨今、「スネル（という白黒画像の時代の）選手は週に160キロも走って800mで1分44秒。だけどそんなのは時代遅れだ。今やケニヤやエチオピアの選手達はそんなに

長くゆっくりと悠長に走り込んだりしていない。もっとスピード中心の練習をするべきだ！」なんていう鼻息の荒いコメントを見たことがないでしょうか。練習を距離やタイムだけで見てしまうのはあまりにも平面的な考え方です。そんな練習をすることによって生理学的にどんな発達が望めるのか、そして、そんな練習をこなすためにはどんな生理学的発達が必要とされるのか、といった身体の奥にあるトレーニング効果による変化を考慮して初めて立体的な考え方ができるのです。数年前の東京マラソンで2時間02分という国内最高記録で走ったウィルソン・キプサング選手は、100キロというウルトラ・マラソンに挑戦している川内優輝選手のことを聞いて「クレージーだ！」と言ったそうです。そのキプサング選手の今のトレーニングを見て、「長い距離をユックリ走ることなんか全然してない、それよりも30キロをレースペースでガンガンやっている！」と考えるのはあまりにも短絡的ではないでしょうか。しかし、彼のコメントの中で、「私の12歳の息子は、学校までの10キロを毎日走って通っている」というコメントを見て、「これこそクレージーだ！」と思った人が何人いるでしょうか。「ケニヤ人だから当然じゃん」と思って聞き流した人がほとんどではないでしょうか。では、そんな「土台（＝基礎）」があるからこそ初めて、今のキプサング選手が行っているような練習をこなせるようになった、と思った人が何人いるでしょうか。

　「今のケニヤやエチオピアの選手達は、週に100マイル（＝160キロ）をチンタラと有酸素ランニングなんかしていない！」と息巻く人たちは、それがどんな発達を目的としているのか、そして東アフリカのランナーたちの社会的な「背景」というものを見逃しています。リディアードは、彼のトレーニングの柱となっている、有酸素能力発達のための「走り込み」、いわゆる「マラソン・コンディショニング」について、「一般先進国では、子供達が学校まで走って通うなんていうバックグラウンドがない。だから10代後半の若者たちをトレーニングするにあたって、まず（有酸素能力を）鍛え上げる必要があったのだ」と説明しています。オーストラリアのトニー・ベンソン氏は、その著書、「Run With The Best」の中で、「世界と戦える選手を育てたかったら、15歳になるまでに8,000キロの有酸素ランニングをこなしておく必要がある…」とまで述べています（詳細はChapter12で）。そんなバックグラウンドを持っていない私たちは、まずリディアードが奨励するような週10時間、あるいは100マイルの有酸素ランニングを10週間行うことで、土台、生理学的な「受け皿」を鍛え上げる必要があるのです。「現在の世界チャンピオンがどんな練習をしているかなどを見る必要はない。彼らが10年前、

まだ世界の桧舞台に立つ前にどんな練習をしていたかに注目すべきだ」もリディアードが好んで繰り返していたコメントです。

オリンピック史上最大の逆転劇の裏にリディアードが

　ケニヤ選手のトレーニングに関しては、後でお話したいと思いますが、古臭い話をあとひとつだけさせてください。元祖東京オリンピックの時の話です。読者の皆さんの中でその時の話を覚えている…人はあまりいるとは思いませんが、話では聞いたことがあるかもしれません。オリンピック史上最大のアプセット、大逆転劇として語り草になっている男子 10,000m のビリー・ミルズの話です。本番のオリンピックで、自己記録を 50 秒近くも更新して、もの凄いラストスパートで優勝、「Running Brave（＊邦題「ロンリー・ウェイ」）」という映画にまでなったストーリーですが、アメリカ・インディアンの血が混じっているミルズ選手は、子供の頃からどことなく肩身の狭い思いをしてきたものの、ランニングの素質を買われて軍人となりました。そこそこ力のあったミルズ選手ですが、イマイチのところで実力を発揮しきれていないところがありました。そんな時、東京オリンピック前の室内トラックレースで、当時テキサス大学に留学していたオーストラリア人のパット・クロヘシー選手に完膚なきまでに負けてしまいます。「オレのトレーニングの何が間違ってるんだ？」。焦燥感溢れるミルズ選手にクロヘシー選手が救いの手をさし延べます。このクロヘシー選手、実は前年のヨーロッパを転戦していた時、スネル、ハルバーグ選手達を率いるリディアードのグループと知り合います。それ以来リディアードから文通指導を受けており、学んだばかりのリディアード法のトレーニングの奥義をミルズに説き、「インターバルの量を減らして（当時のアメリカのランナー達の主流のトレーニングは、今日は 15 × 800m、明日は 20 × 400m…といったように、来る日も来る日もインターバルというメニューでした）、長い距離をゆっくり走ることと、短い距離（100 〜 150m）をリラックスして速く走ったり、50/50 のようなスプリント練習を取り入れると良い」というアドバイスをします。長距離走が好きになったミルズ選手、マラソンで東京オリンピック

ビリー・ミルズのサイン：「Follow Your Dream. Billy Mills, Olympic 10k Gold」

のアメリカ代表になるまでに成長します。

　さて、本番では、世界記録保持者のオーストラリアのロン・クラーク、東京プレ五輪で上位入賞して上り調子になっていたチュニジアのモハメド・ガムーディ、翌メキシコ五輪マラソンで優勝する「裸足の王者」アベベ選手の同僚、エチオピアのマモ・ウォルデらと肩を並べて、中間点の5,000mを、(5,000mの) 自己記録よりわずか5秒遅いだけ、というハイペースで食らいついていきます。レースは後一周の鐘が鳴って「格闘技」に一変、クラーク選手とガムーディ選手との押し合いが続きます！　ロングスパートしたガムーディ選手にクラーク選手が必死でつきます。もうカメラマンはUSAのユニフォームなんかに見向きもしません。ミルズは、「まだ行ける、まだ行ける、勝てる！ I can win, I can win, I CAN WIN!!」と心の中で叫んでいたと言います。周回遅れの選手達の波をかき分けるようにしてガムーディとクラークの一騎打ち…と思いきや、突然青いランシャツと白いぶかぶか短パンに身を包んだ長身のミルズが、もの凄い「腿上げ」フォームでゴール向かって突進していきます！　両手を挙げて目をつぶって天を仰いでゴールテープを切るミルズに駆け寄った日本人役員の第一声「Who are you?（あなた誰ですか）」。

ランニングのみでなく…

　実は、この「まず有酸素能力を高めてから、そのイベントに見合った練習をする」という基本アプローチは、ランニングのみでなく各種スポーツで応用され成功を収めているのです。例えば水泳。実はリディアードの初めての著書、「Run to the Top」（「トップへのランニング」、とでも訳しましょうか）ですが、10年ほど前、オーストラリアの水泳のナショナルコーチ、ディブ・ライト氏が、リディアード本人と共同制作で「Swim to the Top」という本を出しました。その中で、オリンピックチャンピオンのイアン・ソープ選手のトレーニングとリディアードの類似性を説いています。リディアード本人は、史上初のニュージーランドの北島と南島の間の海峡を泳いで渡ったバリー・ダベンポート選手に、なんと1962年にアドバイスをしていたと言います！　リディアードの自国、ニュージーランドのお家芸とも言えるラグビーですが、天下のオールブラックスチームもしばらく苦汁をなめた時期がありました。それを覆してワールドカップで優勝を飾った時、チームの何人かは、オフシーズンに週160キロ近く走っていました。

さて、長々とリストを並べるつもりはありませんが、えっ！と思うような例をあと二つだけ…。1984年ロサンゼルス五輪で、なんと、ニュージーランドは「カヤック」で世界を牛耳りました。イアン・ファーガソン選手をはじめ、ポール・マクドナルド選手、アラン・トンプソン選手などが、2人乗り、4人乗りも含めて金メダルを5個も獲得したのです。ファーガソン選手は、続くソウル五輪でも金メダル2個と銀メダル1個を獲得。実はその大成功の裏に、リディアードの名前がクッキリと（「なんとなく」どころではありません！）付いていたのです。「まず有酸素能力を高めてからイベント練習を」というコンセプトを読んで、「これはメイク・センスする」と思ったニュージーランドのカヤック・チーム、まず長くユックリと週160キロ「漕ぐ」ことからはじめたそうです！　ここで余談になりますが、私の知人がイアン・ファーガソンにインタビューした時、ぜひ「じゃあヒル・トレーニングはどうしたの？」と聞いてくれと頼みました。まぁこの秘密は、Chapter8（ヒル・トレーニングの章）で説明したいと思います。

　おそらく日本では全く知られていないことだと思いますが、1980年冬期オリンピックの女子フィギュアスケートで活躍した日系人のクリスティ・ヤマグチ選手、実はこの「リディアード・コンセプト」のおかげで金メダルに輝いたのです。彼女のコーチ、クリスティ・ネスの旦那さん、アンドリュー・ネスは、リディアードから直接指導を受けたランナーで、ヤマグチ選手のトレーニングに「有酸素の基礎づくり」を取り入れました。「フィギュア・スケートのショートプログラム2分は800m走と同じ、ロングプログラム4分はマイルと同じ（時間的に）」という考えで、リディアードのコンディショニング・プログラムを応用することにしました。彼女は走りはしなかったものの、固定バイクで有酸素トレーニングを行い、最大酸素摂取能力を44ml/kg/分から60ml/kg/分に高めました。「（クリスティの）有酸素能力を高めることで、今までジャンプの練習で、20分でへばっていたのが1時間出来るようになった」という一言が、リディアード法トレーニングの意義を物語っています。

　この様に、生理学的に理に適っているので各種スポーツ界で幅広く活用されている「リディアード法」トレーニングですが、ここに行き着くまでの歴史的な背景に基づいて、トレーニング・アプローチの遍歴と、革命的だったリディアード法トレーニングは、それまでのアプローチとどこがどう異なっていたかを、次に見てみたいと思います。

Chapter 2

温故知新

インターバルトレーニングに対する考え

　温故知新―はるか昔に国語の授業で聞いたことがあるような…。古きを学び新しきを知る、だったと思いますが。ここでは BL（紀元前、BC=Before Christ ならぬ BL=Before Lydiard ＝リディアード以前）と PL（Post Lydiard ＝リディアード以降）としてトレーニングの傾向を見てみたいと思います。リディアードの影響が初めて日の目を見たのは実は 1945 年、オークランド選手権でのジュニア 2 マイル（3,218m）でローリー・キングが優勝した時でしたが、ここでは「リディアード方式」のトレーニングが世界で初めて注目を集めるようになった 1960 年のローマ五輪から、とします。

　まずみなさんにもお馴染みの「インターバル」トレーニングですが、まだ当時インターバル・トレーニングがインターバルと呼ばれていなかった戦前、1920 年から第二次大戦までの間、世界の中長距離界を牛耳っていたのは「空飛ぶフィンランド人」と呼ばれたパーボ・ヌルミをはじめとする北欧のランナー達でした。中でもその先駆者となったハンネス・コーレマイネンは「練習では 10,000m を 30 分で走る必要はない。1 キロを 3 分で、10 回走ればいいのだ」と言ったそうです。実際にはコーレマイネンは 1 キロを 3 分 20 秒ほどで繰り返していたというので、「インターバル」練習というよりも、テンポ走を分割していたもの、と言った方が正しいでしょう。当時「分割走」と呼ばれた「反復走」の始まりです。それを受け継いだヌルミは、目標とするレースで目指すペースどんぴしゃりで走ることを目指しました。1923 年、スウェーデンのエドウィン・ワイドとの世界記録一騎打ちでは、当時の 1 マイル（1609m）の世界記録だった 4 分 12 秒の更新を目指し、400m を 62 秒で 5 〜 10 回繰り返し走ることで、そのペースを身体に覚えこませるようにしました。ストップウォッチ片手に、目指したタイムどんぴしゃりで走る

ことで有名だったヌルミ、「私は4分10秒で走れると思う。もしワイドがそれより速く走れば彼の勝ちだ」と言ったそうです。結果は4分10秒4の世界記録で優勝。ここでのキーワードは「レース仕様」のトレーニング、です。

　その後、第二次世界大戦を挟んで、ドイツのアスレチック・コーチとドクターがチームを組んで、現代私たちが理解している形の「インターバル・トレーニング」を確立させました。ゲルシュラー・コーチとラインデル博士です。彼らは、各種の距離をレースペース近いスピードで反復するトレーニングを編み出し、その際、速く走ることを止めた時点で血液が急激に心臓に逆戻りすることで心肥大が起こり、それがパフォーマンスの向上に繋がる、と信じました（生理学的に全く間違っていましたが）。そこで、「休息時」にトレーニング効果が起こると信じたことから、この練習法を「休息」の箇所、つまり「インターバル（＝間）」と名付けました。彼らの指導のもと、メキメキと力をつけたイギリスのランナーにゴードン・ピリー選手がいます。ピリーは、世界記録を何度か塗り替えたものの、選手権等の大切なレースでイマイチ優勝ができない、という欠点がありました。年中インターバルをしているランナーにありがちなミスです。

　ドイツ隣国のオーストリアから、このインターバル・トレーニングに強く感銘を受け、この練習法を自分なりにアレンジして、その後移り住んだイギリス、オーストラリアで選手育成に貢献した指導者にフランツ・スタンプルがいます。そしてこのスタンプル・コーチが指導した…訳では（正確には）ないのですが、強く影響を与えたイギリスのランナーにロジャー・バニスターがいます。陸上通なら聞いたことがある名前でしょう。1954年、史上初めて、「陸上界のエベレスト」と言われていた1マイル（1,609m）4分の壁を打ち破った選手です。当時医学生として忙しく、練習時間は昼休みの1時間だけだったバニスターは、もっとも効率良いトレーニング法として1マイル4分＝400m60秒ペースに集中する、というアプローチを取りました。中心となったのは10×400mを60秒で繰り返す、というトレーニングです。全く「メイク・センス」なこのアプローチ、その後も、そして現在でも、「理に適った」（ように思える！）練習法として広く使われています。「5キロで20分を切りたかったら、1キロを4分か、それより少し速いペースでインターバル・トレーニングすると良い」と…。聞いたことありませんか？この件についてはChapter 9（無酸素インターバル・トレーニングの章）で詳しく触れてみたいと思いますが、ともあれ、バニスターは、この様な

「レース仕様のトレーニング」に支えられて、少し風の吹くイギリス郊外のイフリー競技場で、1954年5月6日、ついにマイル4分の壁を破って3分59秒4を叩き出します。

　なお、スタンプル・コーチの根本的な考え方は、シーズン初めから本番直前まで、（1）同じ練習—例えば12×400m—を、目標ペースよりも少し遅いペースで走り始め、レースが近づくにつれてペースを徐々に速くして行く、あるいは（2）ドンピシャリの目標ペースで、反復回数を少し少なめ、例えば5×400mから始め、徐々に回数を増やして行くか、（3）同じペース、同じ回数で、休息インターバルを徐々に少なくして行く；例えば400mのジョグから初めて、200m、100mとリカバリーを短くして行く…。このようにして本番に向けてコンディションを高めて行く、という方法を取りました。一見「メイク・センス」（＝当然じゃん！）ですよね！　みなさんは「クロトンのミロン（またはマイロ＝Milo）」の神話というのを聞いたことがあるでしょうか？　ミロンは、ギリシャ神話に出てくるクロトン（地中海にあるギリシャの島）出身のレスラーで、生まれたての子牛を肩に担ぎ上げることで、いわゆる「筋力トレーニング」としました。そして、その子牛が徐々に成長するにつれ毎日それを繰り返すことで、最後には子牛が2トンにもなる猛牛に育っても軽々と肩に担いだ…とされるものです。「メイク・センス」しませんか？　けどそんなことできっこないですよね！　しかし、生理学的な知識が全くなかった当時、この考え方が「常識」と受け入れられ、主流トレーニングの基礎となって行ったのです。つまり、単純明快に、「速く走るために速くトレーニングする」です。そして、「もっと速く」走りたかったら「もっと速く走る」トレーニングに精を出すのです。

人間蒸気機関車

　ところがその頃、時を同じくして共産圏の当時のチェコスロバキアに、とにかく走るのが大好き、という軍人がいました。当時ソ連の管轄下に置かれていたチェコスロバキアでは好き勝手に街中や郊外を走ることもままなりませんでした。そこで彼は、軍のトラックをぐるぐる走り回り、ただ単に同じペースで走ってもつまらないのでペースを上げ下げし、右回りに走ったり左回りに走ったり…。いわゆるファルトレク的な練習を1時間も2時間も繰り返していました。その努力が報われて、1948年のロンドン五輪で、10,000mで金メダル、5,000mで銀メダルを獲得するまでになりました。イ

ンターバル練習の元祖と「思われがち」なエミール・ザトペック選手です。彼は「出来るだけ速く」400mを30回、50回、果ては70回から、時には100回も繰り返すという凄まじいインターバル練習を実施していました。しかし、よく調べてみると、彼自身が言っている「出来るだけ速く」とは、最初は75秒くらいから入って（400mを70秒平均で走ると10,000mが29分10秒。ヘルシンキ五輪で3冠に輝いた時のザトペックの10,000mの優勝タイムは29分17秒でした）、後半になってくると90秒くらいにまでペースが落ちてしまう、という感じでした。400m90秒はキロ3分45秒のペースです。逆に、200mの休息ジョグとして、70×400mは合計42キロとなります！　続く1952年ヘルシンキ五輪では同オリンピック長距離全種目（10,000m、5,000m、マラソン）制覇という前人未到の偉業を達成するザトペック選手、実は彼の成功の鍵は、「速いインターバル」ではなくて、その「総走行距離」にあったのではないか、とは思いませんか？

　ちなみに、ザトペックがヘルシンキ五輪の5,000mで優勝した時3位となったドイツのシャーデという選手がいました。彼のトレーニングは、午前中に25〜30×200mを27〜28秒で、午後には25×400mを61〜62秒で、毎5本目に58〜59秒という、現代のインターバルと比較しても決して引けを取らないような練習をしていました。当時のシンダートラックと重いシューズを考慮に入れると物凄い練習だと思いませんか!?　ところが彼は5,000mでは一度も14分を切れなかったと言います。後年彼自身のコメントで：「私の最大の失敗は、速いインターバルをやり過ぎたことだ」と言ったそうです。（＊ザトペックの5,000mの自己記録は13分57秒）

　このようなザトペックのような少々型破りのトレーニングはあくまで「型破り」で、やはり巷の主流アプローチは、ドイツ流「量より質」のインターバルでした。続くメルボルン五輪で、圧倒的な強さで5,000m、10,000mを制したのはソ連のウラジミール・クーツ選手でした。当時（現在も…もっと別の意味で！）「科学的（化学的？）トレーニング」の最先端、ということで当時のトレーニングの粋を集めた練習法を誇っていたソ連スポーツ界では、「どうして400mを70回も80回も繰り返す必要があるのか？　20〜25回の方がより『レース仕様』ではないか？　しかも75〜90秒なんて遅すぎる。68〜72秒の方がより『レース仕様』だ」と、また一昔前の「量より質」のトレーニングへと戻って行きました。

近代トレーニングの夜明け

　こう見てみると、いろんな意味で 1950 年半ばというのは「中長距離トレーニングのルネッサンス」と呼んでも過言ではないかもしれません。このように、半分暗中模索、半分「我こそは科学の最先端を行くトレーニングだ」と鼻息荒く息巻いているコーチ / ランナーで溢れていました。そんな頃、インターネットどころか国際的な情報交換も何もなかったような当時、時を同じくして地球儀の全く反対位置にいる 3 人の指導者が、同じようなコンセプトを確立しつつありました。一人は医学博士、一人は健康志向の初老の理論家、もう一人はコーチになろうなんてこれっぽっちも考えていなかった中年の「ジョギングおじさん」でした。そう、この 3 人目のジョギングおじさんは、それこそ本当に「ジョギング」を世界に広めることになる、我らがアーサー・リディアードです。医学博士は、ドイツのアーンスト・ファン・アーケン博士、もう一人はオーストラリアのエキセントリックな指導者、パーシー・セラティです。この 3 人が 3 人とも、「質を云々する前に、まずゆっくり長く、量をこなせ」と説いています（セラティはちょっと異なっていて、彼の場合かなり質も追ってるんですが、とにかく中距離選手であっても長く走り込めと説いていました）。特に興味深いのは、医学博士というバックグラウンドに加えて、ゲルシュラーとラインデルの強度のインターバルを目の当たりにしてきたアーケン博士のコメントです。彼は、ザトペックのような「質よりも量」を重視したインターバルを「クラシック・インターバル」、逆に「量よりも質」を重んじた「科学的」トレーニングを「モダン・インターバル」として個別化していました。「心拍数が 180 を超えるような強度のインターバルだと、心臓の収縮が不十分となり、シッカリした心臓の発達が望めない。これは、休息時の脈拍があまり下がらないことにも反映される」と言い、「効果が上がらない上に心臓を酷使することで、将来心臓疾患を起こす可能性すらある」とまで言い切っていました。

　このファン・アーケン博士の秘蔵っ子にハラルド・ノルポトという選手がいます。1964 年の元祖東京オリンピックの 5,000m で銀メダル、続くメキシコ五輪では 1,500m で銅メダル、1972 年のミュンヘン五輪でも 5,000m で決勝に進むという息の長い選手です。アーケン博士は、5,000m 主流のノルポト選手に何度となく 50 キロ走を課しています。彼の考え方は、途中で歩くブレイクを入れても良いから、とにかく長い距離を足で稼げ、というものでした。そして、そんな長距離「ジョグ」の後に、500m 程度を「レースペー

ス」で1本だけ走る、という、彼らは「ペース走」と呼んでいたそうですが、そんな一般的に速く走るために必要不可欠と思われているような「スピード練習」をほとんど行わない練習で1,500mでオリンピックでメダルを取ってしまうんですからね！

　ここまで、歴史的な著名選手、コーチのトレーニングの例をいくつか挙げましたが、ここでちょっとリディアードの門下生の実際のトレーニングの例を見てみたいと思います。

ピーター・スネル

種目：800m、1,500m、マイル
オフシーズン：1週間に160キロを10週間
移行期：ヒル・トレーニングを800m 4本、総走行距離20キロ / 日
トラック練習：インターバル、20 × 400m
結果：オリンピック800m 金メダル2個（1960、64）、1,500m 金メダル（1964）、800mとマイルで世界記録

バリー・マギー

種目：10,000m、マラソン
オフシーズン：1週間に160キロを10週間
移行期：ヒル・トレーニングを800m 4本、総走行距離20キロ / 日
トラック練習：インターバル、20 × 400m
結果：オリンピック・マラソン銅メダル（1960）、10,000m 世界ランキング1位（1961）

　えっ？と思われるかもしれません。種目が全く異なっているのにトレーニングの内容が同じなんです。私も最初は「えっ!!」と、「え」に点がつくらいびっくりして納得できませんでした。もちろん、800mランナーのスネルはインターバルもどちらかというと短めの距離を、マギーよりも速く走っていました。しかしマギーも20×200mのように短く速いインターバルも行っていましたし、スネルでさえも10×800mのようなボリュームのあるインターバルを行ってもいました。何故なのでしょうか？　それは、種目によってトレーニングを選ぶのではなく、生理学的発達に基づいてトレーニングを選んでいたからです。

Chapter6で詳しく説明しますが、リディアードは、中長距離では3つの身体能力を発達させる必要がある、と説いています。それは（1）**有酸素能力**、（2）**無酸素能力**、そして（3）**スピード（効率良い走り）**です。これら一つ一つは、この次の章で詳しく説明して行きますが、週に160キロもの「走り込み」は有酸素能力の発達、移行期としてのヒル・トレーニングは走り込みから速いスピードでのインターバルに耐えられるだけの脚力をつけるための下準備、20×400mのインターバルは無酸素能力の発達、となります。そして、これらの能力の発達は、800mのランナーも、マラソン・ランナーも、共に必要不可欠なのです。ですから、ここまでほとんど同じ内容のトレーニングを行って、これらの要素を発達させるようにします。これらの要素を高めた後、最後の6〜8週間のコーディネーションから、各イベントに合わせてトレーニングがグンと変わってきます。しかし、基本的な考え方は全く同じで、しかもここまでの「下準備」としてのトレーニングは、目標としているイベントが800mであれマラソンであれ、3,000m障害であれ、ほとんど同じで、ですからスネル選手とマギー選手が一緒に35キロ走をする、という図になるわけです。

　ここまでで、マラソンで4時間切りを目指している市民ランナーの方は、「こんなエリートの、しかもカビが生えたような白黒写真の時代のトレーニングを知ったところで私の練習には何の足しにもならない…」と思われるかもしれません。しかし私は、BL（リディアード以前）の時代の、この先駆者達が犯していた同じ間違いを、今の市民ランナーの皆さんの多くが犯している、と思えてならないのです。それは、この「レース仕様」のトレーニングです。「フル・マラソン、42キロを走るのだから、せめて30キロくらいは走っておかないと…」「この30キロ走の、せめてラストの10キロくらいは目標とするレースペースで走っておかないと…」。聞いたことありませんか？　マイルで4分を切るために、400mを10回、60秒で繰り返していた「バニスター方式」のトレーニングですね。「でも（バニスターは）歴史に残る走りをしたんだから間違ってなかったんじゃないの？」と反論される方もいるでしょう。しかし、私に言わせると…彼は「運が良かった」んでしょうね…（笑）。いや、冗談ではなく、これに関しては、この後の「有酸素能力の走り込み」の章（Chapter7）でちょっと詳しく触れたいと思います。

　「けれど、キプチョゲ始めケニヤの選手達は、ほとんどが30キロ走を目標レースペースでガンガン走ってるんじゃないの？」という、ネットなどでキ

プチョゲ選手の世界記録樹立前の準備トレーニングの情報を仕入れてきている人もいるのではないでしょうか。私は、個人的には「マラソン・トレーニング」の確立は、1970年後半、1980年前半にかけて、日本が誇る宗兄弟と、瀬古選手と中村監督が確立させた「30〜40キロのテンポ走」を、その後イタリアの選手、指導者が導入し、そこからこの「イタリア的トレーニング」をロザ博士、カノバ・コーチらがケニヤに持ち込んで大成功を収めた、と考えています。私自身、宗茂氏の書かれた「マラソンの心」の中に出て来るマラソンの調整法に非常に感銘を受け、それがリディアードのトラックレースの調整法の原点とそっくりだと感じました。このことに関しては、このあと、コーディネーションの章（Chapter10）で詳しくお話ししたいと思います。

マラソン・トレーニングの落とし穴

　日本選手のレースに向けての調整練習の情報にしてもそうですが、とかく「40キロ走を何本やった」とか、「最後の30キロをどれだけで走った」とか、そのような威勢の良い話が飛び込んでくるのがほとんどです。「高岡選手（2時間06分16秒の元マラソン日本記録）が練習で40キロを2時間16分で走ってるんだから、4時間目指す自分は、フルを4時間20分で走れるペース、30キロを3時間05分くらいでやらないといけないんじゃないの…」とか思われるのではないでしょうか。

　マラソンとは面白いもので、都合良く（というか、「都合悪く」というか…）30キロというキレの良い距離がちょうど75％、3/4の距離であり、おまけにそれ（30キロ）が誰でも無理して頑張れば走れる距離なんですよねぇ…。ちょうど語呂が良く感じるんです、この「75％」というのが。でも85％でなくっても良いんでしょうか？　65％では少な過ぎてダメなんでしょうか？　30キロならなんとか頑張って走れる距離だからちょうど自己満足にはもってこいなんですよね！　けどじゃあ100キロのウルトラ・マラソンを目指しているランナーならば75キロ走なんてやらないといけないんでしょうか？　24時間走なんていったらもう考えたくもないですねぇ！　けど実際はそうじゃないんです。数年前、南アフリカのウルトラ・マラソンのレジェンドと呼ばれているブルース・フォーンダイスと会って話す機会がありました。その時彼にトレーニングのことを聞くと、「私のウルトラの準備としての練習は、フルマラソンとほとんど変わらないよ」との答えでした。「一回か二回、バック・トゥー・バック（連続して）でロングラン、例えば土、日に40キロと30キ

ロ、をするくらいかな。それも身体のためにというよりはメンタルな意味で」とフォーンダイス氏。

　さぁ、ここでもう一度「生理学的」なトレーニングを思い出してみてください。ジャック・ダニエルズ博士は、「その特別な生理的順応を目指すのであれば、その特定のストレスを身体に与える時間を多く取ることだ」と説いています。例えば、LTの向上を目指すのであれば、よりLTに近いペースでのランニングを多くすること。一時期イタリアの長距離選手が大活躍していた時、「コンコーニ・テスト」というのが注目を集めました。イタリアの生理学者／コーチだったコンコーニ博士が編み出したもので、十分にウォームアップを行った後、「快適なペース」で200mから走り始めます。200m毎にペースを1秒速くして行き、その都度心拍数を測ります。ペースを上げたのに心拍数が上がらなくなるペース、これがLTペースを指します（Chapter5で、このLTペースについては詳しく説明します）。福岡大学の故田中宏暁教授も「ニコニコペースのスロージョギングのススメ」の中で、同じ様にトラックを走りながら、徐々にペースを上げて行き、その都度耳たぶから血液を採取、血中の乳酸濃度を測定することで、正確なLTペースを調べていましたが同じ原理です。

　では持久力の向上、有酸素能力の発達を生理学的に考えるとどうでしょうか。英語では時としてStaying Powerとも呼ばれていますが、維持する力、すなわちスタミナです。持久力、有酸素能力の詳細に関してはもう少し後の章で触れますが、簡単にいうと、筋肉内でのミトコンドリアの発達、そして毛細血管の発達です。そして、これらの発達は、運動継続時間の長さと比例する、と言われています。生理学的な発達や反応は、突然あるポイントに来て始まるとか切り替わるとかいうことはありません。常に徐々にミックスで起こります。例えば、炭水化物と脂肪のエネルギーとしての消費率ですが、大体運動が20〜30分継続して主として炭水化物をエネルギーとして使っていたのが主として脂肪酸に切り替わると言われていますが、それは20分して突然入れ替わるのではなく、常に混合で行われていたものが20〜30分してその割合が主に脂肪酸がエネルギー源となる、ということです。それと同じで、ミトコンドリアや毛細血管の発達も、「2時間からそれ以上運動が継続される時その発達が急激に伸びる」ということが1970年代のドイツの研究結果からわかっていますが、だからといって、2時間まで何も起こらずに、2時間経ったら「よーい、ドン！」で突然発達が始まる、というものでもあ

りません。運動継続時間が1時間から1時間半でも十分効果があります。仮に1時間半くらいから特にこの発達が顕著になる、としましょう。ダニエルズ博士の説明を反映するならば、持久力を高めるためのもっとも効果的なトレーニングプランは、1時間半以上の走行継続時間をより多く取れるプラン、ということが言えると思います。例えば、毎週末2時間走をして、それを12週間続けるプランがあるとします。そうすると、単純計算で、合計6時間の「持久力発達時間」が取れることになります（2時間−1時間半＝30分、30分×12週間＝6時間）。マラソンを4時間で走れる人が30キロ走を3時間で走れるとします。そうすると1回の「ロングラン」で1時間半の「持久力発達時間」が取れることになります。同じ12週間のプランと想定して、その間に30キロ走を3本やったとすると、合計で4時間半の「持久力発達時間」になります（3時間—1時間半＝1時間半、1時間半×3＝4時間半）。ですから、全体像で見た場合、毎週末、「出来ること」を継続して何度もやった方が、「凄い練習」を数回だけやるよりも良い結果が得られるのです。

　もちろん、そんなに単純計算で割り切れる話でもなく、3時間継続して走り続けることで得られるポイントも確かにあります。しかし逆に、それが「ビッグ・エフォート」となってしまって、続く数日間まともに練習ができなくなる、という可能性も出てきます。もっと大きな問題は、着地のショックから来る筋線維崩壊です。パーボ・ヌルミのオリンピック金メダル9個とマイケル・フェルプスの14個はよく比較されますが、ランニング、特に中長距離レースでは、この筋線維崩壊が伴ってくる分より「キツイ」んです。もう一度ダニエルズ博士のコメントになりますが、彼はマラソン・トレーニン

LTペースはハーフマラソン・ペース？

よく雑誌の記事やブログなどで、実践的にもっとも効果的なペースを計算するに当たって、「LTペースはあなたのハーフマラソンのペース」と読んだり聞いたりしたことがないでしょうか。もしそう聞いたことがある人、あるいはそうだと思い込んでいる人、是非もう一度ジャック・ダニエルズの「ダニエルズのランニング・フォーミュラ」（ベースボール・マガジン社：2016年）を読むことをお勧めします。確かに「ハーフマラソンのレースペース」で当たってるんです、もしあなたが世界のトップクラスのランナーだったら、の話ですが！　ジャック・ダニエルズ博士は、LTペースの定義として「1時間『レースが出来る』ペース」としています。つまり、4時間マラソンランナーであれば、むしろ10キロのレースペースの方がよりLTペースとして適切なのです。

グのためのロングランで3時間をマックスとして、「ストレスとは何かをやり続ける時間に比例する…」そして「脚を疲労させるのはステップの数なのだ」と言っています。つまり、同じ30キロ走でも2時間ちょっとで走り切れるエリートレベルのランナーと、3時間も4時間も、あるいはそれ以上もかけて走る一般市民ランナーとでは、脚に与えるダメージがダントツに違ってくるんです。

　近年のリサーチで、運動、特にエアロビクスの運動、いわゆる有酸素運動は私たちの寿命にポジティブな影響を与える、ということがわかったそうです（私にしてみれば「今更何を…」とも思いましたが）。有酸素運動として有名なのは自転車、水泳、歩行…。それらを週に最低3回、30分から1時間行うことで、「寿命が3年は延びる」という結果でした。ところが、ランニングだけは「7年寿命のプラスになる」という結論でした。「はっきりした理由はわからないが」という前置き付きでした。リディアードが世界陸上界の注目を集めることになったのは1960年、ローマ五輪ででした。続く1962年に世界で初めての「ジョギング」の活動が開始されました。翌63年のUCLAでのクリニックの中で、「自転車や水泳でランニングと同じ効用を得ようと思ったら、その3倍の時間をする必要がある」と言っています。つまり、20分のランニングと同じ効用を得ようと思ったら、1時間自転車を漕ぐ必要がある、ということです。彼はそれを感覚として捉えていたのでしょう！そして、その理由として、ランニングでは体重の全重量を、重力に反して完全に宙に放り出して、それが落ちて来るのを受け止める、という動作を繰り返さなければならない。自転車では体重は『器具』に支えられており、水泳では水中で『浮遊状態』になっているからだ、と言っています。

　1962年、リディアードはニュージーランドの遠距離スイマー、バリー・ダベンポートから手紙を受け取ります。彼は、ニュージーランドの北島と南島の間のクック海峡を泳ぎ切ろうと何度かトライしていました。海峡を泳いで渡る、ということではイギリスとフランスの間のドーバー海峡が有名ですが、その33キロと比べてクック海峡は22キロで、距離的には短いのですが強い海流と激しい波で、泳ぐのが非常に困難な場所でした。いつも「あと数キロ」というところで苦汁をなめていたダベンポート、「スタミナの向上」を目指してリディアードのところに助言を求めて来たのでした。例によって「まず有酸素能力を高めること」を勧めますが、「泳ぐのではなく、まず走れ」とアドバイスします。「運動に使う筋肉は、ランニングでは脚、水泳では腕と

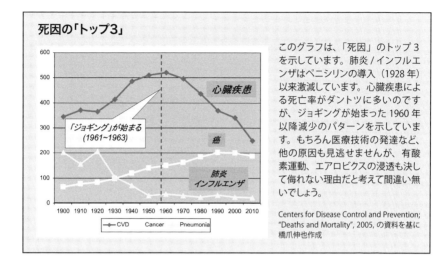

死因の「トップ3」

このグラフは、「死因」のトップ3を示しています。肺炎／インフルエンザはペニシリンの導入（1928年）以来激減しています。心臓疾患による死亡率がダントツに多いのですが、ジョギングが始まった1960年以降減少のパターンを示しています。もちろん医療技術の発達など、他の原因も見逃せませんが、有酸素運動、エアロビクスの浸透も決して侮れない理由だと考えて間違い無いでしょう。

Centers for Disease Control and Prevention;
"Deaths and Mortality", 2005, の資料を基に橋爪伸也作成

胸、肩…。しかし『プラミング（心肺機能）』は一つだけ。だったらその心肺機能をもっとも効率良く鍛えられる方法を取った方が良い。それにはランニングがもっとも効果的だ」と説きました。水泳の猛者も、あたかも「陸に上がった河童」、初めて800mを走っただけで「肺が口から飛び出すと思った！」と回想しています。しかし数ヶ月後には25キロを平気で走っており…、もちろんご想像通り、ついにクック海峡完泳を達成しました。

距離よりも時間

　リディアードは「週に100マイル」で有名になってしまいましたが、かなり早い段階で「距離ではなく時間ベース」のトレーニングに切り替えています。スネルやマギーが週100マイルを走っていた頃、彼らは世界の頂点に立つ選手たちでした。彼らは週末の22マイル（35キロ）を大体2時間15分から2時間30分くらいで軽々と走っていました。金曜日の10マイル（16キロ）ときたら、55分ほどでガンガン走っていました。そして「Run to the Top」が出版されました。スケジュールには「週100マイル」と克明に書かれていました。それを読んで、「よし、俺も！」と鼻息荒くシューズに足を通した人たちは、まだまだそんなにコンディションが出来上がっていませんでした。10マイル（16キロ）でも1時間半近くもかかり、木曜日の30キロ走は3時間以上、「週末になると奥さんが警察に捜査を頼まなければいけなくなるくらいの時間をかけて走っていた」と笑うリディアード。「彼らはトレー

ニングをやり過ぎていた…」と。この話からも、リディアードはただ単に「週100マイル」でもなければ「ただ闇雲にたくさん走れ」でもないことがわかっていただけると思います。

　すでに1970年に入る頃から、リディアードは、「週に100マイル」ではなく「週に10時間」に切り替えていました。とにかくたくさん走らなければならない、ということで、「レージー・ストライド」、すなわち「チョコチョコ走り」になってしまうことを嫌ったからです。私が初めて100マイル走ったのは大学に行ってからでした。しかし10週間は無理でした。そこで悪循環に入ってしまい、「よし、今度こそ10週間やってやるぞ…」と、走り込みばかり続けるようになってしまったのです。それはそれでそこそこ走れてしまうからダメなんですよねぇ…。そんな時ニュージーランドに行って、話をしたほとんど全ての「リディアード・ランナー」達から「俺だったら、君にはまず週に60マイル（約100キロ）くらいに抑えさせていた…」と言われたのです。「あれ？　リディアードはハードコアの週100マイルじゃないの？」と首を傾げている私に、皆口を揃えて「走り過ぎると『質』が落ちるから」と言いました。もちろんこれも「闇雲に速く走れ」というわけでは決してありません。この段階では速く走っても、ちゃんと「有酸素」でなければいけません。しかしこれが「単にジョギングだけじゃない」ということの意味なのです。

　私がニュージーランドに滞在している間、私を世話してくれたのは、リディアード門下生のレイ・パケットでした。彼は1963年に日本チームが合宿した際、中村清監督をお世話した人でもありました。月に2回、土曜日から月曜日まで彼の家にお世話になり、日曜日の朝、ロングランを一緒に走ってくれました。彼の家のゲストルームに泊まるにつけ、「ここで中村監督も眠ったのか…」と感慨深く思ったものです。後になってレイにそのことを話すと「いや、引っ越したから当時はこの家じゃなかったよ」と言われガックリ！（笑）

　パケット選手からは色々とリディアード・トレーニングの詳細を教えてもらいました。もっとも印象的なレッスンの一つは「長くユックリ走った翌日は短く速く（それでもまだ有酸素で）走る…、この組み合わせだと、同じ要素にストレスを与えてないから毎日でもこのパターンで走れるんだ」ということです。それまで細かく考えていなかったことですが、リディアードのスケジュールは、確かに：日曜日：35キロを長くユックリ、月曜日：15キ

を速く、火曜日：25キロをユックリ、水曜日：20キロのファルトレク、木曜日：30キロをユックリ、金曜日：15キロを速く、土曜日：20キロをユックリ…となります。大雑把な感覚で、「ユックリ」とはマイル7分（キロ4分25秒）、「速く」はマイル6分（キロ3分45秒）でした。しかし、金曜日の10マイルは、初めの頃は55〜56分位から入って、「走り込み期」が進むにつれて53分位（キロ3分20秒）にまでペースを上げて行く、と言っていました。月曜日の10マイルも58分位から入って55〜56分位に上げて行きます。大体LTペースよりも少し遅い程度のペースでしょうか。

　この様に、リディアード法のトレーニングとは、ただ単に長い距離をチンタラ走っているだけでもなければ、ガンガン反吐を吐くまで追い込む「驚異的なトレーニング」でもありません。当時19歳の若者達に、またトラックをたった2周するだけの中距離選手に起伏の激しい35キロのコースを走らせて、周りの関係者達から「そんなことをさせていたら選手を潰してしまうぞ！」と批判されながら、「きつくなるどころか、レースを目一杯頑張って走るのがむしろドンドン楽になっていったんだ。もう笑いが止まらないくらいだった！」とリディアード門下生のランナー達は述懐しています。意図的にか偶然でか、13年間の試行錯誤の果てにリディアードは「生理学的に全くメイクセンスするトレーニング法」を編み出したのでした。1950年半ばの頃の話です。その結果、1960〜70年代、まだまだ世界では暗中模索のトレーニング法が主流となっていた時、生理学的に理に適ったトレーニングを引っ提げたリディアード門下生のランナー達が世界の中長距離界を牛耳ることになります。そんな中、リディアード自身も火付け役となった「ランニング・ブーム」が1970〜80年代に世界中に広まって行きます。「競技者」でなく、いわゆる普通の人達が「走る喜び」に魅せられて朝夕関わらず、いわゆる「スニーカー」に足を通して外に飛び出して行きました。ランニング人口が増えるにつれて、当然の如くビジネスも広がって行きます。ランニング雑誌、エナジー・ドリンク、そしてもちろんランニング・シューズ等…。そしてインターネットとソーシャルメディアの発達から世界中の情報が指先で見られる様になりました。しかし、残念ながら「便利」だからといって「本物」とは限りません。テクノロジーの粋を駆使したプログラムも、その基となるフォーミュラがズレていては全くその効用を発揮できません。しかしこの「便利さ」に目が行ってしまって「本質」を見失いつつあるのではないでしょうか。その結果、我々一般市民ランナーのほとんどが「科学的なトレーニング」と称して数字に頼るトレーニングに傾く様になって行きます。いわ

ゆる「10×400m」的な「レース仕様」のトレーニングに逆戻りして行ったのでした。しかしそんな時こそ基本に戻って、リディアードが何故そこまで成功したのか、何故オリンピック・チャンピオンにも、心臓病患者の中年ジョガーにも同じ様に効果があったのかを考え直してみてください。実は、走る距離でもスピードでもない、もっと奥の深いところでこの「リディアード法トレーニング」は万人にとってプラスになり得る「真髄」を秘めているのです。

　アメリカの1970年代の著名中距離ランナー、マーティ・リクオリ（1977年5,000m13分15秒、アメリカ記録）は、「トレーニングに対するアプローチとしては、この小柄なニュージーランドのコーチ（リディアード）が『最先端』に導いてくれた、といっても過言ではない」と言っています。リディアードが直接指導したランナー達が大活躍した1960年代、最後の「土」のオリンピックとなった東京オリンピックから、酸素が希薄で、中長距離のランナー達が相次いで地獄の苦しみを味わう中、東アフリカからの高地民族のランナー達が台頭の火蓋を切ったメキシコ五輪を経て、1970年代以降、中長距離、マラソンのトレーニングの主流は、まず有酸素能力を高めるために走り込み、その後、スピードとスタミナの練習をバランスよく組み合わせて行くことで、本番のレースにピークに持って行くという、いわゆる「ピリオディゼーション」のアプローチが主流となって行きます。年間を通してレースが頻繁に行われる「プロ」のサーキットにおいては年間を通してレースが出来るコンディションに持って行けるスキルが必要とされる場合が多々ありますが、多少の独自のアレンジはあったとしても、「誰のトレーニングにしても、どこかに『リディアード』を見ることが出来る」と、オリンピック女子マラソン初代チャンピオン、ジョアン・ベノイトのコーチ、ボブ・セブニーは言います。「結局、全てのトレーニングが、『リディアード』に行き着くんだ」と。

Chapter 3

トレーニングの基本

とかく誤解されやすい「リディアード」

　皆さんは「リディアード」と聞くと何を想像されますか？　カビ臭い陸上競技の古典の本の中に、「中距離選手にも1週間に100マイル（160キロ）走らせたコーチ」、として知られている、程度のことではないでしょうか。この「週に100マイル」というのが、良い意味でも悪い意味でも、あまりにも強烈な印象として残ってしまい、そこから先に進む足かせになってしまったことも事実でしょう。多くの若いランナーたち、あるいは一般市民ランナーの人たちは「そんなに走れっこない！」とはなっから諦めて「リディアードはエリートのプログラムだな…」と納得して避けて通られたのではないでしょうか。かたや、変にネット上で現在のエリート・ランナーたちのトレーニングの情報を仕入れている、いわゆる「机の上でのコーチ」は「リディアード方式のトレーニングは有史以前の産物だ。今のトップ選手は160キロどころか週に200キロから250キロが当たり前だ」と息巻いて、リディアードを本棚の隅に押しやってしまっているのではないでしょうか。あるいは、若かりし日の私自身もそうだったのですが、変に理解してしまった（一般にこれを「誤解」と呼ぶのですが…）血気溢れる若者は、「よし、じゃあ今後2年間は、この『土台造り』として走り込みに専念しよう！」と思ってしまうかもしれません。

　一般に、リディアードが変に誤解されているのは、とにかく長くユックリ、この「走り込み期」には一切スピード練習をせずに、ロング・スロー・ディスタンスをこなすトレーニング。あるいは、6ヶ月間脇目も振らず黙々とトレーニングを重ね、たった一度のレースを目指すプログラム。インターバルが嫌い、ストレッチングやウエイト・トレーニングは時間の無駄…。大丈夫です。私自身もそう思っていましたから！　これら全てのコメントは、実は

全部そここことなく合ってもいるんですが、全て全部間違ってもいるんです。

バランス

　リディアードのトレーニングにおいて、もっとも重要なことを一言でいうならば何でしょう？　私自身、何度か自問自答してみました。それは恐らく「バランス」でしょう。有酸素ランニングと無酸素ランニングのバランス。いつどんな練習を組み込むかというバランス。本番のレースにドンピシャリでピークに持っていくためのスピードとスタミナのバランス…。この「バランス」というものは、いろいろの「フォーミュラ」として数字を叩き出すよりもはるかに奥深く、重要な要素なんです。リディアードは、1966 年から1969 年まで、フィンランドでナショナル・コーチとして勤めました。その間に、続く 1972 年のミュンヘン五輪で大活躍するラッセ・ビレン、ペッカ・バサラ、タピオ・カンタネンらのトレーニングに多大の影響を与えることになるのですが、そこでこの「バランス」を如実に物語る一つのストーリーがありました。当時のフィンランドは、前の章で説明したように、「古い」ドイツ式インターバルの影響を大きく受けており、猫も杓子もインターバル（しかも速いペースでの）の奴隷と成り果てていました。そこにリディアードは「最低でも冬の間、週に 160 キロのランニング」を課したのですが、実はそれだけで「お終い」ではなかったのです。そんなリディアードの元に、走るのが大好きですでにかなりの量の「有酸素ランニング」を行っていた一人の中年ランナーがやってきます。彼は 36 歳、一昔前、24 歳の時にマラソンを2 時間 20 分、5,000m を 14 分 36 秒で走りました。「是非あなたのトレーニングというものをトライしてみたいんだが…」彼は切り出します。「ただ、もう歳だから自己記録は期待してないよ」と。そんな彼の今までのトレーニングを分析したリディアード、彼の「走り過ぎ」を指摘します。「有酸素ランニングをたくさんやっていることは良いことだ」とリディアード。「ただ全体のトレーニングの『バランス』が取れていない」。この後の「無酸素インターバル」の章（Chapter9）で詳しくお話ししますが、当時の私自身と同じ状況なんです。彼はその数ヶ月後マラソンで 2 時間 19 分、その 3 週間後、5,000m で14 分 32 秒で走ります。たった 1 分と 4 秒の自己記録更新ですが、彼の全盛期から 12 年も経ってから、です！

　このトレーニングの「バランス」に関して、リディアードが好んで使っていた話があります。リディアードが現役で活躍していた 1960 年代、同じ南

半球のオーストラリアにロン・クラークという韋駄天ランナーがいました。生涯で長距離の世界記録を 18 回更新、2 マイル（3,200m）から 20,000m までの世界記録を保持していました。まずジュニア（18 歳未満）で大活躍し将来を期待されて地元メルボルン五輪の聖火リレー最終ランナーの栄誉を賜ったものの早々に引退。彼はジュニアとして 1 マイルで 4 分を切ることを目標とし、当時のお決まりのトレーニングとして 10 × 400m を 60 秒で、というトレーニングを繰り返していました。来る日も来る日もインターバル、しかも結果が思う様に出ないという惨敗感からスパイクを脱いで引退に至ったのでした。その数年後、隣国ニュージーランドで流行りだした「長距離走り込み」トレーニング法に魅せられた数名のランナー達に誘われてまた走り始めます。この新しいトレーニング法がえらく気に入ったクラーク、連日の様に仕事の後 20 〜 30 キロを走ります。彼の友人達は「速く走りすぎる」ことを恐れて、キロ 4 分 20 秒よりペースを上げようとしないのに対して、クラークは、体力がつくにつれて（有酸素能力が高まって LT ペースが速くなるにつれて）ぐんぐんペースを上げて走り続け、ついにキロ 3 分 15 秒程で平気で（有酸素で）走ることができる様になります。それでも、英連邦大会で 3 マイルで銀メダル、世界記録保持者として臨んだ 1964 年の東京オリンピック 10,000m でもラストスパートの競り合いに負けて銅メダル。後一歩というところでの「切れ」に欠けて一番高い表彰台を逃していました。そんな折、ヨーロッパでの 3,000m で、リディアード門下生のジョン・デイビース（東京五輪 1,500m 銅メダリスト）にも後塵を拝し、フラストレーションが最高潮に達したクラークはリディアードにアドバイスを乞います。「有酸素能力が高まるにつれてロングランのペースを上げて来たのは当たっている。しかしそれだけではバランスが取れていない」とリディアード。クラークは、当時の典型的な例で、インターバルのやり過ぎで精神的に焼き切れてしまい、有酸素ロングランのおかげでランニングの楽しみを取り戻すことが出来たものの、「もうインターバルはこりごり」とばかりに一切インターバルを行わなくなってしまい、トレーニングのバランスを欠いてしまったのでした。「適度なインターバルを加えることは、今まで打ち上げて来た『鉄』に『鋼』の様な『切れ』を加えることになる」とリディアードは説明します。翌 1965 年、このアドバイスに基づいてトレーニングにバランスを加えたクラークの快進撃が始まります。ヨーロッパに遠征し、44 日間の間に 18 回レースに出場、世界記録を 11 個打ち立てるという偉業をやってのけたのです。しかも、10,000m においては彼自身が 2 年前樹立した 28 分 15 秒の世界記録をなんと 35 秒も更新し、一気に 27 分台の大台に乗せる 27 分 39 秒を樹立。男子

10,000m においてこれ程の大幅な「世界記録更新」は後にも先にもこれのみです。

　リディアードは、このロン・クラークの話を、（1）力強い安定した有酸素ペースで走りこむことで本当のフィットネスの力がつく、（2）このLTペースが速くなるにつれて有酸素ロングランのペースを相応に速くして行くことで有酸素フィットネスはドンドン向上して行く、そして（3）レースにおいてベストのパフォーマンスを期待するならば、トレーニングにおいて有酸素（走り込み）と無酸素（インターバル）の割合をうまくバランス良く組み合わせる必要がある、という3つの彼の持論を証明する良い例として語っています。

数字に囚われないためのガイドライン

　とかく「週100マイル」とか「24週間のトレーニング・サイクル」とか、数字で示されがちのリディアードですが、実は私がリディアード本人の希望で、最後の「全米講演ツアー」を企画した2004年、「リディアード・アカデミー」の案が出され、私たちリディアードの関係者が集まって「リディアードの5つの基礎」というものを立ち上げました：

1) 有酸素能力の発達
2) 個々の反応に応じた対応（バランス）
3) 感覚重視
4) 段階だった能力の発達
5) ピーキング

　非常に曖昧な感じがするかも知れませんが、リディアードのトレーニングの詳細を説明する際、これらのポイントに沿った方が、100マイルとか24週間とか、数字にとらわれた考え方よりもずっと正確に趣旨を伝えることが出来る、と感じたのです：

1. 有酸素能力の発達

　運動の継続時間が2分——正確には1分半くらいからなんですが——以上の場合、50％以上のエネルギーが「有酸素代謝」から使われる様になります。800mで50％強から60％近く、5,000mでも93％、マラソンでは99％が有

酸素エネルギーによって賄われます。私達の身体の中で行われる全ての営みには「酸素」が必要となります。そして、運動の強度が高くなればなる程、より多くの酸素が必要となります。ですから、より多くの酸素を、より効率良く活用することで、私達の身体は「有酸素を基礎とした」マシーンとなり得るのです。

2. 個々の反応に応じた対応

　これは、前述した様に、数字やプリントされた決まったスケジュールなどに惑わされるのではなく、私達個々のトレーニングに対する「反応」に沿って、距離やトレーニングそのもの、あるいは全体の「流れ」というものを組み立てて行く必要があります。「バランス」です。プログラムに記されているから、という理由だけで、まだ身体の準備が出来ていないのに無理な練習をしてしまったらどうなるでしょうか。あるいは逆に、もうその練習は十分やったのに、引き続き同じことばかりやっていては先に進めません。その指針となるのが、あなた自身の身体の反応なんです。

3. 感覚重視

　トレーニング・プログラム等で示される数値は、あくまでガイドであり、常に自分の身体の反応に耳を傾けることが必要となります。タイムやペースなども、何がなんでもそれに合わせようとするのではなく、身体が送るシグナルを読み取ることを習慣づけましょう。キロ5分のペースでも、体調の波がアップの時とダウンの時で、有酸素と無酸素の境界線を超えてしまう可能性もあります。この時にリディアードの1/4、1/2、3/4の力の配分、あるいはRPE（ボルグ指数）を活用すると良いでしょう。

4. 段階だった能力の発達

　調味料を加える順番に「さ-し-す-せ-そ（砂糖、塩、酢、せいゆ＝醤油、そして味噌の「そ」）」があるように、トレーニングにおける生理学的能力の発達にも「正しい順序」があります。これから読んでいっていただくとわかると思いますが、例えば、有酸素能力が高められる前にインターバルを行っても、インターバルのスピードがそんなに速くない、という現象が起こります。リディアード・アプローチでは個々の生理学的発達を、ブロックとして捉え、順序だって鍛えて行きます。

5. ピーキング

競技においては、その当日にベストのコンディションに持っていくことが全てです。「2週間前にこんなに凄いタイムで走ったんだぜ！」と言ったところで誰もメダルをくれません。ベストの走りをしたいと望んでいる日にピークのコンディションに持って行くことが出来て、初めてトレーニングの何たるかを理解していると言えるのです。

　全体的に見て、「数字に囚われない」というメイン・メッセージが垣間見られると思います。ちょっと曖昧に感じられて、「それよりも、素直にスケジュールを書いて欲しかったなぁ」と思われるかもしれません。しかし、それではそれは「誰か別の人のスケジュール」になってしまうかも知れないんです。

　そもそも「週に100マイル」というのは、キレのいい「ラウンド・ナンバー（丸っこい数字）」だから、とも思われがちです。リディアードに言わせると、これもれっきとした理由があるのですが、まぁ100というキレのいい番号だから、と言われても仕方がないところもあるでしょうね。アメリカでは、「ラウンド（丸っこい）のが良いのであれば『88』は100よりももっと良い」なんていう悪賢いコメントも出ていますが（笑）、実はこれは、リディアードが彼の「フォーミュラ」を手探りしている時、自らを実験台として13年かけて試行錯誤を繰り返し、結果としてもっとも適した週の走行距離として出したものなのです。その間彼は、最高で週に250マイル、400キロ近くも走り込んだと言います！「南アフリカでは、コムラッド・マラソンという90キロにも及ぶウルトラ・マラソンに出る人たちもいる。それだけの距離を走り込むことも可能なはずだ」と、もともと頑固で意地っ張りなリディアード、当時早朝の牛乳配達を含めて、2つも仕事をしていた彼は、午前2時に起きてフルマラソンの距離を走り、日中の仕事が終わってからまた25キロ走っていたと言います！「週に250マイル走った時は、疲れるだけだった！」と苦笑いしながら言っていたリディアード！　しかし週に50マイル（80キロ）では疲れは残らなかったものの、大して体力がついたとも思えなかった、と言っていました。そうして「疲労を残すことなく、体力を蓄積していくことができる最適の距離」として週100マイルに行き着いた、と言っていました。

誰か「別の人」のトレーニングをやっていませんか

　さて、ここで一番注意していただきたいポイントは、「週に100マイル」ではなく、「疲労を残すことなく、体力を蓄積していくことができる最適の

距離」なんです。いわゆる、語呂合わせ良く英語でいうところの「Building Up, Not Breaking Down」です。さて、この距離はあなたにとって何でしょうか？　これをよぉく自問自答してください。まだ高校生で、本格的に走り始めたばかり、という若者であれば、その週間総走行距離は50キロくらいかもしれません。中年太りのおじさんで、メタボが気になって週に3回くらいでも走り始めようか、と思い立った人であれば週に3〜4回で合計12〜15キロがせいぜいかもしれません。実業団でオリンピックを目指すような人であれば週200キロかそれ以上かもしれません！　その個人のバックグラウンドと状況に応じて、Break Down することなしに Build Up が出来る距離を探す。これこそがあなたの成功の本当の鍵なのです。ここに、1972年と1976年、ミュンヘンとモントリオール両五輪で5,000mと10,000mの二冠に輝いたラッセ・ビレンの長期計画の表があります。彼が19歳の時、ハイコラ・コーチの下でトレーニングを開始した当初、彼の週の走行距離は50キロでした。そこから、なんと、約20週間もかけて、その年のピークの90キロまで持って行きました。日本のトップクラスの高校生からは比べ物にならないくらいのお粗末な走行距離ではないでしょうか。しかし、「2012年ロンドン五輪10,000mで銀メダル、2016年リオ五輪マラソンで銅メダルのゲーラン・ラップは高校生の時からサラザールの指導を受けてこれだけ走っていたから、これだけ走らなければいけない」では走行距離を決める適切な理由とはいえません。

　皆さんは、もっとも成功するベストのトレーニング法を一言で言え、と言われたら何と答えますか？　正解は：「『出来ることをする』トレーニング」なんです。英語では、「荷車を馬の前に持ってくる」という言い回しがあります。つまり本末転倒。本来であれば、「こんな練習が出来るようになったからこれくらいのタイムで走れる」となるべきものを、「このタイムで走りたいから、何が何でもこんな練習をしなければいけない！」という考えでトレーニン

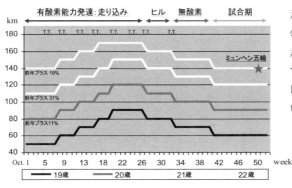

ラッセ・ビレン選手の長期計画

1973年『陸上競技マガジン』6月号、「ラッセ・ビレンの金メダルトレーニングの全て」の資料を基に橋爪伸也作成

グ・プログラムを組むことを指しています。ちょっと考えてみてください。ほとんどの人がこの考え方でトレーニングを組んでいないでしょうか？「マラソンで4時間を切るにはこんな練習をしなければいけない」とか「ボストン・マラソンの参加標準タイムがこれだから、それを達成するためにはこのプログラムをこなさなければいけない」とか…。「馬の前に荷車を持ってくる」と聞くと馬鹿な、と笑ってしまうことでも、そんなトレーニングの組み方をしているのが一般ランナーの3/4位を占めているのではないでしょうか。

　もう一つ、英語の言い回しで「卵をいくつかカゴに入れて、それを壁に向けて叩きつける。その中のいくつかが壊れずにすむ…かもしれない」というのがあります。例えばあるコーチがそこそこのランニング歴のある人達10人を集めて指導することになったとします。ハーフを何度か走ったこともあり、何人かはフルマラソンも走ったことがある人達とします。まぁそこそこに4時間くらいで走れるかなぁ…と。そこで、「じゃあみんなサブ4を目指すトレーニングにしようか」と決めます。一応全員が、それはいい目標だと同意します。ズブの素人でもないんだし、「よぉーし、全員でサブ4を目指そう！」「おーっ!!」てな感じで、反対する人はまずいないでしょう。じゃあ30キロ走を3時間で、全プランを通して最低3本は走り、800mを3分45秒で10本走るインターバルを週に一度…。4時間マラソンのための「理に適った」トレーニングに見えませんか？　けど、それだと、十把一絡げで「卵をまとめて壁にぶっつけて」大体ドンピシャリで上手く行ってサブ4を達成する人が3人くらい（壊れなかった卵）…。怪我でスタートラインにさえつけなかった人が2人か3人。残りの4〜5人は、きついながらも何とかサバイバルして4時間01分か02分くらいで「あーっ、残念！　もう少しだったのに…。この次こそは！」そんな感じではないでしょうか。けどこれはまだ運が良い方なんです。そしてこの様なトレーニングは「盲滅法」トレーニングの典型的なものではないでしょうか。

　空前のマラソン・ブームを迎えている日本、「私もマラソンを走ってみたい！」と思い、生まれて初めてランニング・シューズを購入しようと考えている人、「今度こそ4時間（あるいは3時間）の壁を破りたい！」と意気込んでいる人、そんな人たちがたくさんいるのではないでしょうか。リディアードのトレーニング法を説明して行くにあたり、まず、中年の肥満男連中がどのようにしてたった8ヶ月で4時間マラソン・ランナーに進化したのか、その秘密から解明していきたいと思います。

Chapter 4

最初の第一歩

リディアードのピリオディゼーション

　「無名の『ゼロ』からあっという間にヒーローに…」というセリフがディズニーのアニメ映画の歌の中にありました。トラック半周、200mを続けて走るのがやっとだったという20人の中年の心臓病患者が、たった8ヶ月（30週間＋）で全員32キロを走り、そのうち8人がフルマラソンを4時間前後で完走。ガーミンもエナジージェルも、エアシューズもブースト素材もカーボンプレートの「バネ」も、ナイロンのアッパー素材さえもない時代です。日本のマラソン人口は600万人に届こうかというところと聞いています。そのうち男子の平均完走タイムは4時間37分、女子が5時間7分。全てが揃っている現代であってもサブ4はそれなりに「高嶺の花」なのです。「4時間前後」のマラソンなんてそんなに簡単に達成できるものなのでしょうか。

　みなさん、速く走るためにはどんな練習をしたら良いと思いますか？　速く走るのであれば、やはり速く走る練習をするべきだ、と考えるのが人情ですよね。ところが「リディアード法」のトレーニングは、速く走るためには、まず長くユックリ走るべきだ、と説いています。この一見矛盾しているように聞こえる理論なんですが、これが、「まず有酸素能力の土台を築き上げる」という、実は速く走るために重要な生理学的な「基礎」を確立するためにもっとも有効なトレーニングなんです。2020年の東京オリンピックのマラソンでの表彰台を目指して、陸連では日本マラソン界のレジェンド、瀬古利彦監督が牽引者となって選手の育成に取り組んでいますが、瀬古監督の「泥臭い基礎づくりの走り込みをすることが大事だ」というコメントを耳にしたことがないでしょうか。これが「有酸素の土台」を意味しているのです。半世紀昔のトレーニングの主流は、「速く走るために速く走る」という単純至極なトレーニングでした（＊実は、この考え方は、今、一般市民ランナーの間で氾

濫している、ということは、また後で触れたいと思います）。

　リディアードは、自分の体験から、まず長くユックリ走ることでこの土台を築き上げ、そのことにより、より多くの「レースの準備をするためのトレーニング」、つまり「速く走る」トレーニングをより多くする、という「トレーニングのピラミッド」を確立させたのです（図参照）。いわゆる「ピリオディゼーション」です。情報の溢れている昨今、ほとんどのランナー達が、練習にはテンポ走、インターバル、タイム・トライアル、ファルトレク（スピードプレイ）といった各種トレーニングがある、ということを熟知していることと思います。しかし、それらをいつどのように組み合わせることで、本番のレース時に体調をピークに持っていく、という「ピーキング」を理解している人は少ないのではないでしょうか。速く走るためには速く走る練習のインターバル・トレーニングでも入れてみるか…という突発的な練習をされる人も多いかと思いますが、ほとんどが盲目的で、上手く行って良い走りができれば儲け物、程度で、本当にいつ体調がピークになるのか、全く理解していない場合が多いのではないでしょうか。リディアードは、「（料理のための）材料は誰でも知っている。それを正しいバランスで、どんなタイミングで混ぜて調理するかという『レシピ』を知っている人はほとんどいない」といつも言っていました。まず有酸素能力の土台を作り、その上に徐々に速く走る練習を加えていき、それらをうまく混ぜていくことで本番にピークを持っていく、それがリディアードの奥義なんです。

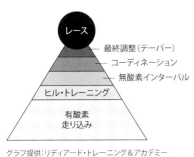

グラフ提供：リディアード・トレーニング＆アカデミー

　リディアードのトレーニングは、「週に100マイル（160キロ）走る」というハードコアのエリート・ランナーのための練習法、という見方がほとんどなのではないかと思います。リディアードのランナー達が世界を牛耳った1960年台、その当時800mの中距離選手（スネル）でも週160キロ、毎週末には35キロを走る、という「物凄い」練習量に、世界中の専門家が舌を巻いたと言います。しかしそれは、リディアードの練習法が凄かった訳ではないのです。実は凄いのは私たち「人間の適応能力」なのです！　しかし、ここには物凄く大事なルールがあって、それは、「プライドを捨てること」。リディアードの持論は、「各自自分が持っている『その都度の限界』というも

のを理解し、その限界内でトレーニングを繰り返せば誰でもその負荷に適応し、その限界を高めていくことができる」というものです。しかし、ここで変に「プライド」が頭をもたげて来て、「もう少し颯爽と速く走った方がカッコイイよなぁ！」と背伸びして無理に頑張ると痛い目にあいます。

　さぁ今日から走り始めよう！　と思っているあなた！　リディアードが20人の中年太りの心臓病患者に対して、実際に実践論としてどのようなトレーニングを課したのかを見てみましょう。

「ハード / イージー」のコンセプト

　まず最初に目指すことはイーブン・ペースで15分継続して走ること。ここで、「イーブン・ペース」を体得するために、リディアードは「まず10分走って折り返し、起伏や風の影響を考慮に入れながら、同じコースを戻って来て、後半に12分かかった場合、スタートのペースが速過ぎたことを示す。逆に、8分で帰って来れたらそれは前半のペースが遅すぎたことを示す。この様にして、もっとも効率良いイーブン・ペースを体得すると良い」と言っています。これは15〜20分の初心者でも、テンポ走的なランを1時間、1時間半走れる上級者にも言えるイーブン・ペースの鉄則でもあります。私たちは、週一のテンポ走を「アウト・バック（=Out & Back）」と呼んでおり、出来るだけ前半と後半をイーブン・ペースで走ることを奨励しています。

　アメリカでは「ラン：ウォーク」という走り方（？）が流行っています。これは例えばハーフマラソン（21キロ）を全距離完走するのはむずかしいから、毎5分につき1分を歩く（4分ラン：1分ウォーク）、というものです。これは走り初めには非常に有効なトレーニング法です。今まで一歩も走ったことがない、という方は、まず2分ラン：1分ウォークを数回繰り返す、ということから始めてみましょう。これで20分続けることができるようになったら（ラン5〜6回）、2分のランを3分に伸ばし、3分ラン：1分ウォークにします。ここで大事なことは、初めて3分ラン：1分ウォークに伸ばした翌日にはもう一度2分ラン：1分ウォークに戻しましょう。トレーニングは、「負荷（トレーニング）」と「回復（身体の適応）」との繰り返しです。これが「ハード / イージー」のコンセプトです。常に同じ負荷をかける、あるいは常にドンドンどんどんきつくして行くのではなく、絶えず「息抜き」を入れることで、身体に「適応」させる余裕を与えてあげましょう。その次には4分ラン：

1分ウォーク、そして5分ラン：1分ウォーク、と継続して行きます。最終目標は、「15分を継続して走ること」です。あなたの年齢、バックグラウンドにもよりますが、継続して行くことで、思いのほか早く15分ランに到達することができるはずです。

　アメリカでは、この「ラン：ウォーク」法を継続してマラソンを完走／歩することが流行っています。このやり方でやれば、案外長い距離／時間を走り続けることができちゃうんです。しかし、この「止まる」という行為が思いのほかクセモノなんです。踏み台昇降テストをしたことがありませんか？メトロノームを使って、特定の高さの台を同じリズムで上り下りして、運動直後に脈拍を測り、30秒後、1分後と脈拍を測って、心臓の「回復能力」をチェックするテストです。今ではガーミンなどで即時にその瞬間の心拍数が計れるので簡単ですよね。しかし、ポイントは、30秒ほどで思いのほか心拍数は下がってしまうものなのです。後の章で詳しく説明しますが、運動筋肉内での毛細血管の発達は、有酸素能力の向上においてもっとも重要な要素のひとつですが、1970年代のドイツで行われた研究で、長距離走の最中に20秒でも運動をストップしたら、新しい毛細血管の開拓のプロセスが遅れ始めてしまう、ということがわかっています。もちろんこれは、「走り出したら20秒もストップしてはいけない（交差点での信号待ち、自動販売機での給水、おトイレ小休止…）！」というわけでもありません。ただ、故意に定期的にストップ・アンド・ゴーを繰り返す運動ばかりしていると、同じだけの運動効果がみられなくなる、と言っても言い過ぎではないでしょう。ですから、体力がついてきて、継続して走れる時間が長くなってきたら、できるだけ止まらずに走り続けることを心がけましょう。

　だからといって、ラン：ウォークを全く否定する、という訳でもありません。「ラン：ウォーク」は、まだ身体が長い距離／時間を継続して走り続けることが困難な当初、長距離をカバーするのに非常に有効なアプローチで、実は半世紀も前に、前の章でも紹介したアーンスト・フォン・アーケン博士が「ウォーク・ブレイクを混ぜることでできるだけ長い距離をカバーするように」と奨励しているのです。

　ここで一番大事なことは、とにかく速く走ろうとする誘惑を抑制することです！　この段階では、継続して走れる「時間」を伸ばしていくことです。ランをストップさせるのは「スピード」です。速く走り過ぎることで身体は

ストレス状態となりスピードを落とすかストップせざるを得ない状況に陥ってしまいます。速く走ることで「きつい」から何か練習をした気持になる、という誘惑に負けないように。それよりもスピードを落として継続して走れる総時間を伸ばすことに集中します。皆さん、有酸素／無酸素という単語を聞いたことがあると思います。有酸素とは、身体の中により多くの酸素を取り入れることで、より多くのよりきついトレーニングができるようになるための「基礎」を築くトレーニングを指します。その最も重要な要素が、毛細血管の発達とミトコンドリアの数と大きさなのです。そして、これらをより効果的に発達させるトレーニングとは、「強度」ではなく「継続時間」に比例する、ということがわかっています。リディアードは、この練習効果を「筋持久力（＝ Muscular Endurance）」と呼んでいました。この筋持久力の発達こそが、将来のためのより大きな受け皿を築き上げる第一歩となるのです。

　それでは、具体的にこれら「太っちょ中年おじさん」達は実際にどんな練習をしたのでしょうか。前述したとおり、必ず「ハード／イージー」のコンセプトを守るようにします。ただし、例えば週に3日しか走る時間を取ることができない人が、「じゃあ間に休息日を入れて、ラン—休—ラン—休…というスケジュールでは」と早とちりされると困ります。ランナーにとっての最高の「リカバリー」は、実は「ジョグ」なんです。動かないと筋肉は萎縮します。しかも心拍数が高められない分疲れた筋肉に酸素も栄養分も送り込まれることがありません。例えば20分走れるようになった人が、20分走った翌日に10分もっとゆっくり走る、あるいは15分速歩する…、それが芝生でできればなおさら良いんですが！　ですから、筋持久力発達を目的とした「長いラン」の次のランには、短い、よりゆっくりのランを入れるようにしましょう。リディアードの場合、ニュージーランドのゆったりとしたお国柄、「ジョガー」であっても週に6日ほど走ることができました。この場合、15分ゆっくりを2日続け、3日目に20分から30分の継続走（ハード）をするようにしました。続く2日間をまた15分にもどりゆっくりと（イージー）、6日目にまた20〜30分走ります（表1）。この「ロングラン」で、筋持久力が高められて行きます。30分を快適に走れるようになったら次には45分を目指します。ただし、ここで大事なことは、ロングランが45分になっても、この段階ではまだ間の2日間は15分に戻ります。この「ロングラン」によってスタミナが漲ってくるのを感じられるようになるはずです。ここまで来るとスケジュールにバラエティーを加えていくようになります。例えば週末の一番長いランを1時間、週の中間のセミ・ロングランを45分、その間のリ

[表1]

日曜日	30分
月曜日	休み
火曜日	15分
水曜日	15分
木曜日	20分
金曜日	15分
土曜日	15分

[表2]

日曜日	1時間
月曜日	休み
火曜日	15分
水曜日	20分
木曜日	45分
金曜日	15分
土曜日	ファルトレク20分、または流し

カバリーを15分と20分にパターンにします（表2）。このうちの20分走のひとつをスピード・プレイ、ファルトレクにするのも良いでしょう。

　毎日のトレーニングに抑揚を持たせる「ハード / イージー」のアプローチは、リディアードが始めたものを、オレゴン大学のビル・バウアーマンが確立させ世界中に広めて行きました。バウアーマンが指導者として最も脂が乗り切っていた1970年代にコーチしたランナーに、未だにナイキのコマーシャルで使われている24歳の若さにして交通事故で亡くなって「アメリカ陸上界のジェームズ・ディーン」とさえ呼ばれたスティーブ・プリフォンタインがいます。彼は、ブルドッグとあだ名され、ハードな練習を2〜3日続けて行ってイージーな日、またハードを数日…というパターンが出来る様なランナーでした。時を同じくして、1970年の福岡マラソンで、日本の宇佐美章雄選手に次いで2時間11分36秒で2位となり、当時のアメリカ記録を樹立した

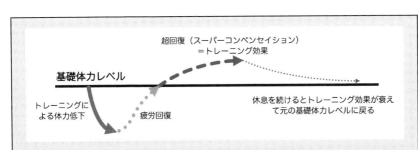

　実線の部分は、トレーニングによって基礎体力レベルが落ちたことを示します。点線の部分が回復期、破線の部分が「超回復」、スーパーコンペンセーション、つまり「トレーニング効果」を示します。

　「トレーニング」は「崩壊」の部分です。「リカバリー」こそが「再建」の部分で、ここで初めてトレーニングの「効果」が現れます。つまり、リカバリーの部分が不十分ならば、どんな凄いトレーニングも全く意味がないことになります。一般に、強度の有酸素運動（ロングラン）は24時間、強度の無酸素運動（インターバル）は48時間、筋力的な、例えばスプリント練習は36時間を疲労回復に要します。

ケニー・ムーアというランナーもバウアーマンが指導していました。彼は逆に、ハードな練習をした次にはイージーな日を2〜3日続けないとすぐに故障してしまったそうです。しかも、彼のイージーな日は、2マイルの軽いジョグか水泳程度だったそうです。この様に、「トレーニング」とは実は練習による「進化」の一面でしかないのです。回復の部分は、時として「見えないトレーニング（= Invisible Training)」と呼ばれることもある様に、ハードな「ポイント練習」とイージーな疲労回復をバランスよく組み合わせる自分なりのパターンというものを見極める様にしてください。ちなみに、バウアーマンに指導されたこの2選手、1972年ミュンヘン五輪で共に惜しくもメダルを逃しながらも見事4位(プリフォンタインが5,000mで、ムーアはマラソンで)入賞しています。

　一つの目安として、私は週イチのロングランは「これくらいならいつでも無理なく走れるかな」という時間の約二倍と考えています。つまり、いつでも20分なら深く考える必要なしに走りに行ける人の場合、ロングランは40〜45分。それを、普段のランよりもわずかにユックリ感覚で走ります。15分無理なく走れる様になった人は、まずロングランを1時間に持って行くことを目標としましょう。年齢、運動のバックグラウンド等にもよりますが、走り始めて15分がスタート、という人でも、1時間のロングランに持って行くのに2〜3ヶ月あれば十分達成できます。

　日本の忙しいみなさんの場合、6日どころか4日か3日でもきついかも…、なんて人もいるかと思います。そんな場合でもここで挙げている「コンセプト」を守るようにすると全体像が見えてくると思います。例えば週4日の場合、ロングラン45分―リカバリー・ラン15分―ファルトレク20分―リカバリー・ラン15分…そしてこの間に「休みの日」を入れると良いでしょう。週に3日しか走れない場合、上記の週6日のスケジュールを、2週間に引き伸ばして週に3日ずつやれば良いでしょう（表3）。このパターンで、かなり短時間に1時間半から2時間近く継続して走れる様になります。1時間継続して走れる様になった方は、そこから1時間半、2時間に持って行くのはそんなに無理なことではありません。それは、1時間継続して走るということで「筋持久力」が急速に発達する様になるからです。そして、2時間近く走れる様になったらもうこっちのものです！　2時間、というのがひとつのポイントとなります。リサーチで、2時間以上継続して運動をすることで、毛細血管の発達、ミトコンドリアの発達が一気に増大する、ということがわかっ

日曜日	1時間
月曜日	休
火曜日	15分
水曜日	休
木曜日	20分
金曜日	休
土曜日	休

日曜日	45分
月曜日	休
火曜日	15分
水曜日	休
木曜日	ファルトレク20分、または流し
金曜日	休
土曜日	休

ています。つまりユックリユックリ走ることで2時間20分走ったとしましょう。この最後の20分こそが、本当のロングランの最大の効果が得られる時間となるのです。

　1時間から2時間に、短期間で持っていく場合には、週末のロングランの継続時間を交互に伸ばしていく、いわゆる「ジグザグ作戦」（青山学院大学の原晋監督ならば、さしずめ「ジグザグ大作戦！」でしょうか）をお勧めします。リディアードは、「スムーズに、徐々に進化して行くことが難しい場合、トレーニング負荷が大き過ぎる可能性がある」と警告しています。本来であれば「正しいトレーニング負荷」によって徐々に体力がついて行くべきなのですが、1時間走からフルマラソンの準備として2時間、あるいは心理的な自信を身につけるためにも3時間走一本はやっておきたいと思われる方のためには、「ハード／イージー」のコンセプトを1週間ごとの流れに応用します。例えば、最初の週末に1時間走を行ったら次の週末は1時間20分を目標に。しかしその次の週末は1時間05分に後戻りします。そしてその次の第4週目に1時間35分、そしてその次に1時間15分…、といったパターンです。本来であれば、私は個人的には「毎週末2時間から2時間半」を続けるパターンの方が好みなのですが、純粋に「走行距離／時間を増やす」ことが目的の場合、このパターンは、精神的にも負担が少なく、非常に効果的です。

マラソンのための脚造り

　2時間ロングランを行うことが出来る人は、当然その中間走でも45分や1時間くらい平気で走っているはずなのですが、ここでも「強弱」のイントネーションをつけることと、コースやランの内容にバラエティーを含ませることを忘れてはいけません。名伯楽、故小出義雄監督が出された「マラソンは毎日走っても完走できない」という本は、私は個人的には非常に勉強にな

り好きなんですが、小出監督は、その中で「脚作り」のためのスピード練習（彼の場合、1キロの全力走を奨励されていましたが）を説いています。これと同じコンセプトで、ファルトレク、流し、あるいは軽いヒル・トレーニングを織り混ぜるのも非常に効果的です。小出監督がご指摘されていた通り、「脚作り」というハッキリとした主旨を持ってトレーニング・プランを組み立てて行った方が、チンタラと中途半端にただ走るだけよりもはるかに効果があります。

　週に4日、5日走れる人ならば、週に一回、ファルトレクか、その代わりに、短くても良いのですが軽い「流し」を入れると良いでしょう。「流し」というと100m10本…などというパターンを考えがちですが、「初心者」でロングランがまだ20分とか30分の場合、そのフィットネス・レベルに合わせて、流しも30m3本…とかに収めると良いでしょう。まだ体力が高められていない場合、100m10本などを速いペースで走ると、それだけで無酸素的なインターバルになってしまいます！　この段階での無酸素トレーニングは好ましくありません。また、大上段に構えてトラックで…、などとすることも無用です。足元のシッカリした平地があれば大丈夫。ロードでも駐車場でも出来ます。一般に初心者には芝生などの柔らかい表面の方が足に優しいと思われがちですが、むしろ足首の周りの筋肉が鍛えられていないうちに不整地で流しをすることで足首を捻ってしまう可能性があります。それよりも着地がシッカリ出来る舗装された表面の方が当初は安全です。大雑把に計算して、「流し」の時のストライドが1m50cmくらいだとすると、右足が着地する度に「1」と数えると、1カウントで3m、10カウントで30mになります。1ストライドが1mくらいと思うのであれば15カウントで30mになります。慣れて来るにつれてカウントを増やすか本数を増やすと良いでしょう。ウサイン・ボルトのスプリントを頭に思い浮かべて、決してそこまで速くないにしても（当然！）、ボルトのように胸を張り、膝を高く上げて、脚全体で円を描くように大きく動かします。これはフォーム・トレーニングでもあり、また地面を強く蹴る（プッシュする）ことでプライオメトリックス練習にもなり、脚力を養う良い練習でもあるのです。

　数年前、ナイキの第1号社員のジェフ・ジョンソン氏（「ナイキ」の名付けの親）と会って話をしたことがあります。当時大学の陸上チームの指導をしていたジョンソン氏は、酔狂でリディアードのピラミッドを逆にしてみたそうです。つまり、まず50/50のようなスプリントから入って、徐々に距離

を伸ばしていく、というやり方を試してみたそうです。「別に最終的なタイム
が良くなったこともなかったし、大して悪くなったこともなかった」とジョン
ソン氏。「ただ故障が減ったのが興味深かった」と…。それについては、「ラ
ンニング気狂い」（小出義雄先生ならば、さしずめ「かけっこ大好き人間」で
しょうか）の二人、深夜までこのことについて話し込みました。私たち二人
が達した結論は「スプリント練習（インターバル練習ではないのでその点を
要注意）をすることでまず脚力をつけることができたから」だろう、でした。

　日本のマラソンが世界で注目されるようになってかれこれ30年近くなり
ますが、「マラソン練習のための『脚作り』」ということを聞いたことがあり
ません。シドニー五輪マラソン金メダリストの高橋尚子選手の場合であれ
ば、何時間もかけて、ボルダーの山々をハイキングすることで「脚作り」を
した、ということを聞いたことがあります。ひと昔前、LSDで有名な浅井え
り子選手を指導された故佐々木功NEC監督がこの脚作りをよくされていま
した。タイプこそ違え、スプリント練習、短距離のドリル、あるいは「流し」は、
一種のプライオメトリック運動と考えることができ、一つの「脚造り」のた
めのトレーニングなのです。

　リディアードが理想としていた「週に最低7日間」のトレーニングは無理
であっても、出来る限り多く走ることが出来れば多く走るほど効果は倍増し
ます。これはただ単に闇雲に多く走れ、というのではなく、走る頻度が多け
れば多いほど良い、という意味です。リディアードも、「ウィークエンド・
ウォーリヤー（週末戦士）」で週末にだけドーンとハード・トレーニングをし
て後は何もしない、というのではなく、毎日平均して小出ししながら頻度を
多くして走ることを奨励していました。当然の様に、週末だけ週に1〜2度
ドカーンと練習するよりも、小出しにすることで一度の練習の負担が軽減さ
れるということもさることながら、トレーニング負荷と休息のバランスが上
手く取れることも指しています。トレーニング自体が多過ぎても少な過ぎて
も、速過ぎても遅過ぎてもいけないのと同じ様に、休息も「長過ぎ」（トレー
ニングとトレーニングの間が開き過ぎ）では、せっかく手に入れた「トレー
ニング効果」が半減してしまいます。リディアードが口癖の様にいってた言
葉で、彼の人となりを非常に如実に表している言葉があります：「仕事や家
庭に追われて、走る時間がない、という状況になっている人達もいるだろう。
しかしそんな人でも、たった15分でも良い、たったの15分でもその日走る
ことで、あなたは『勝者』たり得るのだ。」

ゼロからフルまでどれ位かかる？

　私は、「ゼロから始めてフルマラソン完走まで」に、リディアード自身が実証した「8ヶ月」というのを目安にしています。全くのゼロから始めて、15分継続して走れる様になるのに6〜8週間（2ヶ月）；15分ランから1時間継続して走れる様になるまでに10〜15週間（3〜4ヶ月）；1時間走からフルマラソンまでに10〜18週間（3〜4ヶ月半）。このパターンで無理せず、故障することなしにフルマラソン「完走」まで持って行くことは十分可能だと考えます。アメリカのNOVAという（日本では「NHK科学ドキュメンタリー」とでも言いましょうか）テレビ番組で、数年前「ズブの素人が40週間でフルマラソンが走れるかどうか」にトライする「マラソン・チャレンジ」というプログラムを実施しました。結果としては、走り始めてすぐに疲労骨折でドロップしてしまった女性一人以外、他の11名全員が無事完走することが出来ました。私たちのオンライン・プログラム、「リディアード・ランナー」の「ファースト・ステップ」（15分まで走れる様に持って行く）、「初心者プログラム」（1時間継続して走れる様に持って行く）、「完走目標マラソン・プラン」は、この流れを考慮に入れて組み立てられています。

　実は、「最初の第一歩」ということを考える時、私はいつもバウアーマンのことを思い出します。74歳のステッドマンと一緒に走った「運命の8キロジョグ」の洗礼で、自らの体力の無さを痛感したバウアーマン、6週間に延長したニュージーランドの滞在中、リディアードから直接「ジョギング」の奥義を伝授されます（ちなみに、この「奥義」は、今ここで私が皆さんとシェアしているそのもの、と思ってください）。6週間後、帰国を目前にバウアーマンはリディアードと二人で、今流でいう「マラトニック（またはマラニックとも呼ばれています：ピクニック気分で走って遠出すること）」に出かけます。途中ウサギを追いかけたり景色を満喫したり…。大上段に構えてガーミンとにらめっこしながら「ペースはどれだけ…、距離は…」などと目くじらをたてる様なものではなかったものの、「4時間かけて20マイル（32キロ）」走破したと言います。私はこれを、一つの指針として、人間の可能性と順応能力、そして「正しいトレーニングの効用」と考えています。バウアーマン50歳の時でした。

　今や空前のマラソン・ブームで、猫も杓子もフルマラソンを走ってみたい、という衝動に駆られている様ですが、確かにこのアプローチで8〜10ヶ月

でフルマラソン完走は出来ないことはないと確信はしているものの、正直なところ、もうちょっと腰を据えて、長期的な視点に立ったアプローチをしていただきたい、と願うことも本音です。ウチの奥さんは、生涯初めてのロードレース参加が5マイル（8キロ）レースでした。そしてその次がフルマラソンで、ここでご説明したアプローチで3時間54分、初マラソンをサブ4で無事完走しました。その時、知人で、アメリカの雑誌「Runner's World」の創始者の一人、ジョー・ヘンダーソン氏にその話をすると「俺は今まで30年間、『まず5キロのレースに出てみて、そこから10キロ、10マイル（16キロ）、そしてハーフマラソン…。フルマラソンを甘く見ないで、腰を据えてランニングに取り組んでもらいたい』ってみんなに言って来てるんだよねぇ。それなのに、そんなことしちゃう輩がいるんだよねぇ…」と苦笑いされてしまいました（笑）。以前歯医者さんに行った時、アシスタントの女性が足にギプスをはめていたので「どうしたの？」と聞いたところ、「ハーフマラソン走ったの」が返事でした。友人に誘われるままに「クラッシュ・トレーニング（ゴリ押しトレーニング、とでも訳しましょうか）」でハーフに参加、結局練習のし過ぎで疲労骨折してしまったそうです。「もう二度と走りたくないわ…」と苦笑い。悲しい限りです。マラソンブームが火付け役となって、猫も杓子もランニングシューズに足を通して、夜昼かまわず、雨の日も雪の日も外に出て、近くの公園の周りを全力疾走して回って来るという衝動に駆られてしまう…。走ろうというインスピレーションは非常に嬉しいことではあるのですが、せっかく「ランニング」という「生涯スポーツ」に出会ったのです。8ヶ月あればゼロからフルマラソン完走が出来るんだ、とばかりに「出来るからそれをやる」とゴリ押しして、ハイ、走ったからもう良いや、の三日坊主ならぬ「一回切りフルマラソン」坊主になってしまわずに、それこそ生涯走り続けて、フルマラソン以外の「ランニングの醍醐味」を味わっていただきたいと思います。

　では次に、今までででも何度か有酸素／無酸素という名前が出てきているので、正しいトレーニングのアプローチを築き上げるのに知っていると非常に役に立つコンセプトとして、有酸素／無酸素トレーニング、そして3つ目の必要不可欠な要素としてリディアードが挙げている「スピード」について少し詳しく説明してみたいと思います。

Chapter 5

3つの要素—生理学的説明

マラソンではハーハーゼィゼィしない

　よく近所の知り合いと集まった時、あるいは会社でのクリスマス・パーティなどで、「いつも走りに行くのを見かけるけど、どれくらい走ってるの?」とか聞かれたことがありませんか?「10キロくらいかな…」と答えると、目を丸くして「よくそんなに走れるねぇ!　僕なんか2ブロック位走っただけでハーハーゼィゼィ、息が上がっちゃうよ!」そんなコメントをよく耳にしませんか?　一般のノン・ランナーがランニングのことを理解しているとは思いませんし、まして運動生理学の基礎知識を持っているとも思っていません。しかし、こんな一般の人達は、たとえウサイン・ボルトであっても1ブロックでも「速く」走ったらハーハーゼィゼィとなってしまう、という事実をどう考えているのでしょうか。逆に、マラソンで独走で悠々楽勝したランナーにインタビューをしていて「42キロも走って息も乱れていません!」なんて言っているインタビューアーを見たことがありませんか?　ラストスパートで瀬古選手並みの爆発的な疾走をしない限り、有酸素代謝が主なエネルギー源となるマラソンではハーハーゼィゼィしないはずなんです(特に勝つような人は!)。

有酸素能力（有酸素性運動能力）

　私たちは誰でも、ランニングのレベルの差にかかわらず、その時のフィットネスのレベルによって、酸素を使うことができる量があります。一般に「最大酸素摂取能力」と呼ばれるものです。これは、単にどれだけの酸素を身体の中(肺の中)に吸収できるかということではありません。肺の中にどれだけ酸素を吸収できるかは、いわゆる「肺活量」です。胸板の分厚い人であればそれだけ肺のサイズが大きくなり、それだけ肺活量が大きくなります。し

かし例えばこんな写真を想像してみてください。身長2ｍ近い大男のフットボール選手と、身長150cmにも満たないマラソンを走る女性、そう例えば往年の松野明美選手、あるいは現在であれば体重40キロに満たない鈴木亜由子選手みたいな人を比べてみてください。どちらの肺活量が大きいか、を考えると、測定するまでもなく、どちらの方が大きいかは一目瞭然と思います。ではその数値が大きい方が「最大酸素摂取能力」が多い、ということでしょうか？　当然そんなことないですよね！　肺活量の大きい人は、一度の吸気でたくさんの酸素を肺の中に取り入れます。しかし、ほとんどの人がその酸素の多くのパーセンテージを吐き出しているのです。その差はどこから来るのでしょうか。それは、肺に入った酸素をピックアップできるかどうか、の差です。それは、酸素をピックアップする「運送屋」、みなさんご存知の「赤血球」がどれだけ多くあるか、にかかっているのです。そして、その酸素をいかに早く、多く、運動している筋肉に運ぶことができるか、つまり酸素運搬能力にかかっています。これは、英語でいうところのプラミング（plumbing）、つまり身体の「配管」装備によります。つまり循環器系を指しています。赤血球に満ちた血液、その血液を身体中に送り出す大きく力強い心臓、そしてそれらが送り出される身体中に張り巡らされた血管群を指します。

　そしてもうひとつ、おそらくもっとも重要で、一般に見逃されている要素なのですが、その運び出された酸素が、どれだけ「実際に運動している」筋肉群の中で活用されるか、ということが考慮されなければなりません。昨今、クロストレーニングと称して、走るだけでなく、水泳や自転車をすることでランニングの代用にしよう、という傾向が増えてきています。「どちらにしても、酸素摂取能力を高めるという意味では同じ効果だ」と反論する人も多くいます。よく長距離水泳選手が、その高い酸素摂取量を利用してマラソンでも良い記録を出そう、とトライする場合がありますが、一般に成功しない場合がほとんどです。水泳は、主に上半身の運動です。マラソンは、言わずと知れた脚がモノをいうスポーツです。いくら最大酸素摂取能力が高くても、その酸素の活用能力が両肩、両腕に集中していては、脚に対する助けにはなりません。ではこの酸素活用能力を左右する要素とは何でしょう。前の章でもコメントしましたが、運動筋肉内における（a）毛細血管網、そして運動筋肉内の（b）ミトコンドリアの大きさと数が重要な要素となってくるのです。ミトコンドリアは、筋肉内の「エネルギー製造工場」で、酸素と栄養素を使ってエネルギーを生み出すことを司ります。

この最大酸素摂取能力内、もっと正確にいえば、これから説明する「LT」のレベル内で運動をしている限り、その運動は「有酸素運動」ということになります。つまり、あなたが酸素を（1）吸収、（2）運搬、（3）活用する能力の上限以下のレベルで運動をしている場合を「有酸素運動」と呼びます。この場合、副産物は水と二酸化炭素で、これは汗と呼吸の呼気として体外に放出されます。つまり、有酸素運動とは非常にクリーンな運動なのです。しかも、上記のミトコンドリアの中で、エネルギー源としてのグルコース分子1個から、実際の燃料としてのATP（＝アデノシン三燐酸）が36個作られます。これは、リディアードが「安定状態（＝ Steady State）」と呼ぶ状態で、心拍数や呼吸は、高いながらも安定した状態で、いわゆる走りながら「会話ができる状態」（呼吸が安定している＝ハーハーゼィゼィしていない）を指します。

　私たちそれぞれ、体力に沿って最大酸素摂取能力内の、いわゆる「有酸素」で走れる最高のスピードというものがあります。そのスピードを超えて速く走ろうとすると「無酸素」状態となり、そこから「乳酸」が一気にたくさん放出されるようになります。昨今の情報で、もうみなさんは「乳酸は悪者ではない」ということを理解されていると思います。乳酸は悪者ではありませんが、放出される乳酸と同じ数だけ水素イオンが放出されます。そして、この水素イオンが体内のpHを下げて酸性にしてしまいます。つまり、乳酸がたくさんある状態、というのは身体が酸化されている状態、と考えていただいて良いと思います。この「一気に乳酸（水素イオン）が増えるスピード」が、今よく言われているLT（Lactate Threshold＝乳酸性閾値）スピードです。そして、このLTのポイント（乳酸の発生率が突然急激に増えるポイント）はディフレクション・ポイント（deflection point）、偏向点とも呼ばれています。一般的に、このLTよりゆっくりのスピードが有酸素、LTを超えたスピードが無酸素、と考えていただいて良いと思います。つまり、この「偏向点」こそが、有酸素運動が無酸素運動に変わる境目、ということになります。

　運動の強度が高くなると、つまりランニングにおいては、走るスピードがどんどん速くなると、ある一線でこの偏向点、あなたのLTポイント、最高安定状態を超えることになります。ここでそのスピードで走るために身体が必要とする酸素の量を、身体が提供できない、つまり「無酸素状態」を呼び起こすことになります。酸素が不十分の場合、身体はその分をごまかして、酸素なし（というか、正確には「酸素が不十分」な状態）でエネルギー源を

燃焼しようとします。この場合、グルコース分子1個から、ATPはわずか2個しか作られません。そして、その副産物として水素分子が放出され、そのことによって体内のpHが下がって来ます。我々の身体は、pH7.2〜7.5でわずかにアルカリ性です（中性＝7.0）。ところが、有酸素能力を超える無酸素レベルでのランニングを多くしていると、身体が長時間酸性(pH6.2〜6.4)の状態にさらされることになります。身体は酸性状態を嫌います。酸性状態に陥ると、筋収縮が困難になります。つまり、例えば400mを全力疾走していて、最後の100mで脚が動かなくなる状態です。しかしそれだけでなく、この酸性状態が続くと、ミトコンドリア崩壊、細胞壁崩壊（ケガをしやすくなる）、免疫力低下など、今までじっくりと築き上げてきた「（有酸素）体力」の土台を崩壊することになります。更に私達の身体は酸性の状態では栄養素などの吸収にも支障をきたし、故障や病気の原因にまで発展しかねません。

ユックリ走ってたら…速くなった？

　さて、ここが最も重要なポイントなんですが、有酸素トレーニングを積むことで、あなたの最大酸素摂取能力、つまり「有酸素能力」を高めることによって、このLTスピードがどんどん速くなっていきます。つまり、有酸素能力が高まると、あなたの最高有酸素スピードがどんどん速くなっていくのです。これが、エリート・ランナーたちが、キロ3分を切るようなスピードでマラソンを走りながら、お互いに談笑できる理由なんです。ですから、エリート・ランナーたちは単にいつもゆっくり走っているばかりではありません。彼らにとって、「有酸素」ランニングは、時にはキロ3分15秒くらいの場合もあり得るのです。ただし、常にそんなスピードで有酸素ランを行っているばかりでもありません。マラソン元日本記録保持者の高岡寿成選手は、トレーニングの90％をキロ5分ペースで走っていたと言います。

　さて、ではまず最初に有酸素能力を高める利点というのは何でしょうか。簡単にいうと、「レースで良い結果を出すために必要なスピード練習をより多くできるようになること」と、「スピード練習をより速くすることができるようになること」でしょう。一般にいわれる「スピード練習」は、無酸素状態にわずかに入り込むスピードで走ることで、レース中の無酸素状態に耐えられる身体を作ることにあります（詳しくは後の章で説明します）。ですから、LTペースが速ければ速いほど、より高いペースでスピード練習ができるようになります。有酸素能力が低い場合、「スピード」練習がキロ5分とか6分と

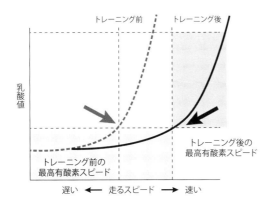

トレーニング前 トレーニング後

乳酸値

トレーニング後の
最高有酸素スピード

トレーニング前の
最高有酸素スピード

遅い ← 走るスピード → 速い

これは、有酸素トレーニングを積むことによって、LT ペース、つまり有酸素から無酸素に入る境界線のスピードが速くなって行く、と言うことを示しています。点線が今までの LT カーブ、実線がトレーニング後の LT カーブを示しています。

グラフ提供：リディアード・トレーニング＆アカデミー

か、そんなレベルになってしまいます（そのペースでハーハーゼイゼイになってしまうので）。それで効果的な「スピード」練習と言えるでしょうか。

　インターバル信奉者の言い分の一つに「速いペースで繰り返し走ることで遅筋だけでなく、速筋もリクルートされる」というのがあります。しかし本当にそうなんでしょうか。筋肉のリクルートは、運動が始まった当初はまず遅筋がリクルートされます。運動負荷が低い場合、つまりランニングの場合遅いスピードの場合、まず「そんなに強くなくても良い」遅筋が使われるのです。スピードが上がるにつれてリクルートされる遅筋の数が増えていきます。スピードがどんどん上がって行くと、つまり、脚がプッシュする力が上がってストライドが伸びて来ると速筋がリクルートされるようになります。しかしここで大切なことは、この「スピード」というのは、私たちが直接「感じる」速いスピードとは全く別物だ、ということです。つまり、まだフィットネス・レベルが低い初心者ランナーが「スピード練習」をやろうと生まれて初めてのインターバル・トレーニングをしたとしましょう。まだ LT レベルが低いので、キロ 5 分、6 分のレベルで無酸素状態に陥ってしまいます。初心者ランナーであれば、このスピードで十分「速い」と感じます。しかし筋肉にしてみれば速筋をリクルートするようなレベルの負荷ではないのです。もし「速筋を鍛える」のが目的であれば、インターバルではなく何か別のトレーニングをする必要があります。例えばプライオ・ドリルとか…ヒル・トレーニングとか…。

無酸素能力（無酸素性運動能力）

　リディアードのいうところの「無酸素能力」とは何でしょうか。今までに

説明してきたように、有酸素レベルのランニングから徐々に走るスピードを上げてLTのレベルを超えて無酸素状態の域に足を突っ込んだとします。ハーハーゼイゼイ、呼吸が乱れてきて普通に会話をキープすることが難しくなってきます。単純に説明すると、その「ハーハーゼイゼイ」の状態に耐えられる能力がリディアードの指すところの「無酸素能力」です。そして、LTレベルを超えた状態、この「無酸素状態」で走っている間は「酸素負債」が溜まっていきます。お金の代わりに酸素を使わせてくれるクレジットカードを使っている、と思ってください。クレジットカードを使ったら実際にお金がなくても買い物ができますよね。しかし月の終わりになれば「貸した金を返せ！」と高飛車には出ませんが、負債を返さなければならない状態になります。それと同じことが身体の中で起こっているのです。そして、これもクレジットカードと同じなんですが、マックスがあるんです。リディアードは、その著書の中では「最大酸素負債能力は18～20リットル」と言っていましたが、現在では、実際には5リットルくらいで限界になる、と言われています。

無酸素は有限、有酸素は無限

　瀬古選手を育てた故中村清監督は、生前よく「天才は有限、努力は無限」とおっしゃっていました。それに語呂合わせしてみました！　リディアードはよく「有酸素能力の発達には限界がないが、無酸素能力の発達にはハッキリした限界がある」と言っていました。もちろんそれに飛びついて「有酸素能力にも限界があるに決まっている！」と、鬼の首を取ったように「リディアードの間違い」を指摘する「机の上の理論者」もたくさんいますが、もちろん限界があって当然なんですが、現在の科学では、例えば「有酸素能力の発達はプラス20％で頭打ちだよ」とかいったようなハッキリした限界をつけられない、ということを指しているのです。例えば、リディアードが世界で初めて「ジョギング」クラブを始めた時、集まった20名の中年男性達はノンストップでは200mも走るのが精一杯でした。後に運動生理学者となったピーター・スネル博士によると、彼が測定した最大酸素摂取量で一番低かった数値は「17ml/kg/分だった」と言っていました。この数値は、計算すると大体5キロ45分のパフォーマンスとなります。時速7キロにも満たないこのスピードは、歩いているのとほとんど変わらないくらいのスピードですよね！そんな「オリジナル・ジョガー」が、「8ヶ月後にはマラソンを4時間で走っていた」ということは、マラソン4時間というのは最大酸素摂取量37ml/kg/分と計算されます。つまり、倍以上の進歩を遂げた、ということに

なります。しかも、20代の若者ではなく、50〜72歳の「全員一度は心臓発作を起こしたことがある」人達でのこの進化なんです。「天井知らずの進化度」と呼んでも過言ではないのではないでしょうか。

　無酸素能力とは、単純にいえば、ハーハーゼィゼィ言いながら走ることに耐える能力です。400mを全力疾走した時、最後の50〜100mでは酸素をもっともっと体内に取り入れたい、と思って頑張っているのに、全然呼吸ができていないような感じになりますよね。そんな感覚も、正しい練習を積むことである程度我慢できるようになります。しかし、これはかなり早いうちに限界になってしまいます。面白いことに、この「最大酸素負債能力」というものは、有酸素能力の高低に関わらず、同じような練習をすることで同じだけ高めることができます。酸素負債能力は、運動終了後、どれだけの酸素を「返済できるか」ということで測定されますが、例えば、5キロを13分30秒で走るエリートランナーと、19分で走る市民ランナーでも、同数値の酸素負債能力を持っている、ということがあり得るのです。これが、リディアードをして「無酸素トレーニング/無酸素能力は、ケーキの上のクリームのようなものだ。ケーキを完成させるためには必要なものではあるが、基礎となる『本体』とは全く別物だ」と言う理由なんです。

　単純計算をしてみましょう。

　最大酸素負債能力が限界ギリギリの5リットルとします。最大酸素摂取能力が60ml/kg/分で、5キロを15分で走るのが目標とします。このスピードで走るために毎分70ml/kg/分の酸素が必要だとします。このランナーの体重が60kgだとすると、この場合、（70ml/kg－60ml/kg）× 60kg = 600mlの酸素負債が1分間に発生することになるため、5リットル÷600ml/分 = 8.33分。つまり、単純計算で、このスピードでは8分20秒走るのが精一杯、ということになります。ところが、最大酸素摂取量を60ml/kg/分から65ml/kg/分に向上させたとしましょう。そうすると：（70ml/kg－65ml/kg）× 60kg = 300mlの酸素負債が1分間に発生することになるため、5リットル÷300ml/分 = 16.67分、つまり16分40秒間このスピードを継続することができるようになり、5キロ15分を切ることが可能となります。5,000m15分というパフォーマンスを計算すると、予想最大酸素摂取量が68.5ml/kg/分となります。ちなみに、私が大学生の時、実際にトレッドミルに乗って心拍数を測りながら走って最大酸素摂取量を測ったことがありました。68ml/kg/

分でしたが、もう少しの所まで行ったのですが結局15分は切れませんでした（涙）。つまり、酸素摂取量がパフォーマンスの大きな要因であることは事実なのですが、実際のパフォーマンスとなるとその他にも色々な要素が混じってくる、ということも忘れないでください。

　最大酸素摂取量という数字だけを見ると、一つの指針としては目安になるものの、それだけでは割り切れないという良い例があります。往年のアメリカの名選手、福岡国際マラソンで4連勝して日本でも有名なフランク・ショーターと、彼の実際の友人でもあり、いまだにナイキのコマーシャルやTシャツで有名な、前の章でも名前が出て来たスティーブ・プリフォンタイン。「プリ」の愛称で親しまれているプリフォンタインは、最大酸素摂取量が84.4ml/kg/分、ショーターは「わずか」71.3ml/kg/分でした。しかしこの二人の10,000mのタイムはショーターが27分45秒、プリが27分43秒でした。これは、ショーターの「ランニング効率」が非常に高く、彼の最大酸素摂取量のより高いレベル（スピード）を維持できる、つまりより高いパーセンテージでLTレベルを維持することができたからだろうと言われています。（＊もっとも、ショーター本人は、「私はトレッドミルで走るのが嫌いだから恐らくベストの走りが出来なかったんだろう」と言っていました。）

　「リディアードのトレーニングは、長くユックリ走るばかりでスピードが疎かになっている」と思われがちですが、なかなかどうして、リディアードが好んで配っていたパンフレット、「Arthur Lydiard's Athletic Training」の冒頭に「トレーニングの狙いは、レースのための無酸素能力を発達させることにあるが、その基礎となるのは、選手の酸素吸収能力、つまり有酸素能力の開発にある」と記しています。そして、1961年に発行された初代「Athletic Training 」の中でも「私のランナー達は、膨大な量のユックリしたランニングをするが、同時に彼らのほとんどのライバルと比べて、より多くのスピード・トレーニングをしているだろう。しかしそれは、この『走り込み』があってこそ初めてできることなのだ」と言っています。有酸素や無酸素の右も左もわからなかったその頃、「運動生理学」さえハッキリと確立されてさえいなかった時代、リディアードは、彼の経験から「スピード練習（無酸素トレーニング）やレースは、走り込み（有酸素トレーニング）の土台があって初めてサポートされるものだ」と理解していたのでした！「速く走るためには速くトレーニングする」という単純至極のトレーニング理念しかなかった時代、高校中退のミルク配達人、靴工場で働いていた中年おじさんが、自分の体験

からそのことを確信していたのです。「長く走る（42 キロ）には長くトレーニング（最低でも 30 キロ）しなければいけない」と思っている昨今の市民ランナーの皆さん、ちょっとこのことを考えてみてください。

スピード（効率良い走り）

　「私は決して速くないのですが…」というコメントを聞いたことないでしょうか？　いわゆる「市民ランナー」達と話をしていると、多くの人が自分のことを（卑下してか）こう言います。ではそんな人にこの質問を投げかけてやってください。「あなたは『速く走るためのトレーニング』をしたことがあるんですか？」いや、もっとそれ以前の質問で、「ではそもそも『速く走る』とはどういうことですか？　どんなトレーニングをすれば『速く走れる』ようになると思いますか？」この後者の質問に答えられる人が 10 人のうち何人いるか…。しかし、これをクリアせずに「私は速くないから…」などと決めつけるのは無責任じゃないでしょうか。

　まず「スピード」を定義してみましょう。「100m10 秒」は「速い」でしょうか？文句なし、全員一致で「速い」で同意すると思います。桐生選手やサニブラウン選手だと「いや、10 秒ではまだ速いとはいえない、9.85 まで行かないと…」と反論するかもしれませんが！（笑）では 100m15 秒はどうでしょうか？　10 秒と比べると「速くないじゃん」と思われるかもしれませんが、これでマイル 4 分です。こんなスピードでトレーニングできる人ならばこの本は読んでいないんじゃないでしょうか。では 100m30 秒はどうでしょうか？「なんだ、遅いじゃん」と思われた方、これはマイル 8 分（＝キロ 5 分）のペースです。このペースでインターバルができる人はマラソンを 3 時間 40 分で走れる人です。

　速く走るようになるためには 3 つの要素があります。まずは、今までにお話ししてきた有酸素能力を高めることで、LT レベルが高まり、より速いスピードで走りながら有酸素で走れるようになります。これも高まった「スピード」です。次に、無酸素トレーニングを積むことで、普段より速いスピードで走ることによって発生する身体の酸性化、つまり「ハーハーゼィゼィ」に耐えられる能力が高まり、つまり速いスピードでのランニングに耐えられるようになります。これも「スピード」です。このために、多くの人が「インターバル練習はスピード練習」と勘違いしているのです。しかし、リディアード

にとってインターバルは、あくまで無酸素能力発達のためのトレーニングであり、「スピード・トレーニング」とは別物と捉えていました。これまた、リディアードの講演を聞いた人達が首を傾げるコメントの一つなんですが、リディアードは、いつも「有酸素能力発達のための走り込み期には『無酸素トレーニング』（いわゆる一般の人が「インターバル」と思っているトレーニング）をするべきではない」と言っており、しかしなおかつ「年間を通して、何らかの「スピード・トレーニング」を52週間、常に行うべきだ」とも言っており、アメリカでもいまだに「えっ？」と思っている人が少なくありません。

　リディアードにとって、「スピード練習」とは、純粋な「スピード」を追うための練習、つまりピュアな「速さ」を生むための練習のことを指しているのです。純粋なスピードのための練習に最も大切なことは「リラックス」なんです。無酸素能力養成のためのインターバル・トレーニングは、ある程度追い込んで、無酸素状態になって身体が苦しんでいる状態を生み出すことで、それに耐えられる能力を養う、というものです。つまり「きつい」んです！きついからある程度「もがき」ます。もがいて「力んでいる」状態で純粋なスピードは生まれません。だから、リディアードをして「インターバル・トレーニングはスピードにとって逆効果だ」と言わしめたのはこれが理由なんです。もちろん、普通の有酸素ランと比べて少しは速いスピードでの練習ですから「スピード練習」している気持ちになるんです。

　例えば、400mを同じ400mをジョグ（2〜3分）でつないで20本走るとします。スネル選手はこんな練習を400m60秒で行ったと言いますからちょうど全練習で1時間15〜20分費やすことになります。かなりきつい練習です。典型的な無酸素インターバルです。400m60秒で、かなりの「スピード」と思いがちですが、200mを22秒で走るスネル選手にとって、決してめちゃくちゃ「速い」ものではありません。リディアードのいう「スピード練習」は、例えば10×100mの、いわゆる「流し」をするとします。まず「間の休憩ジョグを3分取れ」と言います。中途半端なリカバリーで追い込んでやっていては「純粋なスピード」で走れないからです。そして、もし風があるようなら決して向かい風ではなく、「追い風」で走るようにします。これは、向かい風だと「力んでしまう」からです。もっとも、「流し」ではピュアな「スピード」にしてはまだ「速さ」が追いついていませんが…。しかし、良いフォームで、(普段のランペースよりも) 速いペースで、「リラックスしながら」スピードを追う、という意味では非常に手軽で有効な「スピード練習」と言えるで

しょう。あるいは、例えば30mダッシュを行うとします。本当の「ダッシュ」であれば、30mを全力疾走して、3〜5分かけて完全リカバリーしてから次のダッシュに入ると良いでしょう。これが「ピュアなスピード」練習なんです。よく短距離選手の練習を見ていると、このような「ダッシュ」の後は、手を腰に当ててチンタラ歩いてもう一度スタート・ブロックに戻って行く姿を見たことがあるかと思います。ピュアなスピードを繰り返し繰り返し再現するためには十分なリカバリーが必要だからです。

　1984年冬、初代オリンピック女子マラソン・チャンピオンとなったジョアン・ベノイトのコーチ、ボブ・セブニーを招いて横浜でナイキ主催のクリニックが開かれました。その時、私は話せる英語をひけらかして、直接英語で彼に質問しました。「インターバルとスピード・トレーニングの違いの位置付けをどうしているのか」と。スピード・トレーニングに関して、彼はこう答えてくれました。「例えば400mを全力疾走したとしよう。リカバリーに丸1日とっても構わない。純粋に『スピード』を追うのであれば、完全にリカバリーしてから次を行うと良い。」ドンピシャリ、期待通りの答えをしてくれました。

　では、もう少し突き詰めて、メカニカルな、機械的な見地に立った「スピード」というものを見てみたいと思います。機械的に、「速く走る」ために何をどうすれば良いと思いますか？　単純に考えて、「長いストライド×速いピッチ」で「より速いスピード」が生まれます。簡単な掛け算です。では「長いストライド」を生むためには何をどうすれば良いでしょう？　「キックを強くする」ですよね。つまりより強い「プッシュ」をするようにする。筋力トレーニングです。だからスプリンターはジムに行って筋力トレーニングをバンバンやりますよね。確かサニブラウン選手だったと思うのですが、結構な高さの箱に跳び上がるシーンを見たことありませんか？　いわゆる「プライオメトリックス」トレーニングですが、脚筋力の高さを表しています。他には何でしょう？　関節の可動域の向上です。単純に、チョコチョコ走りよりも、膝をあげて股関節の開く角度を大きくすればより長いストライドを生むことができます。それでは「速いピッチ」はどうでしょうか？　これは神経系統の向上で、普通に走っているピッチよりももっと速く脚を回転させるようにすることで神経のシナプスがより速く接続することができるようになります。下り坂を普段以上に速く脚を動かすようにして駆け下りる、あるいはバンジージャンプのゴムロープに引っ張られながらスプリントする、強い追

い風の中、スプリント練習するのと同じです。ラダーなどを使って、とにかく速く脚を動かす練習も効果的です。これら３つの要素（脚筋力向上、可動域向上、神経系統向上）を一つ一つカバーして、初めて「私は速い、速くない」云々を口にすることができるのではないでしょうか。つまり、これらをカバーするまでは速いか遅いかは「わからない」ということなんです。そうでなければ、試験勉強する前から「俺はバカなんだ」と宣言しているようなものです（笑）！

科学の是非

　リディアードは、「ランニングで良い成績を収めることは『運』ではない。『科学』なんだ」と言っていました。しかし同時に「サイエンスに執着してトレーニングを組むことは、あたかもバックミラーを見ながら運転するようなものだ」とも言っていました。科学は常に先駆者のコーチ、ランナー達の後を追いかけているのです。2000年シドニー五輪に向けてのトレーニングで、高橋尚子選手は標高3,000mのコロラド州ウインター・パークで合宿することを発表しました。それを聞いた運動生理学者たちは、口を揃えて「危険だ、やめたほうが良い」と反対しました。その忠告を小出監督が聞いていたら、シドニーでのQちゃんの金メダルはあったでしょうか？　実はリディアードも同じでした。何しろまだ二十歳にもならない若者達に週100マイルも走らせていたのですから！　周囲からは「彼（リディアード）はお前達を殺してしまうぞ！」という過激な陰口を叩く「博識者」達が少なくありませんでした。そんな「雑音」を気にしていては「20世紀最大の持久トレーニング革命」は起こらなかったでしょう。

　私は、サイエンスとはコーチやランナー達の指針となり、サポートするべきものだ、と思っています。それが、昨今ではサイエンスが、逆に数字で限界を見せることで、「やる気」に対する足枷になっていることがないでしょうか。

　私が初めてアメリカに渡って、ワシントン州の大学に入学したのが1980年でした。その時、ワシントン州の東のはずれにあるスポケーン市で、モントリオール五輪マラソン４位のドナルド・カーディングと知り合いました。私にとって、初めてのオリンピック選手の友達で、いまだに交友を深めている、アメリカで最も古い友人です。彼は、1970年前半、デイビッド・コスティ

ル博士が行った、実際のエリート長距離ランナーを実験台にしたリサーチに
参加したランナーの一人でした。その時の筋肉バイオプシーで、彼の遅筋／
速筋の割合は 50:50 だったそうです。その時、同じリサーチに参加していた
のが、フランク・ショーターのチームメイトだったジェフ・ギャロウェイ選
手でした（1972 年ミュンヘン五輪 10,000m アメリカ代表）。「ギャロウェイ
は遅筋が 90％あったんだ。しかし私は、トラックレースで彼にラストスパー
トで勝ったためしがなかった！」と話してくれました。恐らくギャロウェイ
選手はそれなりのスピード練習をしたのでしょうが、これは「ほとんどが遅
筋」という科学的裏付けが彼のトレーニングの「足枷」にならなかったとい
う良い例ではないでしょうか。このカードングとは、瀬古選手のトレーニン
グについて話したことがあるのですが、瀬古選手の鋼の様なラストスパート、
しかも高校時代は中距離の日本一……にも関わらず、マラソン・トレーニン
グに 80 キロ走などを行っていた、ということで、「彼の場合は速筋が多かっ
たから、あんなウルトラ的な走り込みをしなければいけなかったのか、それ
とも 80 キロ走などができる様な遅筋が多かったにも関わらずスピードを発
達させたのか…。どちらだろう？」と。後になって聞いた話なのですが、瀬
古選手は早稲田大学に入学した当初は 10 キロ走るのが精一杯だった、と聞
きます。瀬古選手の筋線維のリサーチは聞いたことがありませんが、恐らく
速筋が多かったのではないか、と推測されます。しかし、もし「私は速筋が
多いから、持久走は苦手なんだ…」と、走り込みを疎かにしていたら、あの「マ
ラソンの瀬古」は生まれなかったでしょう。

「リサーチ」の限界

　私自身、実は「本職」として技師、エンジニアの真似事をやったことがあ
ります。リサーチをする時は、たった一つの事柄を取り出して、それだけを
変化させることで、その事柄がどの様に結果に影響を与えるかを調べます。
しかし、現実の世界では、たった一つだけを取り出して云々することは滅多
にありません。例えば、ランナーとしてあなたがアキレス腱を痛めたとしま
す。「じゃあ、まずアイシングをやって、それが良い結果を出すかどうか調
べてから、次のアプローチに移ろう…」なんて悠長なことをする人は恐ら
く一人もいないでしょう。アイシングをして、ストレッチングをして、マッ
サージをして、キネシオ・テープを貼って…。藁をもすがる思いで、考えら
れることを全てゴチャ混ぜにやってみて、結果としてじゃあどれが一番効い
たの？　と聞くと、多分「これ！」という答えは返ってこないのが普通でしょ

う。しかし、その人にとって、最大の目的は、出来るだけ早く治療する、ということなんです。どれが効くか、なんて悠長に調べている暇はないのですから。その「悠長なアプローチ」が科学のリサーチだと思います。そうしないと、その一つの要素がどういった影響を与えるかが見えないのですから。

　この章の冒頭でもお話ししましたが、酸素摂取能力が高く、鈴木亜由子選手のように身体が小さい場合、体重1kgあたりにおける酸素使用量が高くなります。よく「車体の軽いVWビートルにフェラーリのエンジンを積み込んだ」と言われたりする例です。数字だけで物事を割り切ってしまおうとすると確かにそうなのですが、実際の現実ではそうは簡単には割り切れません。純粋なスピードは筋肉のパワーから生まれます。筋力は、速筋／白筋の線維の肥大に比例します。筋肥大は、当然体重増加を意味します。つまり、体重は軽ければ軽い程良いのか、という質問に対して、最大酸素摂取量は増えるが、ラストスパートが鈍ってしまう、ということにもなり兼ねません。一昔前、「外人ランナーが強いのは脚が長いからだ」という非常に短絡的な意見をよく耳にしました。そう、今でいうところの「フォアフット走法に変えて速く走ろう！」「おーっ！」みたいなものでしょうか（笑）。もちろんレバーの長さが長くなれば、それをそれなりに速く動かすためには筋力が必要となります。筋力のない長いレバーは宝の持ち腐れでしかありません。瀬古選手全盛の時代、フィンランドのマーティ・バイニオというめちゃくちゃ脚の長いランナーが来日しました。確か横浜スーパー陸上ではなかったかと記憶しているのですが、瀬古選手が胸のすくようなラストスパートでこのバイニオ選手を見事一蹴しました。ちょうどラスト100メートルで、カーブから直線に入るところで、瀬古選手がバイニオ選手を抜きにかかる、正にその瞬間の写真を、陸上競技マガジンで見たことがあります。バイニオ選手の脚は、瀬古選手の胸のあたりから出ているような、そんな感じさえ受けます。「ゴールに少しでも速く辿り着く」という「かけっこ」の本来の趣旨においては、数字中心で平面的になりがちの科学の世界だけでは割り切れない色々な要素が複雑に入り絡まっているのです。

　一時期、「タバタ・スプリント」という練習法が流行った時があります。スピード・スケートのために開発されたトレーニングで、いわゆる「ハイ・インテンシティ（高強度）インターバル」の発端となったトレーニングです。高強度の運動を20秒間行い、10秒のリカバリーで1セットとして8セット、たったの4分間のトレーニングとなります。実は、このアプローチで、「1時

間のカーディオ（有酸素）運動よりも、VO2Max（＝最大酸素摂取量）の向上が見られた」という結果が報告されています。これを見て、一般ランナーのメッセージボードでは熱い議論が飛び交いました。VO2Max がより発達するのであれば、来る日も来る日も 1 時間、2 時間と走り続けてマラソンのトレーニングをするよりも、たった 4 分間の高強度運動をした方が、マラソンの準備として、より効果があるのではないか、と。しかし、当然の様に、マラソンのためのトレーニングとは、VO2Max だけでは割り切れません。たった 4 分間の練習では、（1）ミトコンドリアが発達しない、（2）毛細血管が発達しない、（3）42 キロに耐えられるだけの脚力がつかない、（4）身体の酸性化に耐えられる代謝が発達しない、などなど…。サイエンスが「タバタの方が、マラソン・トレーニングには有効だ」と結論を出したのではありませんが、サイエンスが導いた一言が、早とちりされて一人走りし始めてしまって誤解を招いた、という良い例だと思います。

　ちなみに、ミトコンドリアといえば、興味深いリサーチの結果が最近の研究で発表されたのですが、何度か言っている様に、ミトコンドリアの大きさと数の増加には「運動継続時間」が最も影響をもたらします。つまり、長く、ユックリと有酸素運動をすることがお勧めです。しかし、そのミトコンドリアの「機能」の発達を見てみると、LT ペースの 150 ～ 200％のスピードで走ることが有効だ、と分かりました。そう考えてみると、もっとも効果的な

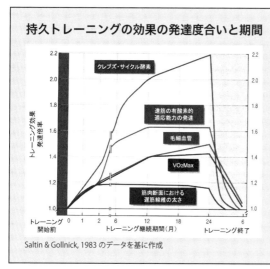

持久トレーニングの効果の発達度合いと期間

これは、各種持久トレーニングの効果の発達の度合いと期間を示しています。VO2Max は 12 ヶ月ほどで頭打ちになるものの、例えば毛細血管の発達、クレブズ・サイクル酵素の発達（ミトコンドリア）などは 24 ヶ月経ってもまだ上り調子で発達を続けています。また、トレーニングを止めた時点でこれらの発達は後退し始めますが、それでも完全にスタート地点に逆戻りしてしまうのには 3 ～ 6 ヶ月かかるので、数日、数週間の「休息」は心配する必要はありません！

Saltin & Gollnick, 1983 のデータを基に作成

プログラムとは、まずミトコンドリアの数と大きさを高められるだけ高めておいて、その後でそれらのミトコンドリアの機能を高める、というアプローチがもっとも有効である、とわかると思います。今あるミトコンドリアの機能だけを高めておいて、その後で「普通の」ミトコンドリアの数を増やしたところで、効果的とはいえません。そう考えると、どうでしょう：まず長くユックリ走り込んでおいて、プログラムの後半に速いスピードでのトレーニング──そう、例えば50/50の様な──を行った方がより効果的ですよね！実は、計算をしてみると、50/50のダッシュの部分のスピードというのが、ちょうどLTスピードの150〜200%に当てはまるんです。これなどは、逆にサイエンスがリディアードの正当性を、知らず知らずのうちに後になってから証明した例と言えるでしょう。

合理的トレーニングよりも、「泥臭い土台造り」を もう一度見直してみては？

　今現在の世界中どこの指導者と話をしても、「今のランナー達は頭でっかちになっている」という愚痴をよく耳にします。ネット上での情報交換が指先一つで簡単に出来ること、また公の場でのフォラム、掲示板などがポピュラーになって、「声を大にして反復することで、それが『事実』と間違えられている」、「リサーチの結果が出ていないと『効果がある』とは認められない」などという現象が起こっています。100キロのウルトラ・マラソンに挑戦してみる川内選手のアプローチをクレージーと見て、逆に「ケニヤ式アプローチ」と称して30キロをレース・ペースでガンガン走る方が効果的だ、と勘違いしてしまっているのではないでしょうか。日本のマラソンが世界に君臨していたのは、1978年、宗茂選手が2時間09分05秒の世界歴代2位のタイムを叩き出したのを皮切りに、それまで海外選手の後塵を拝していた地元福岡マラソンで、当時早稲田の大学生だった瀬古選手をトップに、初めて日本勢が上位独占。瀬古、宗兄弟以外にも喜多秀樹、伊藤国光など、日本の「レジェンド」のマラソン・ランナー達がひしめいていて、「世界」と互角に戦っていたのです。その当時、瀬古選手が80キロを走ったというニュースはアメリカでは全く「クレージー」だと思われていました。そして宗兄弟がニュージーランドでマウント・エグモントの周りを120＋キロ走ったというニュースも…。喜多選手も「六甲山をゆっくり、ゆっくり、何時間もかけてトコトコと走っていた」と言っていました。ボストン、ニューヨーク両マラソンで4回ずつ優勝し、1970年代の「キング・オブ・ザ・ロード（ロード・レースの王者）」

の名を欲しいままにした「ボストン・ビリー」ことビル・ロジャースは、ほとんど無名で、まぁローカルでちょっとは名を知られていたかな、というレベルの時、手書きで「GBTC（＝ Greater Boston Track Club）」と入れた水色のTシャツを着て、突然2時間09分55秒の当時アメリカ記録を叩き出して（それまでの自己記録は2時間17分）ボストン・マラソンで初優勝した1975年の前、「1週間に200マイル（320キロ）走る」ことを試みてみた、と言います。

　私自身は、むしろ逆に、市民ランナーへのアドバイスとしては「単に長く走るだけじゃ結果は出ないよ」と言い続けて来て、「リディアードはロングラン志向じゃなかったの？」などと言われたこともあります。全体の練習ボリュームに比べて市民ランナーの場合、ロングランがあまりにも「無謀」と思える程多く、ペースも速すぎる、と感じているからです。同様に、トップレベルのランナーであっても、闇雲にメガマイレージでボカスカ走るべきだ、というわけではありません。高岡選手は「それが『ビッグ・エフォート』となってしまって、他の練習に支障をきたすのが嫌だったから」といって、この様な一発勝負、ほとんど「スタンドプレー」っぽい走り込みをやりませんでした。しかし、科学的リサーチが承認する様な結果を出していなかったとしても、試しにやってみても良いでのではないでしょうか。1950年、60年代のハルバーグやマギーでも50キロ走などをやっていたそうです。以前に見たことがあるのですが、アメリカのランニング・フォーラムで、「朝夕1日2度のトレーニングがポジティブな結果を出す、というリサーチの結果がないのであれば1日2度の練習をしたくない」などと言い切る若者ランナーもいる程です。バックミラーを見ながら運転してますね。中距離チャンピオンだった瀬古選手にマラソンを走らせた中村監督…。標高3,000mで週300キロにも及ぶトレーニングをQちゃんに課せた小出監督…。800mランナーのスネルに、マラソン・ランナーのマギーと一緒に35キロ走をやらせたリディアード…。「未知の世界を開拓して行く」というチャレンジ精神ですね。「科学的な裏付け」を奨励していたリディアードですが、同時に「プラクティカル（実践的）な体験がなければ意味がない」とも言っていました。

Chapter 6

「リディアードのピラミッド」の科学的裏付け

5つのポイント

　リディアードは、アメリカ陸連に頼まれて 1971 年にまとめた「Arthur Lydiard's Running Training Schedule」の中で、「5つのポイント」ということを次の様に語っています。私達「リディアード・アカデミー」で掲げた、前の章で説明した「5つのポイント」とはちょっと異なるんですが、彼自身が掲げたこの5つのポイントは、リディアードのプログラムのステップを説明するにあたってこの章でこそ当てはまっていると思ったので、あえてここに載せることにしました：

1. トレーニング・スケジュールは、ランナーとしての最大の可能性を存分に発揮できるように組み立てられなければならない。そして
2. まずスタミナ（有酸素能力）を発達させ、
3. 次にスピード（無酸素能力と純粋なスピード）が発達させられなければならない。
4. そして（スケジュールの後半では）この二つの能力がバランスよくコーディネートされ、
5. 目標とするレースの日に最高のピークに達するようにタイミングをうまく図られなければならない。

　特に（1）に関しては、そのシーズンにおける個人の「最大の可能性」という意味であると共に、同時にそのランナーの競技人生を考えた時に、ランナーとしての最大の可能性を達成できるように、長期的な見地に立ってのスケジュールを組み立てる必要がある、ということも指しています。これに関しては、後の「長期的考え方」の章で詳しく説明したいと思います。

一般に、「リディアードのピラミッド」と呼ばれている、それぞれの能力の発達を独立したブロックとして捉え、それらを順序だって鍛えて行く、というアプローチでは、まず目標とするレースを設定し、そこから逆算して何週間あるかを把握することから始めます。

1. レースまでの1〜2週間を最終調整（テーパー）
2. その前の3〜4週間をコーディネーション
3. その前の2〜4週間を無酸素能力発達のトレーニング（主にインターバル）
4. その前の2〜4週間をスピードの下準備としてのヒル・トレーニング
5. それまでの残りの5〜10週間を基礎造りとして有酸素能力発達の走り込み

　有酸素能力の土台をまず築き上げる、ということの重要性は、これまでのジョギングの話でよくわかると思いますが、ではなぜリディアードのトレーニング・プログラムのピラミッドは、この順番でピークに持っていくようになっているのでしょうか。

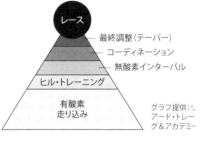

　運動生理学などが全く知られていなかった時代、高校中退の中年ランナーだったリディアード、全く個人的な好奇心から始めたトレーニング・アプローチの開拓作業、全くの試行錯誤で、うまく行って結果が出たものを組み合わせ、うまく行かなかった場合、また次のシーズンを待ってやり直す、という気の遠くなるような作業を繰り返して行きます。結局、「リディアード法トレーニング」として確立するまでに13年の年月がかかったと言います。

　人類初の3分台のマイルが達成されたのが1954年のことです。当時まだ1マイル（1,609m）で4分を切る、ということは、エリート・ランナーの目標でした。それを達成するために、10×400mを60秒で走る、というのがお決まりのメニューでした。リディアードは、まず長くゆっくり走ることから始める、と奨励しました。これは、まず有酸素能力の基礎を大きくすることが第一の要素である、ということを指します。もちろんそんな「理論」など全くわからなかった時代ですし、当然そんなことが書かれている本もブログもありません！　ただリディアードは、「疲労困憊することなく『進化』を続けながら、どれだけ（量）走ることができるんだろうか？」という素朴な疑問の答えを見つけようと試行錯誤を繰り返す中で、長く走ること（週に

100マイル）で、「中年」の域に達しているにも関わらず、トラックの中距離のタイムでさえ更新することができた；週の100マイルを、毎日15マイル走るのではなく、10マイルと20マイルを交互に走ることでもっと良い結果が得られた、というただそれだけの自分の体験談に基づいてこの「理論」を確立させたのでした。彼はその頃「コンディショニングの『鍵』が私の手中にある、と感じた」と言っています。実は、「有酸素能力を発達させることで…」云々ということは、リディアードの成功に刺激を受けた運動生理学の分野が、後を追って研究することでリディアード法トレーニングの「何故」の説明として言い出したことなんです。

まず長くユックリ、基礎となる有酸素の土台を築き上げる

有酸素能力は、毛細血管やミトコンドリアの発達と、生理学的な身体の進化を促すもので、これには時間がかかります。しかし、有酸素能力は一旦鍛えるとなかなかなくなりません。つまりその能力の維持が簡単なんです。しかも、一般的にこの基礎づくりは、レースシーズンが終わった後、次のシーズン目指して再出発として始めるもので、速く走るプレッシャーや、トラックでストップウォッチ片手に神経を集中する走りから解き放たれて、自由奔放に走れる利点もあります。しかも、長くゆっくり走ることで、靭帯や腱に負担をかけることなく鍛えることもでき、自然でリラックスしたフォームを身につける絶好の期間でもあります。これが一般に「基礎造り」と呼ばれる有酸素能力の発達期間となり、プランの最初に持ってきます。しかし、当然のように、同じパターンのトレーニングを繰り返しているだけでは、いずれ「能力発達」が頭打ちになります。大体6週間から10週間ほど「走り込む」と、力が漲ってくるものの、それ以上のパフォーマンスの向上、というものが望めなくなります。

よく耳にする話なのですが、走り込みをしている最中に故障などを起こしてしまい、やむなくクロストレーニングすることを強いられ、固定バイク、水泳、ノルディックトラック（クロスカントリースキー・マシン）等で体力維持を行ったとします。そうやってランニングに戻った時、一気にタイムが向上し新たなレベルのパフォーマンスに進化した、という例を耳にする時があります。1980年代の初代オリンピック女子マラソンチャンピオン、ジョアン・ベノイトがそうでした。オレゴン・プロジェクトのコーチとして有名なサラザールが初マラソン世界記録でニューヨーク・シティ・マラソン初優

勝した時がそうでした。これらの例をもとに、1980年代「クロストレーニングこそが鍵だ！」と勘違いしてしまったランナー達が少なくありませんでした。これは実は、ランニングにあまりにも効率良くになってしまったこれらランナー達が、ただ走るだけでは有酸素能力の基礎を高めて行くには頭打ち近くになっている時、無理強いさせられたとはいえ、それまであまりやっていなかったクロストレーニングをすることで、それらの運動にはまだ効率良くなっていなかったため、一気にパフォーマンスレベルを高める助けとなったからでした。これをランニングと「置き換える」ことと勘違いしてしまっては本末転倒になりかねません。しかし、リディアード法トレーニングの利点は、ちょうどこの「進化の頭打ち」になりかかった頃に次の負荷を加える、ということで、二段、三段にもターボチャージして行くことを可能にしているんです。

速く走る練習への下準備 ──「ヒル・トレーニング」

さて、基礎となる土台を築き上げることは、おそらくもっとも大事な要素となりますが、それだけではレースで速く走ることになりません。速く走るためには、当然のように、速く走る練習をすることも、正しいサジ加減で必要となります。しかし、今まで長くユックリ走ってきたため、まだ身体が速く走ることに慣れていません。一般にはここで「さぁ、そろそろインターバルをしなきゃ…！」と、レース用の底の薄い（か、最近だとむしろ「底の厚い」かも知れません！）シューズを引っ張り出してきて頑張って速く走ろうとしてしまいます。典型的な「トラップ（罠）」ですね！　まだまだ速く走れる身体ができていない、けど「速く走らなきゃ！」という脅迫感からついつい頑張ってしまいます。タイムが良くないからガッカリする、速くないから速く走ろうと頑張ってしまう、頑張りすぎて故障してしまう…。よくあるパターンではないでしょうか。

そこで、まず速く走るための下準備が必要となります。ランナーにとって、もっとも効果的な「スピード養成」法がヒル・トレーニングです。速く走るためには、ストライドを伸ばし、ピッチを高める必要があります。ストライドを伸ばすためには、脚力を高めること、つまり一般的に「バネをつける」ことが必要となります。そして、関節の可動域を広げること。これを自然に、しかも、「走る」という動作の中で培ってくれるのがヒル・トレーニングです。ひとつ重要なポイントは、これはあくまで「スピードの養成」のためのトレー

ニングであり、まだスピードが高まっていない現時点で、どれだけ速く走れるかを試す必要は全くない、ということです。あまりにも多くの人が、「さぁヒル！」とばかりに坂道ダッシュを行う、という間違いを犯してしまいます。これはあくまで特殊なエクセサイズなんです。スピードを出してインターバルができるようになることを可能とするための「下準備」です。しかも、リディアードのヒル・トレーニングをやったことのある人ならわかると思いますが、「あれ、こんなに『速く走ることではない』で十分なの？」と思われるかもしれませんが、それでも坂の上の方に行けば十分「ハーハーゼィゼィ」の入り口に入りかけていることがわかってもらえると思います。それで十分なんです。これだけで身体を「無酸素状態」に慣らせる下準備にもなるのです。

待ちに待ったインターバル！「無酸素能力の発達」

さて、ヒル・トレーニングで速く走ることに身体が慣れたら、次に（やっと！）みんなが大好きなインターバル・トレーニングに進みます。リディアードは、「インターバル」を「スピード練習」と位置付けていませんでした。詳細は後の章で説明しますが、インターバル練習は、あくまで「無酸素能力の発達」として位置付けています。リディアード・ピラミッドにおいて、この種の「インターバル練習」は、一般に本番のレースの約2〜3ヶ月前、4週間だけに止めます。「無酸素能力」の発達とは、個人の酸素活用能力を超えたレベルでの運動をすることによって、それに伴って（体内の酸性化によって）発生する neuromuscular breakdown、単純に「疲労困憊した筋肉が運動に対して行うストライキ」（あっ、この比喩いい！）に耐えられる能力を養います。ただし、（1）この能力は、4週間ほどでピークに達すること、（2）やり過ぎると体調の低下を招くことから、1ヶ月にとどめます。もし「4週間だけなんて足りんじゃない？」と思っているあなた、ご心配なく。「インターバル」でなくても、この種の「無酸素的」なトレーニングは、実はまだ続きます。

全ての要素をミックス ──「コーディネーション」、最後に休息を入れて超回復

ここまで来たら、本番のレースまで4〜6週間。本格的に「レース」を念頭に置く時期になります。ここまで来たら、有酸素能力、無酸素能力、そしてある程度のトップスピードが発達させられているべきです。しかし、「レー

ス」は走って休んで走って休んで…といった「インターバル」的な展開には
もちろんなりません。余程のことがない限り（どんな「余程」か、その状況
は想像できませんが…）、本番のレースでは、ある一定の速いペースでスタ
ートからゴールまで全行程を走り続ける、という状況になります。そして、そ
の様な、本当の意味での「レース仕様」のストレスに身体をならさせる必要
があります。そのためには、そんな「レース・シミュレーション」をしなが
ら、徐々にリズムを高めて行くことが必要となります。そして、有酸素、無
酸素、ある程度のスピードが既に出来上がっていないと、それらをブレンド
してミックスすることはできません。だからこの練習は一番最後に持ってく
るのです。

　アメリカでは、リディアードのピラミッドに便乗して、「違った形のピラ
ミッド」でもトレーニングできますよ、といった類の記事も出回っています。
まず短い距離を速く走ることから身に付けて、その距離を徐々に伸ばして行
く、いわゆるリディアードのピラミッドと比較して「逆ピラミッド」となる
アプローチ。あるいは意見としては面白いかもしれませんが、リディアード
のピラミッドを、この順番でトレーニングを重ねていくことにはハッキリし
た理由があり、生理学的に見て「正しい順番」というのがあるのです。だか
らこそ、インテリで有名なフランク・ショーターをして、「存在し得るもっと
も論理的なトレーニング」と言わしめたのです。

　それでは、続く第Ⅱ部で、本題とも言える「リディアードの5つのトレー
ニング・ブロック」の詳細を説明したいと思います。

三井住友海上女子陸上部のボルダー合宿に顔を見せたフランク・ショーター

第II部

リディアード・
トレーニングの
具体的な手順

Chapter 7

有酸素能力発達の走り込み

第1ブロック＝有酸素能力発達の走り込み
（マラソン・コンディショニング）

　これまでリディアード・トレーニングの概要を説明してきましたが、続く7～11章では、各ブロックを詳細に説明していきたいと思います。まず最初は有酸素能力を発達させるための「基礎作り」、リディアードが「マラソン・コンディショニング」と呼んでいる部分です。私たちは敢えて「マラソン・コンディショニング」とは呼びません。「5キロのレースのためのトレーニングをするのにマラソンを走る練習をしなけりゃいけないの！？」という質問が相次いだからです（笑）。ハッキリした目的を強調する意味で、「有酸素能力発達の走り込み」と呼んでいます。つまり、特にマラソンの練習をする必要もなければ、リディアード自身が有名にした「週100マイル（160キロ）」を走る必要もありません。もっとも有効的なやり方で「有酸素能力」を発達させることができれば、個人のレベルに応じて、週250キロ走ろうが50キロであろうが問題ありません。特に週に3～4回しか走れない忙しいみなさんにとっては、週に40～50キロが限度かもしれません。走り始めたばかりの初心者であればもっと少ないでしょう。「じゃあたったこれだけだと『走り込み』にはならないの？」と、そんなことは全くありません。それでも大丈夫です。今一度、数字にとらわれず、「何をしようとしているのか、生理学的にどんな発達を達成しようとしているのか」さえハッキリと把握していれば、週の総走行距離が23キロであろうが230キロであろうが…123キロであろうが、重要なポイントではないのです。もちろん、フォローすべきいくつかのルールがありますが、数字に囚われず、出来る範囲で「走り込む」ことができればオーケーなんです。

目的

　基礎となる有酸素の土台を築き上げる。心肺機能の向上、毛細血管とミトコンドリアの発達、LT レベルを引き上げる。「レース仕様」のトレーニングに耐えられる有酸素的体力を身につける。

期間

　6〜12 週間で週2〜3回のロングランを目指す。最低でも5週間は欲しいところ。

注意すべきポイント

　長い時間を継続して「脚で稼ぐ」ことがもっとも重要。毎日中途半端な時間を繰り返すよりも、メリハリをつけて長い時間と疲労回復の短い時間を交互に行った方がより効果的。

息切れするまで追い込まず

　ルールの第一は、「有酸素」です。私たちはとかく「競争的」になりがちです。近所のおばちゃんが走っているのを横目で見て、負けられないとつい頑張って速く走ろうとしてしまう；先週走った同じコースで前回より速く走ろうとする…。経験がありませんか？　思い出してください；一番のルールは「プライドを捨てること」です。ハーハーゼィゼィの境界線（LT ペース）を超えて走ると無酸素状態になります。この境界線のペースとは、近所のおばちゃんのペースでもなければ、土曜日のランニング・グループのライバルのペースでもありません。「あなた」自身の、あなただけのベスト有酸素ペースなんです。バリー・マギーがアドバイスしてくれました；「グループで走るのも良いが、3/4 のトレーニングは自分一人でやった方がいいだろう」と。「そうでないと、そのペースで走ることが、グループの他の人にとってプラスになっていても、あなたにとってはマイナスになっているかもしれない」。これは取りも直さず、このパートナーがあなたよりも少しレベルが上だったとすると、あなたに合わせて少しユックリ走ることはその人のプラスになっても、ちょっと頑張らないといけないあなたにとってはマイナスになる、という意味です。そして、この境界線を越えて速過ぎるペースに入ってしまうと、筋肉内の酸性化によって運動継続が困難になります。筋収縮ストライキです！「有酸素能力の発達」で一番大事なのは「足で稼ぐ継続時間」です。この段階

では「1時間速く」走るよりも「2時間ユックリ」走った方が効果があるのです。

「心（臓）で走れ」？

1970年台、アメリカで、いわゆる「ランニング・ブーム」が頭をもたげて来た頃、リディアードから「ジョギング」のコンセプトをアメリカに持ち込み、オレゴン州でジョギングブームを始めたナイキの創始者の一人、ビル・バウアーマンは、「トーク・テスト」、つまり走っている最中に会話ができるかどうか、ということを指針としていました。

実はこの「トーク・テスト」は、ガーミンだの心拍計だの、ハイテクの機器がふんだんに出回っている今日この頃でも、恐らくもっともあてにできる指針だと思います。日本では「ボルグ指数」として知られている RPE（=Rate of Perceived Effort）をご存知の方もいると思いますが、自分の呼吸状態がどうか、会話できるかどうか（トーク・テスト）を常に把握しながら、自分が今どんなレベルの強度で走っているかを感知することは非常に大切なことです。ハイテク機器を見ると、確かに凄い情報を指先（あるいは手首）でチェックすることができる、と感動してしまいますが、最終的には、そもそもどんなフォーミュラを用いてそのチェックをしているのか、によってハイテク機器も宝の持ち腐れとなってしまいます。とある大手のハイテク機器製造会社で、心拍数を感知することで適切な「ゾーン」での運動量を計測する、というものがありました。話をよく聞いてみると、この心拍数の測定フォーミュラに「220−年齢」という、もっとも「あてにしてはいけない」フォーミュラを使っていた、ということを知りました！　この計算法は、シカゴのあるお医者さんが、全く別のリサーチをしていて、そのグループの間（しかもかなり少人数だったと記憶しています）で、「220−年齢」が大体「最高心拍数」に近いような気がするなぁ、ということでそれを発表してしまったことから始まりました。確か1970年代に出された論文で、数年前「結構あてずっぽうに出したフォーミュラでした」と本人が認めたと記憶しています。少し前になりますが、まだ私がコーチしていたランナー達と一緒に走っていた時、3×1キロのインターバルを、ほぼ全力に近いペースで（ほぼレペティション）行ったことがありました。その際、興味があったので心拍数を測ってみました。すると、最高で192にまで上がっていました。私が52歳の時で、安静時の心拍数は48でした。「220−年齢」のフォーミュラを使うと168が私の

マックスでなければいけないはずでした。

　そもそも、1960 年代、1970 年代に発表された多くの「体力」に関するリサーチは、ほとんどの「体力」というものは 25 歳くらいがピークとなってその後は後退する、とあります。しかしその当時は 25 歳を過ぎても本格的なトレーニングをするという人がほとんどいませんでした。特に陸上競技に関しては、アマチュアという名の下に、家族の生活を養わなければいけない、という責任がのしかかっていました。1980 年代、1990 年代に入ってから、ランニングでさえもプロが正式に認められ、マスター（40 歳以上）の分野でも本格的にトレーニングをする人たちが増えてきました。そうすると、正しいトレーニングとダイエットを継続することで、かなりの高齢になっても高い体力を維持することが可能だ、ということがわかってきました。心拍数に関しても、ただ単に年齢を考慮するだけでなく、安静心拍数も考慮する「カルボーネン方式」をお勧めします。実は故ディック・ブラウン博士と「リカバリー・インディケーター（リディアード・ランナーのプログラムに付いています）」のフォーミュラを確立しようとしている時、心拍数を計算するフォーミュラを 21 個も見つけました！　これは逆に、心拍数ほどハッキリとピンポイントに方程式を確立することができない、ということを示しています。ですから、どんな心拍数のフォーミュラであっても、あくまで目安であって、これだ！と決めつけられるものではない、ということを忘れないでください。

カルボーネン方式
目標心拍数＝ (220 －年齢－安静時心拍数)× 運動強度 (%) ＋安静時心拍数
※運動強度は、有酸素運動であれば、大体70％が目安。

　「有酸素ランではどんなペースが良いの？」という質問に対して、リディアードは「ハッピーに感じるペース」と答えています。でもこれじゃちょっと曖昧過ぎますよね！　もう少し具体的に…というリクエストに「走り終わった時点で『もう少し長く走れた、』『もう少し速く走れた』と感じられるペース」と言っています。前にも言いましたが——そしてこれは非常に大切なことなので、何度も口が酸っぱくなるほど繰り返しますが——ランニングを止めざるを得なくしてしまうのはスピードです。速過ぎるペースで走り始めたが故にランニングをストップしてしまう、1 時間半走る予定だったのが 1 時間で終えざるを得ない状況に陥ってしまう…。それが問題なんです。まぁ「問題」といっても誰かが叱るわけでもありませんし、身体に害になる（本当に速過ぎて無酸素になってしまったら「害」になる場合もありますが）わけでもあ

りません。しかし、今現在、このブロックで、有酸素の走り込みで有酸素能力を高め、心肺機能を向上させ、スタミナをつけようとしているのに、1時間半走るはずだったのが1時間で終えざるを得なくなってしまった…。もったいないとは思いませんか？　どうせミスを犯してしまうなら、「ユックリ過ぎる」側でのミスを犯した方が良いのです。

　とかく競争心を持ってしまいがちになってしまうのが私たちの人情です。よく週末一緒にロングランをするグループに集まって他の人達と走る場合、「私の目標はマラソンで4時間を切ること。あそこの彼はマラソンを3時間50分で走っているから、何が何でも彼について走ればいつかサブ4が達成できるだろう…」と、自分のレベルに関係なくその人のペースで走ろうとする。あまりに多くの人がこのパターンで練習をしているのではないでしょうか。

「最も重要でない」と思える事の積み重ねこそが差を生む

　リディアードは、常に「ユックリ過ぎるという『ラン』などない」と言っていました。例えば、安静時心拍数が55の人が軽いジョギングをして心拍数が90にまで上がったとしましょう。それでも30％以上の心拍数上昇になります。心臓の壁が厚くなってより力強い鼓動をするようになるのは「たくさんの仕事」によるものです。ですから1分間で50％の心拍数上昇をして15分間ジョギングしたとしても立派な刺激を与えていることになるんです。アメリカでは一時期、ジャンク・フードならぬ「ジャンク・マイル（Junk Mile）」、つまり「無駄なランニングの距離を踏む」という言葉が流行ったことがありました。ちんたらユックリ走っていても時間の無駄になるだけだ、ということです。ちょうど時を同じくしてFIRST (=Furman Institute of Running and Scientific Training) * というトレーニングが流行りました。無駄な贅肉（＝ジャンク・マイル）を取り除いて、「骨格」となるポイント練習だけやる、というものでした。例えば週にたった3日だけ練習をして、その内容を：ロングラン、インターバル、テンポ走、のみという、つまり全く息抜きをしないで、走るときはとにかくガンガンやる、というものでした。結果、故障者が続出しました（＊これは、本来はトライアスロンのために組まれたプログラムで、本当は「その他の日」に自転車と水泳が行われるべきなのでした。それのランニングの部分だけを取り出して、それが一人歩きしてしまったようです）。禅の世界では「無用の用」という言葉があると聞きます。例えば、私たちが床を歩く時、幅10センチ程度のスペースのラインがあれば歩く

には十分です。しかし、だからといって、他の床を全て取り除いてしまったらどうなるでしょうか？　女子体操の平均台を歩くようなものです。つまり、左右の「いらない床」の部分がなかったら、それだけでビビッてしまって足がすくんでしまいます。「ジャンク・マイル」とはその「その他の床の部分」なんです。

　瀬古選手は、トレーニングにおいて「ジョギングが一番重要だ」と言っています。つまり、トレーニングの大部分がジョギングを占めるから、という意味だそうです。瀬古選手の師である故中村監督は、「90分ジョグが『疲労回復』となって、初めて本当の『マラソンランナー』と呼べる」と言っていたそうです。つまり、本当はこの「ジャンク・マイル」こそがトレーニングの大部分を占めてしかるべきものなのかもしれません。リディアードは、「有酸素のジョグは、できる限りやれれば多くやるに越したことはない」と言っていました。アテネ五輪の男子マラソンの選考会となった2003年福岡国際マラソンは、ラスト数キロを国近選手、諏訪選手、そして男子マラソン日本記録保持者の高岡選手が三つ巴で平和台国立競技場になだれ込むという、日本マラソン史上歴史に残る大接戦となりました。結局トップ2人の国近選手と諏訪選手、そして前年の世界陸上マラソンで5位に入賞していた油谷選手の3人が代表と決まりました。この中で一番の若手でダークホースだった諏訪選手は、「オリンピックだからといって大上段に構えて頑張り過ぎてもいけない。かといって、なんとかしてレベルアップをしなければいけない…」ということで、朝練習のジョグを10分伸ばす、ポイント練習のウォームアップ、クールダウンを今までより10分余分に行う…という方法でバルクを増やした、と聞きます。リディアードが聞いたら膝を叩いて褒めたことでしょう！

脚で稼ぐ「ボリューム」

　ルール第二はこの「継続時間」です。前回でも説明しましたが、例えば2時間20分走る場合、もっとも有酸素能力（毛細血管とミトコンドリアの発達）が一番高められるのは最後の20分と思ってください。リディアードはよく一緒に走っていて、2時間が過ぎる頃に「さぁ、ウォームアップは終わりだ」と言ったものです（笑）。よく、「今日の練習は2時間走」とあるのに対して、朝1時間と夕方1時間、あるいは朝30分と夕方1時間半はどうかと考える人がいますが、全く練習効果が違います。この時点では「継続して走る」ことがもっとも重要となります。もちろん、この「ロングラン」は、各自のレベルによって異なってきます。普段のランが30分の人であれば、週末のロ

ングランは1時間を目指せるでしょう。その1時間を徐々に1時間15分、1時間20分と、伸ばしていくことで筋持久力の発達が望めます。前の章でも説明しましたが、初めて靴紐を通して走り出したとしましょう。わずか2～3分で酸欠状態に陥ってしまうかもしれません。いわゆる「ツリーハガー」ですね！　肺に入って来た酸素をピックアップする「運び屋」がしっかり確立されておらず、運動筋肉（脚）には一生懸命働いている筋線維たちに酸素（とエネルギー）を供給するための「道」が貫通していません。みなさんはコンピューターゲームで、未開拓の森林を切り開いて街を築き上げていく、というゲームをしたことがありませんか？木を切り倒した後にまず作るのは何でしょうか？　道です。家や学校や教会を建てるための基材を運ぶためにはまず道を作る必要がありますよね。それと同じことなんです。この「道」こそが毛細血管なんです。筋肉が酸欠状態になって悲鳴をあげているので、身体は「こいつぁてーへんだ！　こんなことが続くようならこの筋肉にもっと酸素を送れるようにしなければ…」と、次にこれと同じストレスが起こった時にそれに楽に対応できるように身体に変化を起こします。これが「トレーニング効果」です。

　一つこれを如実に物語っている例があります。ローマ五輪を目指して、ピーター・スネルと同僚のマレー・ハルバーグがトレーニングしている時、ワイアタルアの35キロ周回コースを走っていて25キロあたりに差し掛かった時、スネルが「今日はちょっと疲れているからここで止めてヒッチハイクして帰るよ」と言うとハルバーグが「もしそんなことをしたらここまで来た25キロが全て台無しになってしまうぞ。（このロングランの）本当の効用とは最後の10キロにあるんだ」と言ったそうです。何度も話を聞いて驚かされたことですが、リディアードはもちろん、この話の中のハルバーグも、マギーにしても然り、とにかく運動生理学の知識が全くなかったどころか、まだこのようなサブジェクトに対する運動生理学のリサーチが全くなされてさえいなかったこの時代に、ここまでハッキリとトレーニングに対しての身体の反応を把握していた、ということは物凄いことだと思いませんか！

　私は有酸素能力の発達というものは、空気の通気を良くすること、と考えています。ロングランをしていると、ある時突然スーッと「通気」が良くなったような気がする時があります。これがいわゆる「コンディショニング」が上手く進んでいる、ということだと思っています。バリー・マギーがいうところの「ユックリ走ろうと思っているのに身体がいうことを聞いてくれない、

これ以上ユックリ走れない！」と感じる時、です。正しい量と質のトレーニングをしていると、つまり Break Down せずに Build Up している時、ペースが徐々に速くなって行きます。これは、前の章で説明した通り、あなたのLT ペース、すなわち有酸素状態で走れるペースの上限が徐々に速くなって行くからです。つまり、最初のユックリと走ることで、次第に「自然に」ペースが速くなって行くのです。逆に、初めから頑張って速く走ろうと無理をしていると、Break Down の状態に陥ってしまい、そのペースですら維持して行くことが困難になります。「楽に走ることを習得する前に、きつく走ろうとしないように！」ゴールデン・ルールの一つです。

マギー氏と話している時、「シーズンが始まってレースに出ている時、ちょっと疲労が出てきて怠く感じる時、体力がなくなっちゃったんじゃないか、と感じた時、そんな時ワイアタルア（35キロ周回コース）を3日続けて走るんだ」と言っていました。つまり、金-土-日、あるいは土-日-月と、連続して35キロを走るのです。「一旦コンディションを

オリジナル「リディアード門下生」ビル・ベイリー（左）とバリー・マギー（右）と筆者

築いてあれば、そうすることで『一気に栓が外れたように』体力が漲ってくるのがわかるんだ」と。これは私も試してみたことがあります。ニュージーランドから帰国した当時、35キロではなく30キロの、そして5キロの坂ではないものの、2キロのかなり急な山道を登るコースを設定して週末そのコースを走っていました。それを金−土−日と走ってみました。2日目の土曜日には死ぬかと思いました！(笑)　しかし、逆に3日目になると、まさに「栓が外れたように」飛ぶように走れるようになったのです！　結局、この3日連チャンロングランの最後の3日目に、それまでで一番速いタイムを叩き出したのでした。これには自分でもちょっと驚いてしまいました。同時に、改めてリディアードの正しさ、有酸素ロングランのパワーを痛感したものです。

よくマラソンレースに参加して上手く行かなかった時、特に30キロあたりで投げちゃって、棄権して全距離走らなかった場合、4〜8週間してもう一度マラソンに出て成功した、という例を聞いたことありませんか？ 2018年のボストンマラソンで、大雨の中、川内選手が見事優勝しました。その時、

優勝を目論んで参加（前回が 3 位）したものの心臓破りの丘で棄権の涙を飲んだゲイラン・ラップ選手、その 6 週間後にヨーロッパのマラソンに急遽参加、見事 2 時間 06 分 07 秒の自己記録で優勝しました。2009 年の大阪女子マラソンでの渋井陽子選手もそうでした。前年 11 月の東京女子マラソンで 2 時間 35 分で 6 位に沈み、これでは終われない（ベルリン世界選手権の予選を兼ねていた）と気持ちを切り替え、2 ヶ月後の大阪女子マラソンに軌道修正。2 時間 23 分で、見た目は全くの「楽勝」で独走優勝しました。マラソンは微妙なもので、わずかなことで全てが台無しになってしまう可能性が常に潜んでいます。天候、食事、バイオリズムも…。しかし、そのレース目指して今まで何ヶ月もトレーニングしてきた、という事実は全く変わらないのです！天気が悪かったからというだけでそれを全て無駄にしてしまうことはありません。それに加えて、むしろ 42 キロ（途中棄権しても 30 キロくらい）を走ったという事実から、あなたの身体は「こいつぁ大変だ！またこんなことがあった時サバイバルできるよう身体を準備しなければ…」と、よりマラソンに順応した身体にしてくれるでしょう。それにちょうど 4 〜 8 週間くらいかかるのです。

　私が以前にコーチした 45 歳の女性は、11 月のニューヨークマラソンを目指していたのを、ボストンの参加資格を取りたいからと、初マラソン参加を 9 月に繰り上げ。そこで 3 時間 38 分でボストン参加資格を獲得、NY では 3 時間 20 分にまで記録更新しました。この間で一番大事だったことは「リカバリー」です。この女性の場合、9 月の初マラソンが終わった後、スケジュールを組んで送った時「ロングランがないけど良いの？」が第一声でした。「お前なぁ、さっき 42 キロ走ったばっかりなんやでぇ！」と思わず関西弁の英語で怒鳴ってしまったくらいです（笑）。この間は、とにかくリカバリーをキチッとして、シャープさを維持すること。トレーニングのし過ぎで疲れていては「シャープさ」は保てません（このレース後の「リカバリー」に関しては、Chapter12 の「長期計画」で詳しく触れたいと思います）。

　それともう一点、長くユックリ走っていた時は、オリジナルの「Run to the Top」や日本語訳されている「リディアードのランニング・バイブル」に書かれているスケジュールとは裏腹に、かなり起伏のあるコースを走っていました。ワイアタルアという呼び名で親しまれていたワイタケレ丘陵地帯の 35 キロの周回コースには、5 キロの登り坂があります。オリンピックで金メダルを 3 個獲得したピーター・スネルは、19 歳で初めてこのコースを走った時は 3 時間 40 分かかって、走り終えて帰ってきた時、そのきつさに思わ

ず涙を流したと言います。この「起伏がある」というのが、ペースはユックリと走っていても、脚力をつける、アキレス腱を始め脚関節の可動域を高めるなど、スピードをつけるための要素をたくさん含んでいます。つまり、ペースはユックリと走っていても「スピードを殺す」ことにはならない、ということです。

朝練＋本練

　ここで「朝夕二回の練習」についてちょっと触れてみたいと思います。「週に160キロなんてキッツイなぁ。けどしゃーねいからトライしてみっか…」と思っているあなた、そんな場合例えば木曜日の30キロを朝10キロと夕方20キロにチョンボする可能性を考えていませんか？　ギリギリきつい、と思っている人は、160キロ無理するよりも120キロくらいに抑えておいて、ロングランだけはきちっと走り切る、とした方がより有効的なんです。そして、リディアードが言うところの「あなたがもしチャンピオンになりたいと欲するのであれば、時間を見つけてでも行うであろう軽いゆったりとしたペースでの補助ランニング（＝ジョギング）」を早朝練習に組み入れるといいでしょう。これは、あくまで「付け加える」という意味で、決してその日のノルマの距離を「2度に分けて」走る、という意味ではありません。つまり、トップレベルを目指す実業団ランナーであれば、週160キロをこなしつつ、それに加えてゆったりペースの早朝補助ランで、週間総走行距離は200キロを軽く超えるくらいになるでしょう。逆に、週に3〜4回が精一杯という市民ランナーであれば、変に無理して朝夕2回走ろうとして、ロングランに支障をきたしてしまってはトレーニングの趣旨が台無しになってしまいます。有酸素発達の走り込み期には、脚で稼ぐ継続時間が一番大事です。

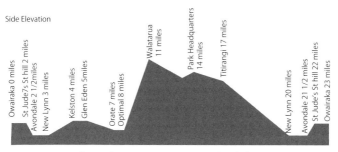

「ワイアタルア」35キロのコースの断面標高図

[表1]

日曜日	2～3時間
月曜日	1時間
火曜日	1時間30分
水曜日	1時間ファルトレク
木曜日	1時間45分
金曜日	1時間
土曜日	1時間15分

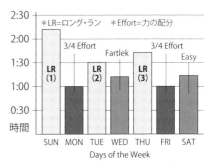

オリジナルの「ロングラン×3」のスケジュール
グラフ提供：リディアード・トレーニング＆アカデミー

　ところで、日本では「駅伝はロードでのチョコチョコ走りを招くから良くない」と言われていた1970年代、リディアードは逆に「有酸素ランはロードで行われるべきだ」と言っていました。これもまた「首をひねる」ポイントの一つかもしれません。リディアードの持論は、走り込み期の有酸素ランは、有酸素のレベルでの「より速いペース」で、しかもできるだけ長い継続時間走ることが大事だ、ということです。起伏の激しい不整地を走るクロスカントリー（特にニュージーランドは物凄くきついクロスカントリーで有名です！）や砂地を走ることも、リディアード自身も奨励していましたし、特にクロスカントリーは、リディアードさえも「もっとも全身的にコンディショニングしてくれるトレーニングだ」と、全面的に奨励しているくらいです。しかし、そんな不整地や砂地で走ると、筋肉疲労のために走るのをストップせざるを得ない状況にならないとも限りません。そうなると心肺機能と生理学的な発達（ミトコンドリアと毛細血管の発達）に支障をきたすことになります。リディアードが「ロードを走れ」といっているのは「何が何でもロードを走れ」というわけではなく、「走っている時間帯で、もっとも有効的な有酸素能力発達を望むのであれば、（筋疲労を招く）不整地ではなく、グリップが良く効くロードの方がより有効だ」ということなのです。ですから、彼の著書の中での「週100マイル」のスケジュールの週末のロングランの説明には「できるだけ平坦なコースで」と書かれていますが、これはより有効的にロングランの効用が得られるように、との意味でこう書かれています。しかし、実際には彼のランナー達は、上り坂が5キロも続くような起伏の激しいコースで週末ロングランを行っていました。

ここでも「ハード/イージー」をお忘れなく

　最後、第三のルールは、強弱のイントネーションをつけることです。これ

[表2]

日曜日	2時間以上
月曜日	休み
火曜日	45分ファルトレク
水曜日	1時間30分
木曜日	1時間
金曜日	休み
土曜日	1時間アウト＆バック

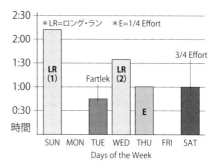

週5日で「ロングラン×2」のスケジュール
グラフ提供：リディアード・トレーニング＆アカデミー

は、つまり例えば週に4回走った場合、毎回1時間15分（週合計5時間）走るよりも、例えば30分―1時間半―45分―2時間（週合計4時間45分）とした方がより効果がある、ということです。これは、リディアードが週に100マイル走っていた時、毎日15マイル（24キロ）走るよりも、10マイル（16キロ）と20マイル（32キロ）を交互に走った方がより良い結果が得られた、という経験に基づいています。これは、何度も口が酸っぱくなるほど繰り返しますが、長時間継続して走ることにより、より良い結果が得られる、ということを反映しています。前の章でもお話ししましたが、これを元にしてリディアードは「ハード／イージー」のコンセプトを始め、その後バウアーマンによってこの「ハード／イージー」コンセプトはトレーニングの基礎としてスポーツ界に広まっていきます。

　ロングランを2時間走れる人であれば、リディアードのオリジナルのスケジュールは[表1]のようになります。週5日が精一杯の場合、例えばロングランを週2回に抑えて、[表2]のようになります。「ロングラン」も、もちろん2時間以上継続して走れればそれに越したことはありませんが、まだそこまで行っていない段階であれば、第5章の「最初の第一歩」で説明した通り、大体「この時間ならば毎日でも走ろうと思えば気軽に走れるかな」という継続時間の倍を目安とします。例えば「30分ならいつでも走れる」という人ならば1時間。その上で、30分と1時間の間で強弱をつけて週の流れを組みます。初心者で、まだ30分のランニングなら楽勝で、週4回が精一杯の場合、[表3]のようになります。このように、

[表3]

日曜日	1時間～1時間30分
月曜日	休み
火曜日	20分
水曜日	45分
木曜日	休み
金曜日	休み
土曜日	20分ファルトレク

とにかく強弱をつけて継続して走れる時間を徐々に伸ばして行きます。目標はロングランで2時間継続走です。そこまで伸ばしていくやり方は、前回の章で紹介した初心者用スケジュールと同じです。このような走り込みを6〜12週間続けると、同じ心拍数を保ちながら走っていても、ペースがどんどん速くなっていくことを感じられるはずです。これが、リディアードの言う「疲れ知らずのコンディションが培われてきている証拠だ」ということを指します。シドニー五輪金メダリストの高橋尚子選手が、「芽も葉も出ない冬の日は、下へ下へと根を伸ばせ」という詩を有名にしましたが、これが「根を伸ばしている」状態なのです。

ところで、根はどんどん伸びているのに、目に見える地上での「活動」というものは何も見えませんよね！　花も実も全然見えませんし、葉っぱも出ていないかもしれません。しかし地中では確かにシッカリと根が伸びているのです。トレーニングも同じです。これがレジェンド、瀬古監督が「泥臭い基礎造り」と呼んだ理由でもあります。逆に、トライアスロンの世界チャンピオン、マーク・アレン選手はスピード練習を「セクシー」と呼んでいます。「誰でも『セクシー』な練習をしたがるんだ。『泥臭い』基礎造りは敬遠されがちだ」と。彼は、リディアードよりももう一歩極端な「低心拍トレーニング」で有名な「マフェトン」メソッドの有酸素基礎造りを行っていました。このトレーニング法では、例えば「有酸素能力発達」の期間は心拍数は120回/分（年齢とコンディション、安静心拍数によって実際の数値は変わりますが、大体120〜140回/分くらいです）を越えないように走ります。ペースではなく心拍数で力の配分レベルを決めるのです。例えば坂道に差し掛かって心拍が120回/分を超えた場合、止まって歩く、という極端さなんです！　このメソッドで成功したランナーにノルウェーのイングリッド・クリスチャンセンがいます。女子の3,000mからマラソンまでの世界記録を持っていた女傑ランナーです。このメソッドを使ったランナーに話を聞くと、ほとんどの人が、「同じ低心拍数をキープしているのにペースがどんどん速くなってくるのに驚く」と言います。

前の章でもご紹介しました4×オリンピック・チャンピオンのラッセ・ビレンは、走り込み期に月に1度、3キロのタイムトライアルを行っていたと言います。このタイムトライアルを、毎回同じタイムで走るのです。Break down でなく Build up している場合、同じペースで走っていても心拍数は下がって来ます。同じスピードで走っているのにストレスレベルが下がって来

て、そのスピードで走ることが「楽になる」からです。前の章でお話しした「ディフレクション・ポイント」がより速くなり、つまり LT ペースが高まったことを示します。もちろんこれだけでなく、キチッと体力がついて来ていると（＝有酸素能力が向上して来ていると）次のような現象が見られます：

1. 同じ距離を同じスピードで走っていても心拍数が下がって来る(ビレンの例)
2. 同じ平坦なコースでアウト・バック走を行い、同じ時間だけ走って（例：20 分アウト、20 分バック）心拍数を同じにすると距離が徐々に伸びて来る（＝スピードが速くなって来る）
3. 同じコース（例えば湖 1 周）を同じ心拍数に設定して走るとだんだん速く走れるようになる

　このような「テスト」を定期的に行うことで「進歩」の度合いを確認することができるのです。最近のガーミンなどの普及で、一般ランナーの私たちでもこのような「テスト」走は簡単にできるようになっています。週に一度でなくても 2 週間に一度、あるいは月に一度はこのようなテスト走を行うことでコンディションのチェックをすると良いでしょう。

　前の章で書いたように、パケット選手から教えてもらった基本的なリディアードのスケジュールは、「長くユックリ」走と「短く（有酸素ながら）速い」ランを交互に行う、というものです。しかしこれでは「息抜き」が全くなくなる、と感じる人もいるでしょう。スケジュールはあくまでも「ガイド」であり、全てのプランは「あなた」中心でなければならない、ということを忘れないでください。基本週に 3 度のロングランですが、3 本はきつい、と思うならば 2 本でも十分です。同じように、週に 3 度速く走るのはきついと感じられるならば週に 1 回でも十分効果的なんです。事実我々が立ち上げたオンライン・トレーニング・プログラム、「リディアード・ランナー」では、他の「有酸素ラン」よりもキロ約 30 秒程速く走る「アウト・バック」走は週 1 回に抑えてあります。きついと感じてペースが

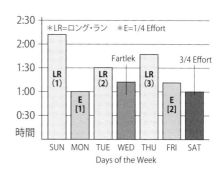

「リディアード・ランナー」のスケジュール：ロングラン×3 で、アウト・バックを 1 本に抑える

グラフ提供：リディアード・トレーニング＆アカデミー

遅くなってしまって２度、３度走るよりも、週イチにしてシッカリとキチッと速く走った方が効果倍増です。この場合、「長くユックリ」と「短くもっとユックリ」を交互にして疲労回復をもっと促進するようにします。このブロックでもっとも重要なことは「継続して足で稼ぐ時間」、ロングランです。ですから、いくらリディアードのオリジナルのスケジュールで、ユックリのロングラン３本、短めの少し速いランを２本、ファルトレク１本と、最後の７日目にジョグ…、となっていても、そのままできつい場合はロングラン３本とファストラン１本、後はファルトレクとジョグでも良いでしょう。それでもきつければロングランを２本に…。とにかくこのブロックでのポイントを押さえつつ、必要なだけのリカバリーを間に入れる、このアプローチで自分なりのスケジュールを組んで行けば良いのです。「きつい」と感じるプログラムを「きつい、きつい」とやり続けて故障のリスクを負うよりも、自分に合う様にアレンジした「正しいプログラム」を行う方がはるかに効果があります。

　実はリディアードは「週に７日が最低ラインだ」といつも言っていました。つまり、「走らない日」というものを設けることに反対でした。初めて彼と手紙のやり取りをするようになった時、彼に「１日オフ」ということを聞いたことを覚えています。彼からの返事に「１年間に52日も休んでおいて世界と闘えると思ったら大間違いだ」という言葉が返って来ました！　リディアードらしいです。ところが、私がオンライン・トレーニング・プログラムの「リディアード・ランナー」を作った時、週に７日、６日、５日、そして週に４日のプランを作りました。その当初、何通かの非難のメールが届き、「あなたはリディアードを冒涜している。彼の最低ラインは週に７日のトレーニングだ」と。確かにそうなのですが、同時に、クリニックで中年のおばちゃんが彼にアプローチし、「私は主婦で、週に４日走るのが精一杯なんですが、それでも十分トレーニングができるでしょうか？」と質問しました。そんな彼女に向かって、リディアード

筆者（左端）とニック・ウィリス。中央は1964年東京五輪5000m優勝のボブ・シュール。右はバリー・マギーとビル・ベイリー

は、4日しか走れない場合はどうすれば良いか、それは何故かを、あたかもオリンピックのメダリストに説明するがごとく懇切丁寧に説明しているのを目の当たりにしたことがあります。つまり、リディアードは「週7日が最低限だ」を指示していたものの、だからといって、5日や4日しか走れない人でも決して蔑ろにしなかった、そういう彼の意志を継いで、この「リディアード・ランナー」を作りました。

ところで、ウチの奥さんは地元のランニング・グループと週末のロングラン（土曜日）をしています。大体20〜30人集まるんですが、大抵の人がGPSの時計をしています。大体自分のペースを知っているので、今日はマイル何分で行こう、と走る前から想定しています。それは良いんですが、私が一番気になるのは、ヨーイドン！でスタートするやいなやそのスピードにはまってしまうことです。私がアメリカに留学したのは1980年、ちょうどランニングブーム花盛りの頃でした。雑誌や本でいつも「最初の1マイルは、ウォームアップとして、平均ペースよりも1分ゆっくりスタートすることを目安にすると良い」ということを耳にタコができるくらい聞きました。その頃から走り始めた方ならば、当然の様に思われることと思います。メートル法の日本であれば、「最初の1〜2キロは平均ペースよりも1分（キロ毎）遅いスピードで」というところでしょう。そうあって然るべきですし、むしろそうすべきなんです。ところが、昨今の手軽なGPSウォッチの登場で、細かいペースが一目でわかる今日この頃、この生理的ルールを無視してスタートから「平均ペース」で突っ走っていませんか？　是非考え直されることをお勧めします！

スピードのロスは一時的

さて、リディアード・トレーニングに対する批判で、「数ヶ月も長くユックリ走ってばかりいるとスピードを殺してしまう」というのがあります。次の「ヒル・トレーニング」の章の冒頭でも触れますが、これは確かに当たっていないこともないんです。そしてそのことはリディアード本人も知っていました。しかし、彼が何度となく口を酸っぱくして説いていたのは、この「スピードのロス」ということは、あくまで「一時的なもの」である、ということです。

リディアード門下生の中でもっとも有名なランナーは文句なしに、ローマ、東京五輪で3つの金メダルを獲得、世界記録を合計8個塗り替えた（リレー、

室内を含む）ピーター・スネルです。彼は競技生活を終えた後、34歳にして
アメリカに渡り、大学、大学院に進み、運動生理学の博士号を獲得、人生の
後半を生理学者としてテキサス州立大学で活躍して来ました。彼のもっとも
お気に入りのプレゼンに「ロングランにおける速筋線維への影響」があります。これは、長時間（２時間）継続される運動において、遅筋と速筋内での
グリコーゲンの量の変化を調べたものです。前の章でも説明しましたが、運
動を開始した当初は、まず遅筋がリクルートされます。その運動の強度があ
る程度高くないと（スピードが速くないと）速筋はリクルートされません。
しかし、この運動の継続時間が１時間を超えるようになって来ると、遅筋内
のグリコーゲンが減少して来るにつれ、次第に速筋がリクルートされて来る
ようになる、ということがわかりました。特に、運動時間が２時間も継続さ
れるようになると、遅筋内のグリコーゲンがほぼ枯渇状態となり、速筋に頼
るしかない、という状況になります。もちろん速筋は、このような持久的な
運動をするのに慣れていませんから当初はきついです。しかし、これもより
効果的に「脂肪を燃焼する」身体を作り上げる、ということと同じで、この
ようなロングランを繰り返し行うことで、速筋が遅筋を補うことに適応する
ようになります。特に、遅筋的な機能に適応しやすい速筋、つまり最近「タ
イプ a」として知られている速筋を「鍛える」ことになります。しかし、こ
のリサーチでもっとも重要なポイントは、２時間近く継続される運動の場合、
速筋もリクルートされている、つまり「刺激されている」という事実なのです。
つまり、リディアードの持論は、週イチのロングランを続けることによって、

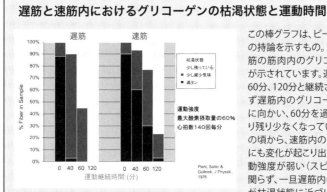

遅筋と速筋内におけるグリコーゲンの枯渇状態と運動時間

Piehl, Saltin & Gollnick, J Physiol., 1976 のデータより橋爪伸也作成

この棒グラフは、ピーター・スネル博士
の持論を示すもの。左に遅筋、右に速
筋の筋肉内のグリコーゲンのレベル
が示されています。運動時間が、40分、
60分、120分と継続されるに従って、ま
ず遅筋内のグリコーゲンが枯渇状態
に向かい、60分を過ぎる頃から、かな
り残り少なくなっています。ちょうどそ
の頃から、速筋内のグリコーゲンの量
にも変化が起こり出します。つまり、運
動強度が弱い（スピードが遅い）にも
関らず、一旦遅筋内のグリコーゲン量
が枯渇状態に近づいてくると、速筋も
駆り出されることを示しています。その
運動に『駆り出される』ということは、
刺激を受け、トレーニング効果が上
がっている、ということを示します。

「『速くなる』ということではないが、『冬眠状態になってしまう』ほど速筋がなおざりになるようなこともない」ということなのです。

　このリサーチに対して、自分の体験談をシェアしたニュージーランドの若者がいます。ニック・ウィリスは、2008年の北京五輪で繰り上げ銀メダル、2016年のリオ五輪でも銅メダルを獲得して、1936年ベルリン五輪でニュージーランド初の陸上競技金メダルとなったジャック・ラブロック以来、スネル、ジョン・ウォーカーと受け継がれたオールブラックのユニフォームのオリンピック1,500mメダリストの伝統の後継者となっています。そのウィリス選手が、このリサーチについて次のようにツイートしていました：「私自身の経験から、ロングランが20キロの時に比べて、30キロの方が、レース後の疲労回復もさることながら、ラストスパートのキレも全然良いんだ。」そして「これこそが『リディアードの、ロングランにおける速筋のリクルート』の証明でなくしてなんであろうか」と締めくくっています。

常に滑らかな「移行」を考慮して

　リディアードのトレーニングのもう一つの反論で、「一つ一つのブロックを別々に鍛えることで、突然次のブロックに移行することで故障の原因になる」というのがあります。もちろんそれは当然至極なんですが、何もリディアードは「次のブロックまで、絶対にその要素にタッチするな！」などとは言っていません。むしろ、「ブロックの移行は常に『滑らかに』行われるべきで、次のブロックに移る数週間前くらいから徐々に次のストレスに慣れるよう次の刺激を少しずつ導入するべきだ」とさえ言っています。この期間は、次のブロックとなるヒル・トレーニングの下準備として、少なくとも週に1度は起伏のあるコースを走るか、公園や芝生の不整地で足首の柔軟性を高めるようにすると良いでしょう。この長くユックリ走る「有酸素走り込み」期では故意に「速く走ることのメカニズム」を抑えています。そこから逆に「速く走るための」下準備に入って行くのですからより綿密な「下準備のための下準備」が必要となります。あまりにも当然なことで、リディアード本人も簡単に「書き流して」いることなのですが、むしろ逆に、だからこそ見落としてしまっている人もいるので（…と、「はぁい、私です！」と手を挙げている「見落として」初めてヒル・トレーニングを行った時、張り切って頑張りすぎて故障してしまった張本人なので！）あえてハッキリと書きたいと思います。

1. 週に1度のアウト・バック走で、普段よりも少し速めに走ることでスピードある走りに慣れる
2. 出来るだけ起伏のあるコースを混ぜるようにする：常に、長い/短い、速い/ユックリ、平坦/起伏の要素をうまくバランスよく混ぜるようにする
3. 週に1度のファルトレク：この「スピードプレイ」は、時に「脚をストレッチする」という意味でも捉えられ、この時期の重要な「スピードへの下準備」となる
4. 「流し」：リディアード自身は、「走り込み期」に流しを入れるのは好みませんでしたが、ニュージーランドでは起伏のあるコースを走るチャンスが豊富にある、という意味で、我々はあえて「流し」を、特に10キロ以下のレースを目指してのトレーニングを行う場合には奨励しています
5. ヒル・トレーニング期に移行する数週間前から、週に数回、たとえ5分でも良いから軽いヒル・スプリンギング（ヒル・トレーニングの章で詳しく説明）等のプライオ的運動を組み込むようにして、次のブロックでの負荷に脚を慣らす様にする

　リディアードは、時としてこの「有酸素能力発達の走り込み期」を前半と後半に分けてスケジュールを紹介することがありました。前半はまずとにかく距離/時間を稼ぐことだけに集中すること。体力がついてきて、距離をカ

日本では街中でそんな起伏のあるコースが取れない場合

街中に住んでいて、そんな起伏のあるコースが取れない、という人もいるかもしれません。私が故郷の三重県津市に住んでいた時（ニュージーランドから帰ってきた時）、このリディアードの教えをどうやって自分が今まで走って来た環境に取り入れるかと工夫しました。国道23号線（全日本大学駅伝の、名古屋の熱田神宮から伊勢神宮までのコースの一部）に出て全く平坦な直線を4キロほど走るところで、そこにある歩道橋を片っ端から走って渡る様にしました。1本目で向こう側に渡り、次の歩道橋でこちら側に戻り、また次の歩道橋で向こう側に行く…。それを繰り返しました。歩道橋を走って渡るくらいでは大した「強化」が期待されるわけでもありません。しかし、それだけでも速筋に刺激を入れる、という「速筋のコンディション維持」には十分です。トレーニングは、ガチガチとして大上段に構えて「強化」することのみが目的ではありません。脚筋強化はこのヒル・トレーニングでしっかりと行われます。走り込み期の歩道橋行ったり来たりは、その下準備としての速筋に刺激を入れて、膝を上げる事で脚の可動域を高めるチャンスを与えるという事で重要な意味を持ちます。また、単調になりがちな走り込みに「FUN」の要素を取り入れる、という意味でも良いでしょう。

バーすることが楽にできるようになったら、後半にはこれら「プラス・アルファ」の要素を加えるようにします。

　リディアードは、北欧で産み出された「ファルトレク＝スピード・プレイ」を非常に重宝していました。彼のプログラムの全般を通して、ファルトレクを折り込んであります。彼がまとめた各種トレーニングの一覧表の中では、「ハード・ファルトレク」と「イージー・ファルトレク」と区別し、前者は無酸素ランニングに首を突っ込む感じの、枠にはめない形のインターバル（無酸素トレーニング）として、後者のファルトレクは疲労回復、有酸素能力の維持、速い走りに脚を慣らす、など、多種に渡っての恩恵を認識していました。気分に合わせてより速く走ったり、速いランをちょっと長くしたり…、出来るだけ起伏があって芝生のコースがあればベストですが、もちろんロードでも、平坦な道路しかなければ、歩道橋を使っても良いし、途中ビルに入って階段を上り下りしても良いでしょう（警備の人に捕まらないようなビルで！）。私自身は、この様なファルトレクを「脚のストレッチ」と呼んでいます。特にこの走り込み期では、続くブロックの準備として脚をアップダウンとスピードに慣らすという意味で、そして、ロングランで疲れた脚を活性化させる、という意味でも非常に効果的です。特に「スピード・プレイ」、この「プレイ」の要素を忘れないように！

　坂が全くない場合、走る以外に足首の柔軟性の運動（図１）を週に数回、３〜５×１０〜２０回ほどを加えることをお勧めします。これだけで、次のヒル・トレーニングに移行した時にアキレス腱／ふくらはぎに加わるストレスを和らげることが出来ます。しかも、これを「速く上げてユックリ下ろす」様にすると尚更効果があります！

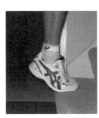

（図１）
坂が全くない場合、足首の柔軟性を促す運動としておすすめです

持って生まれた能力—人生の不公平さ

　さて、前の章で、半分冗談（半分本気）で「バニスターは運が良かった」

と言いました。私たちの好む好まざるに関わらず、私たちにはそれぞれ「素質」というものがあります。数学ができる人、苦手な人…、歌が上手い人、下手な人…、味が良く分かって料理が上手い人、味に疎い人…。それら全て「素質」です。生まれつき速い人、遅い人…。これもハッキリした「素質」です。私には「音痴」や「味に疎い」のメカニズムは説明できませんが、「スピードの有無が、生理学的に、生まれつき速筋が多いか少ないかによってある程度決まること」は論じられます。リディアードは、基本的に「遅い（＝スピードのない）」人は、いくら頑張っても短距離のスーパースターにはなれないだろう、と言っています。前の章の「スピード」の説明でも触れましたが、スピードのメカニズムを理解して、それなりに正しいトレーニングを行うことで、今までより速くなることは誰にでも可能です。しかし、例えば速筋の割合が15％の人が、（ボルトや桐生選手の速筋の割合がどれくらいか知りませんが）何をどうやったところで、オリンピックの表彰台に上ることはほぼ無理でしょう。反対に、アメリカの元マラソン世界記録保持者（実際にはその時の距離が200mほど短かったとわかり「世界記録」は取り消された）、アルベルト・サラザール選手は、遅筋が98％あったと言います。つまり、マラソンには最適の筋肉線維の作りなのですが、逆に実際のレースではラストスパートで負ける、というレース展開が多かったのも彼の筋肉の「質」に影響されているのでしょう。これら「生まれつきの素質」というものは、例えば「オレは大きくなったらマイケル・ジョーダンのようなバスケットボール選手になるんや！」と頑張ったところで、彼のようにボールを操る「素質」というものは会得するのが非常に難しいでしょう。短距離で100mで10秒に迫るような筋肉線維の構造というものも、生まれつきのパーセンテージが大きく左右します。しかし、中長距離に関しては、例えば速筋線維タイプａのように、正しい持久力トレーニングによって「遅筋のような性質を持つ速筋」に鍛え上げることも可能なんです。ましてや、有酸素能力のところでも説明しましたが、最大酸素摂取量を高め、ランニングの効率を高め、かなりの率で進化させることが可能なんです。では、正しく頑張ることで誰でも2時間05分でマラソンを走れるか…、は難しいかもしれません。しかし、正しいタイミングで正しいトレーニングをしっかり行うことで、2時間20分で走れるようになれる人は、おそらく思っているよりも多くの人が可能なのではないか、と思います。リディアードの「オリジナル・ジョガー」達が、たった8ヶ月でフルマラソン4時間前後で走っていたという事実を見ても、「持久能力」の発達というものは、かなりの進化が期待できる要素だと思います。昔から「短距離選手は生まれる、長距離選手は作られる」と言われていますが、もちろんそうハッキリと言い切れたものでもありま

せんが（短距離もかなりの努力が必要とされますし、長距離もある程度の「素質」が左右します）、長距離、マラソンにおける「努力の影響力」というものは、他の「素質」と比べて大きいと考えても良いと思います。

　しかしそれにしても、みんながみんな、全員が同じレベルからスタートするものでもありません。生まれつき有酸素能力が高い、という人も確かにいるのです。生まれつき有酸素能力が高い人であれば、それほど努力しなくてもその素質を垣間見ることができると思います。小学校での校内マラソン大会でいつも上位に入ってくる子供などはその良い例ではないでしょうか。当時、運動生理学が右も左もわからなかった時代、生まれつきこの有酸素能力が高い人が、バリバリのインターバル練習で良い成績を出したとしても何の不思議もありません。例えばバニスター選手の場合がそうだったのではないでしょうか。実は面白い視点だと思うのですが、バニスターが史上初めて1マイルで4分を切った時、彼と時を同じくして人類初のサブ4分を目指していたランナーがオーストラリアにいました。ジョン・ランディー選手です。彼はバニスターが3分59秒4で走ったわずか数週間後に3分57秒9で世界記録を塗り替えています。ランディーは、Chapter2（温故知新）で説明したオーストラリアのパーシー・セラティに指導を受け、当時の中距離ランナーとしてはかなりの走行距離を踏んでいました。この史上二人だけのサブ4マイラーが、その年のバンクーバー英連邦大会の1マイルで対決します。結果はバニスターのラストスパートが優って彼が優勝、ランディーは2位でした。しかし面白いのは、この時の白黒の映像を見ると、バニスターがゴール後役員達の腕の中に倒れ込んで息も絶え絶えなのに比べ、負けたランディーは平気な顔で歩き回っているのです。この一場面だけを見て「証明になる」とまでは言い切りませんが、インターバル専門のバニスターは、レースでの成績は良いものを残したものの、絶えずギリギリの線のところでレースをしていた、と憶測することができるのではないでしょうか。近年、オリンピックの1,500mの歴史をまとめたドキュメンタリーがイギリスのBBCから出たのですが、その中で、東京オリンピックの1,500mで「楽勝」したスネルが「私の勝利の原動力は、スピードではなく、持っているスピードを、レースの最後の最後で全速力で走れることが出来るだけのスタミナを、走り込みによって築き上げてあったことだ。だから、例えばバニスターのようにゴール後ぶっ倒れるようなことはなかったんだ」と言っています。実はこれが、「有酸素の土台が確立していなくても、無酸素トレーニングを繰り返すことで無酸素能力は最大限に高めることが出来る」ということなのです。

ラストスパートはスピードがあるから、それともスタミナのおかげ？

　よく 800m や 1,500m の中距離のレースで、ラストで物凄いスピードで他の選手を抜き去って颯爽とゴールするランナーを見ることがあります。1964年東京五輪の 1,500m でのスネル選手のラスト 200m などその典型でしょう。あるいは 1972 年ミュンヘン五輪 800m のデイブ・ウォットル選手、2004年アテネ五輪 800m のユーリ・ボザカウスキー選手…。そのラストスパートだけを見ていると、物凄いスピードだな、と思ってしまいます。しかし、この様な場合、恐らく 10 回中 8 回は、そのランナーが「速い」のではなく、他の選手が「遅くなっている」のです。ほとんどの 800m レースの場合、最初の 600m で先頭争いをしているランナー達が、ラストの 200m になって目一杯「無酸素状態」になってしまい、英語の言い回しでいうところの「クマが背中に飛びついて、そいつを引きずりながら走っている」状態になっているからです。そんなランナーを横目に、ウォットル選手やボザカウスキー選手は、イーブン・ペースをキープしたことで、一気に抜き去る姿が、あたかも「ぐんぐんスピード・アップしている」様に見えるんです。ディック・ブラウン博士は、「ラストの 200m でどれだけ『無酸素でなく』いられるかでラスト・スパートが決まる」とさえ言っていました。ローマ五輪、あるいは東京五輪でのスネル選手の勇姿を見られた方は覚えていると思いますが、彼のラストスパートは、当時のアサヒグラフをして「忍者走法」とさえ呼んだほどで、最後になってスルスルと前に出て来て他の選手を寄せ付けない、という圧倒的な強さがありました。しかし、この両オリンピックの 800m の決勝で、「ランナーの 200m の純粋な『スピード』」を比較した場合、スネルは「一番スピードがない」選手だったのです。それでいてあの爆発的なスパートが出せたのは、その持てるスピードを全開にすることが出来るだけの有酸素のスタミナの土台があったからなのです。

　よく、特にアメリカではよくあるケースなんですが、「800m はスプリントの延長」というカッコいいセリフが流行って、400m の延長としてスピード中心の練習をする若者がたくさんいました（今でも「います」）。確かに800m のスピード化ということはあるのですが、生理学的に見た時、それは有酸素能力の高さを反映していることであって、もっともっと速くなるためのトレーニングをしたことによるものではありません。アメリカでは男子も女子も、そこそこの 800m ランナーが常にひしめいていますが、一発勝負

のレースではある程度のタイムをたたき出すものの、世界大会となると全く
ダメ、というパターンをよく見かけます。オレゴンのニック・シモンズも
その一人でした。2007年、大阪世界選手権に出場したものの、準決勝進出
が精一杯でした。オリンピックや世界選手権では、大抵の場合一次、二次予
選、準決勝を経て決勝、というパターンになります。このように何レースも
立て続けに走らなければならない状況では（ジャジャーン！　ドラムお願い
します！）スタミナが必要不可欠な要素となるのです。1960年ローマ五輪
で、参加人数が予定より多くなったため、委員会が急遽第二次予選を加えて、
選手達は4レースを走らなければならないようになりました。「今回のオリ
ンピック800mはスタミナの勝負になる。『マラソン・コンディショニング』
で準備して来たお前と、結構走り込んでいるロジャー・ムエンス（当時の世
界記録保持者）にもってこいの展開だ！」と、リディアードはピーター・ス
ネルに宣言しました。さて、大阪の準決勝でヘロヘロになってしまったシモ
ンズは、「世界大会で戦えるようになるためにはスタミナを養わなければなら
ない」と、15マイル（25キロ）走をトレーニング・プログラムに加えたと
言います。続く2009年、ベルリン世界選手権では、シモンズは見事銅メダ
ルを獲得しています。

その1mlを絞り出そう…とするとシワ寄せが

　「10で天才、15で神童、二十歳（はたち）過ぎればただの人」という言
葉を聞いたことがありませんか？　スポーツの世界ではよくあることですが、
特に陸上の中長距離に関しては、次のようなシナリオが考えられます。生ま
れつきの素質もさることながら、ご存知のように、最大酸素摂取量は、「体重
1キログラムにつき1分間に活用される酸素の量（ml）」として示されます。
つまり、同じ量の酸素が活用されている場合、体重が少ない方が最大酸素摂
取量は多くなるんです。（＊もちろん、筋力が少ない、ということが体重が少
ない、ということを指しているとすれば「脚力がない」ということが原因の
可能性もあり、それでは速く走れない、ということになり、「減量＝スピード
アップ」と短絡的にも結論付けできないのですが。）私たちの身体は、身体が
成長するより早く心肺機能が育ちます。ですからちょうど思春期の前、男子
で12～15歳頃、女子で11～14歳頃に、体重1キロに対して非常に高い
酸素摂取量を示すことがあります。よくロードレースなどで、10代前半の「子
供」が、大人を押し分けて颯爽とゴールする風景を目にしたことがありませ
んか？　これは身体の、各場所による発育速度の違い、ということを考える

と、納得いくことなのです。これで変に彼／彼女が「素質」として、一般以上に高い酸素摂取量を持っていたらどうでしょうか？　「この子の将来はオリンピック表彰台か！？」と思ってしまう大人も多いかと思います（特にそんな少年少女の親は！）。ところが、これで思春期を迎え、まさに「朝起きたら身長が５センチ伸びていた！」なんてことになったらどうでしょうか？　もちろん体重も一気に増えます。そうすると単純計算で酸素摂取量もガクッと減少します。今まで両親や近所の大人たちが「次のオリンピックは…」などとチヤホヤして来たのが、突然速く走れなくなってしまいます。「速く走れなくなった」時、真っ先にその対策として皆が行うことは何でしょうか？　そう、「スピード練習」ですね！　無酸素トレーニングです。それでなくても体重増加で自然と減少してしまった有酸素能力を、もっと下げることになりかねません。本来であれば、もっとユックリ長く走ることで、以前の「自然な」有酸素能力まで高めてやる必要があるのです。この、生理学に反した間違った考え方で、闇雲に体重さえ減らせば元のスピードが戻る、などと錯覚してしまったことで、何人の将来ある 20 歳前後の若いランナーたちが拒食症などの心の病気になってしまい、シューズをしまってランニングそのものをギブアップしてしまったことでしょうか…。

　小学校の運動会や、中学校の陸上競技大会に行って、誰が速いか、誰が「素質」を持っているかを見極めるのは簡単です。表彰式に出て、トップの３人を選べば良いのですから！　「生まれつき速い選手を速くしても何の意味も無い」とリディアードはよく言っていました。「遅い選手を速くしてこその『コーチング』なんだ」と。むしろ、「速い」という素質を垣間見させている子供達を、いかに潰すことなく育てていくか。そこには、「やる気」を育てる、ということも含めて、指導力が問われます。スポーツの選択がよりどりみどりの先進国のランニング指導者には、ケニヤやエチオピアの様に、卵を十把一絡げにして、壁にぶち当てて、何個壊れずに済むか、などというアプローチを取れるほど悠長なことはできません。「素質の片鱗」を垣間見させた子供がいたら、それをいかに潰すことなく、しかも「やる気」を継続させながら「育て」て行くか、それがもっとも重要なコーチングではないでしょうか。リディアードは常に言っていました。「本当の『素質』というものは、理に適った、そしてシステム立ったトレーニングを数年間継続して初めてわかってくるものだ」と。

アフリカ人ランナーも基礎造りを忘らない

　さて、1960 年ローマ・オリンピック最終日、男子マラソンが行われました。両脇に松明が掲げられたゴールのコンスタンチン凱旋門に真っ先に帰って来たのは、当時全く無名で、しかも前代未聞の「裸足」で 42 キロを走り切ったエチオピアからやって来た軍人、そう日本ではいまだに知る人ぞ知る「裸足の王者」アベベ・ビキラです。東アフリカからのランナーとして、オリンピック史上初めての金メダルでした。そして、これが近年のケニヤ、エチオピアの「高地民族」ランナーの大活躍のエピローグでした。1968 年、メキシコ・オリンピックでは、「非人道的」とさえ言われた海抜 2,000m でのオリンピックで、希薄な空気抵抗のため、短距離、跳躍では新記録が続出、しかしながら中長距離では平地で生まれ育った白人ランナー達が悪戦苦闘、逆に東アフリカの「高地民族」達が大活躍しました。それ以来、世界中のスポーツ生理学者達が、高地民族ランナーの「強さの秘密」を探ろうと試みて来ました。貧困な生活から逃れるための近道として賞金レースで稼ぐことが唯一の貧困からの脱出策であること、子供の頃から裸足で土の野山を駆け巡っている事実、果ては「ふくらはぎが細い」ということ（本当ですよ！）まで、色々な理由が混じり合って「パーフェクト・ストーム」となっている、ということもあると思うのですが、ほとんどの専門家が：（1）酸素が希薄な高地で生まれ育ったことで、酸素の吸収、活用能力が秀でているということ、そして（2）車社会に縁がなく、子供の頃から家から学校までを走って行き来しているという事実、この二つには同意するのではないか、と思います。

　リディアードは、「ケニヤやエチオピアのランナー達は、私が人為的に行って来た『有酸素能力発達のための走り込み』（あっ、この章のタイトルそのものですねぇ！）を、知らず知らずのうちに何年も行っているんだ」と言っていました。日本人にはちょっと知名度が低いかもしれませんが、1970 年後半に大活躍したケニヤのヘンリー・ロノというランナーを知っているでしょうか。1978 年、わずか 81 日の間に、3,000m、3,000m 障害、5,000m と 10,000m で世界

ワシントン州の峡谷を走るヘンリー・ロノ。
Photo：Getty Images

記録を樹立、5,000mではその3年後、自己の持つ世界記録をもう一度塗り替えました。同78年のエドモントン英連邦大会では、3,000m障害と5,000mで金メダル、並み居る世界の強豪をあざ笑うかのごとくペースを上げ下げして、気が向いた時にスパートして圧倒的な強さで優勝しました。その後満を持したモスクワ五輪はボイコットのため不参加、失意のランナーとなってアルコール依存症となり競技の世界から遠ざかって行ってしまいました。彼の2度目の5,000mの世界記録樹立までのトレーニングを見たことがあるのですが（残念ながらその記事のコピーが見つかりませんでした）、とにかくインターバルをガンガン行い、何度もレースに出ながら調子を上げて行く、というアプローチです。しかし（そして、この「しかし」が非常に重要なところなんですが）、後で知ったことなんですが、この様なパターンの練習に入るまでの「下準備」がちゃんとあったんです。彼がランナーとして台頭したのは、1976年秋、アメリカのワシントン州立大学に来てからでした。ワシントン州の東のはずれにあるプルマン市は小さな大学街ですが、スネイク・リバーの川沿いに起伏に富んだ麦畑が続いています。実は、ロノ選手をはじめWSU（「ワズー」＝ Washington State University）にスポーツ留学して来たケニヤのランナー達は（ロノの前の10,000mの世界記録保持者、サムソン・キモンブワ選手もWSUの学生でした）この様なインターバル・ガンガンの練習メニューが始まる前、約3ヶ月かけてこのスネーク・リバー沿いを週に5日間、朝15キロ、夕方15キロ、そして6日目の週末は30キロ1本を来る日も来る日も走り続けます（ケニヤ選手のほとんどが週に1日は休息日を設けています。1年間に52日も練習をサボっていながら世界チャンピオンになってしまうんですからシャレになりませんね…！笑）。私達は、とかく「インターバル・ガンガン」の「セクシー」なトレーニングの部分にしか目が行きません。しかし、その様な「それ行けガンガン」練習は、「泥臭い」下ごしらえがあって初めてサポートされるのです。

1997年に出版された本で「Train Hard, Win Easy」（ハードな練習をして、楽に勝て）といういかにも日本人が好みそうな名前の本（笑）ですが、アイスランド出身（現在ニューヨーク在住）のトビー・タンサーが書いた本で、ロノをはじめケニヤ出身の多くのオリンピック・メダリスト、世界記録保持者のプロフィールとトレーニングが出ています。ここで紹介した二人を含め、非常にリディアードの影響が強く見られる、とトビーに言ったところで、彼の答えは：「ケニヤ人ランナーの指導は、イギリスをはじめヨーロッパの指導者が1960年代にケニヤに渡って始めたものだ。当時の主流トレーニングは

『リディアード』だった。それで良い結果が出たんだから変える必要はない。だから『リディアード』が根付いたんだ」と。この図式は、故中村清監督からトレーニング・パターンが日本中の指導者に広がったのとよく似ていると思います。

「距離の数字」ではなく、目的を達成したかどうか

　私が1980年に渡米した前年、1979年、イギリスのセバスチャン・コーが、わずか41日の間に800m、1マイル、1,500mの3種目で世界記録を更新しました。翌1980年のモスクワ五輪では得意種目の800mでは金メダルを逃したものの、1,500mで見事金メダル、この種目では続くロス五輪でも金メダルを獲得、史上初めての1,500mの連続チャンピオンとなりました。当然アメリカをはじめとする各種ランニング雑誌は彼の「秘密」で溢れていました。興味深いことは、彼と彼のコーチを務めていた彼の父親のピーター・コーは、独自の、今となっては良く耳にする言葉ですが、「スピード持久力」というトレーニング法を編み出しました。端的にいえば、速いペースをいかに長く維持するか、という、ハッキリいって「無酸素」バリバリのトレーニング法です。当然走行距離も短く、せいぜい週に50〜80キロといったところ…だと噂されていました。ちょうどリディアードに手紙を出す直前のことでした。私にとっては人生の分岐点だった、といっても過言ではないでしょう。そして、私が結局リディアードに傾いたのは、それが「メイク・センス」、つまり「理に適っていたから」です。

　数年前に亡くなられたディブ・マーティンという運動生理学者がいました。彼はピーター・コーと個人的に交流があり、日本でも訳されている「中長距離ランナーの科学的トレーニング」（大修館書店：2001年）をコー氏と一緒に著書しています。マーティン博士曰く：「セブ・コーのトレーニングほど『リディアードの影響』を反映しているトレーニングはない！」と言い切っていました。「まず第一に、週に80キロなんて、煙に巻いていただけだ。シーズン・オフには120〜150キロは走っていた。そして、100マイルなんて単なる数字にしか過ぎない。重要なポイントはキチンと有酸素能力を高めるためのトレーニングをしていたかどうか、だ」。実はこれが、私たちがあえて「マラソン・コンディショニング」と呼ばない理由、週に160キロという数字を強調したくない理由でもあるのです。要は、有酸素能力を高めることが出来たかどうか。それさえ出来ていれば、週に60キロであろうが160キロであ

ろうが、260 キロであろうが、速く走っていようがユックリ走っていようが、一切問題ないんです。意識的にか無意識的にか、ケニヤやエチオピアのランナー達も有酸素能力を高めています。LT 近くのペースで週に 100 キロ走ってそれが達成できればそれで良いんです。ユックリジョグで週に 200 キロ以上走ることでそれが達成できるのであればそれでも良いんです。覚えていますか？　前の章でも紹介した：「疲労を残すことなく、体力を蓄積していくことができる最適の距離」がこれなんです。リディアードは、あえて特にハッキリしたペースを指定していませんでしたが、問題は、本来有酸素であるべき走り込みを速く走り過ぎてしまうことで無酸素（ハーハーゼイゼイ）になってしまうことです。有酸素の範囲内であれば、多少ペースが速かろうが、ユックリじっくり「高岡寿成流」で距離を稼ごうが、行き着く頂点は同じなんです。ちなみに、興味深い事実は、1980 年のモスクワ五輪で、コーとメダルを分かち合った（800m で金、1,500m では銅メダル）同じくイギリスのスティーブ・オベット選手は、コーの「週 80 キロ」と比べて何と、週に 250 キロも走っていたと言います。行き着く頂点は同じなんです。

バウアーマンからの教訓

　私が初めてビル・バウアーマンと会ったのは 1986 年の夏でした。何度電話しても「今食事中だから後で電話し直してくれ」、「明日のスケジュールはわからないから明日また電話してくれ」、「急用ができたから場所を変えてくれ」…。素直なのか、単にバカだったのか、連絡を取り続け、彼の教え子のオリンピック・ランナーでもあるウエイド・ベル氏のオフィスで会うことになりました。ユージーンのナイキのストアで落ち合い、彼のヴァンに乗せてもらってベル氏のオフィスに向かいます。この前日、オレゴン大学のブックストアで購入した「Bowerman System」という本を一夜漬けで読み、一応「宿題」はして来たつもりです。その中に、当時の注目ランナーとして、3,000m 障害のアメリカチャンピオン、ヘンリー・マーシュ選手のトレーニングが出ていました。彼は週走行距離が 50 キロ、最長のロングランが 15 キロという「ロー・マイレージ」のランナーです。「あなたはリディアードの流れを汲んでいるにも関わらず、何故マーシュ選手の走行距離はこんなに少ないんですか？」バウアーマンの答えは、未だ、もっとも重要な人生のレッスンの一つとして心に残っています。「それ以上走ったら故障してしまうんだ…」。また頭を金槌で殴られました。これも「疲労を残すことなく（故障することなく）、体力を蓄積していくことができる最適の距離」という原点を見事に表しています。

さて、この様に根気よく築き上げた「有酸素」フィットネスですが、よく「1日練習をサボったら、取り戻すのに2日かかる」ということを聞いたことがありませんか？ちょっと脅迫じみてますよねぇ！ もちろん毎日走ることが出来ればそれに越したことないのですが、リディアードが最後に来日した1991年、小松さんが「最低限の練

1986年、初めてビル・バウアーマンと会う

習はどれくらいか？」と聞いています。それに対して、しぶしぶではあるものの「リサーチでは、最低でも週に3日、15分練習することが出来れば『現状維持』することが出来る」と言っています。これもまちまちではあるのですが、有酸素フィットネス、つまり毛細血管の発達とかミトコンドリアの発達などは、「鍛え上げるのに結構時間と労力がかかるが、一旦発達させると案外簡単に『現状維持』をすることが可能だし、何らかの理由でトレーニングが中断された場合でも、最初よりもより簡単に復活させることが出来る」とも言われています。これはどういうことかというと、私は運動筋肉内での毛細血管の発達というものを「トンネル貫通作業」と比喩しています。トンネルは、貫通させるのにかなりの時間と労力を必要とします。しかし、もし何らかの理由で使われなくなった場合、雑草が生えて、電気などもダメになって、いざもう一度開通、となると、多少の時間が必要ではあるものの、ゼロから貫通させるほどではありません。それと同じ、昔取った杵柄で、かなり短期間で元に戻すことが出来るものです。中断せざるを得なかった時の自分のレベルに飛びつくのではなく、「最初の第一歩」と同じ様に、今現在の自分のレベルに合った練習をすることで、思っている以上に早くカムバックさせることが出来るのです。

糖分を使い切ろうとしている時糖分を補給し続けていたら…

一つ、ロングランを行うにあたって注意していただきたいことがあります。昨今のコマーシャリズムに乗せられてロングランを行う時、途中で「エナジー・ジェル」や「エナジー・ドリンク」を取る人が非常に多くいるようです。サイクリング用のシャツと同じように、このような「一口エナジー・ジェル」を入れられるようなポケット付きのランニング・シャツやランパンさえ出回っています。ウチの奥さんは、ローカルのトレーニング・グループと一

緒に週末（土曜日）ロングランを行いますが、走りに行く前、バナナを半分くらい食べてから行きます。「これを食べないと、走り出してから20〜30分すると空腹感を覚えるのよねぇ…」と。「ちょうどその頃に、他のみんなは最初のエナジー・ジェルを取るの」とも。それを自覚したのはまだ立派なことなんですが（笑）。私たちの身体は、運動を初めてすぐには、まず炭水化物、糖分をエネルギー源とします。炭水化物は素早く燃やすことができるので、真っ先に使われるのです。それがちょうど20〜30分ほどすると（長期戦になる、という認識のもとに）徐々に脂肪酸を燃やすようになります。この両者の割合がちょうど入れ替わるのが運動開始後20〜30分なんです。

　私たちの身体には、約1,500キロカロリー分の炭水化物が蓄えられています。この炭水化物を燃やし続けながら走り続けると、大体1時間半から1時間45分あたり（エリート・ランナーにして35キロあたり）で「ガス欠」に陥ります。いわゆる「壁にぶつかる」という現象です。かたや、私たちの身体には7,000キロカロリー分ほどの脂肪が蓄えられています。これは、効率良く使うことができるのであれば、マラソンを20回分くらい走っても足りるだけのエネルギーなんです！　しかし、脂肪は燃やすのに時間がかかり、余分の酸素を必要とします。一般的に単純に考えた場合、マラソンの後半になって、糖分燃焼から脂肪燃焼に切り替えることに慣れていないと「壁にぶつかる」と考えていただいていいかと思います。ロングランを行う重要なポイントの一つとして、より脂肪を燃やしやすい身体を作る、ということがあります。

　皆さんは、実業団のエリート・ランナー達が、昆明やボルダーといったいわゆる「高地」で合宿をすることをご存知だと思います。大体標高が1,500mから2,000mの高地に行って走り込みをするんですが、ではなぜ高地で走り込むと効果があるか知っていますか？　標高が2,000mくらいになると、空気中に含まれている酸素の含有量が3/4くらいしかありません。これまでの「有酸素」の話で、運動をするためには酸素が必要だ、ということはよぉく理解していただいていると思います。それが故意に酸素が少ない環境で走ろうとするんです！　身体はビックリして、より効率よく酸素を吸収、運搬、活用できるように進化した身体に作り変えようとします。つまり、ケニヤやエチオピア人のような身体にしようとするわけです！　身体を、酸素が少ない状況に置くことで、より効率よく酸素を使える身体に進化する。当然のことですよね！「そんなの今になって説明してもらわなくても常識じゃん！」と

思われた方、ではロングランを行って、身体がより効率良く脂肪を燃やせるような身体に進化しようとしている最中に、もっと糖分を補給していたらどうなるでしょう？　まるで酸素ボンベを持って高地トレーニング合宿に行くようなものなんです！　そんな「アホらしい！」と思う常識が、エナジー・ジェル／ドリンクに関しては、広告と製品のプロモーションによって見えなくなっているのが現状なんです。もちろん実際のレースでは、パフォーマンスの助けになることであれば、競技のルールの範囲内でドンドン使ってください！　エナジー・ジェルに関しては、あなた自身の消化器官との相性を見るためにも、トレーニング・プログラムの後半、コーディネーションの部分の部分の「ドレス・リハーサル」の時にトライしてみると良いでしょう。

　本気でトップを目指すエリートランナーや、熱血高校生ランナーの場合、毎日のランに加えて、出来る限りの有酸素ジョグをすると良いでしょう。リディアードは、その著書の中で:「もし時間が許すならば──そして、もしチャンピオンになるつもりがあるならば、きっと時間を探すだろう──メインのトレーニング以外に出来るだけ多くの補助として有酸素ジョグを行うと良いだろう」と言っています。この「第2のラン」は、有酸素ランのバルクを増やす、という意味ももちろんですが、疲労回復のためのジョグでもあります。リディアードは、ゆっくりペースの「ジョギング」は、筋肉を動かすことでマッサージの役目も果たし、身体中に酸素と栄養素も送り出すというプラス・アルファの効果があるので、単に「完全休養」よりも良いと強く奨励しています。私は、高校生のランナーには、たとえ毎日走らなくとも週のうち数日は朝一にジョグに行くことを強くお勧めします。これは、今後の長いランナー人生において「ランニングを習慣づけること」に非常に役立ちますし、また、もしその日何か急用ができてしまって本練習ができなくなっても、それでもその日少なくともシューズに足を通して走った、という充実感を持つことができます。この様に、有酸素ランを習慣づけることで、自分のフィットネスとそれに対する自信が生まれてくるのです。

　やはりリディアードが「基礎となる土台として、最も重要な部分」と言っただけあって、この章が一番長くなってしまいました。リディアードは、彼の著書で「マラソン・コンディショニング」の章の最後にこの様に締めくくっています。「…トラックで速く走りたかったら、まずロードでユックリ走ることから始めると良い…。」「そして、もしチャンピオンになる意志があるのであれば、時間と体力が許す限りの有酸素ランかジョグを行うが良い」と。も

ちろんこの部分は、日本の指導者達が強く引き継ぎ、「マラソン日本」の基礎を築き上げました。故中村清監督、故小出義雄監督、また昨今の中国電力の坂口泰監督、第一生命の山下佐知子監督、GMO アスリーツの花田勝彦監督、そして青山学院大学の原晋監督、住友電工の渡辺康幸監督らに受け継がれています。しかし、この「有酸素能力発達の走り込み」という部分があまりにも強烈に印象付けてしまい、その他の部分がピンボケになっている気がしないでもないです。「リディアード法トレーニング」はもっともっと奥が深いので、続けてページをめくっていってください！

　この期間中のスケジュールとしては、（１）週に２〜３本のロング有酸素ランを中心として、その間に（２）短めの LT ランかファルトレク、（３）疲労回復のためのジョグ、で埋めて行くと良いでしょう。最低でも週に３回くらいはランが出来れば嬉しいのですが、週末しか走れないという人であれば、無理にきつい練習ばかりをするのではなく、２週間パターンに切り替えて、週末ランを長くユックリ走と短く速く走を交互にしながらもう１日にはジョグ、ファルトレク、ドリル等の脚作り運動に、とすると良いかもしれません。

　ここには、「リディアード・ランナー」で使われている週に７日、６日、５日、そして４日走る場合、どの様な流れで週のプランを組むかが示されています。それぞれの練習の長さ、ペース等は各自のレベルによって異なります。

	週７日	週６日	週５日	週４日
日曜日	有酸素ロング・ラン (1)	有酸素ロング・ラン (1)	有酸素ロング・ラン (1)	有酸素ロング・ラン (1)
月曜日	短い有酸素ラン (6)	ジョグ (6)	休み	休み
火曜日	有酸素ラン (3)	有酸素ラン (3)	ファルトレク (4)	ジョグ (4)
水曜日	ファルトレク (5)	ファルトレク (5)	有酸素ラン (3)	有酸素ラン (3)
木曜日	有酸素ラン (4)	有酸素ラン (4)	ジョグ (5)	休み
金曜日	ジョグ (7)	休み	休み	休み
土曜日	アウト&バック (2)	アウト&バック (2)	アウト&バック (2)	アウト&バック (2)

＊「アウト＆バック」とは、私たちが使う用語で「テンポ走」の意味。アウトとバックの部分がほぼ同じペースで走る様に、という意味からこの名前をつけた。
＊＊各トレーニングの横についている数字は「重要度値」で、もし練習が出来なくなった場合、一番重要でない練習、つまりこの重要度値が一番低い（数字の高い）練習を外す様にする。

Chapter 8

サナギからチョウへの脱皮

第2ブロック＝ヒル・トレーニング

目的

　今までわざと無視して来た「スピード」を目指した次のブロック（インターバル）の下準備。自分の体重を利用した抵抗負荷トレーニングと同時に、脚の可動域を高め正しいフォームを身につける。

期間

　4〜6週間で週2〜3回のヒル・トレーニングがベスト。最低でも2週間、合計2〜4回は欲しいところ。

注意すべきポイント

　これは特別な意図を持ったエクセサイズ。ただ単に速く走る「スピード練習」とは異なるので、決して速く坂を駆け上がろうとはしないこと。脚にかなりの負担をかけるので、慣れていない場合は徐々に総時間を増していくようにする。

　1970年代に行われたリサーチで、長距離の、いわゆる「走り込み」の前と後で瞬発力を比較したものがあります。特別な練習を何もしなくても、走り込みを「やめる」ことで、垂直跳びが良くなった、という結果が見られました。つまり、長くユックリ走り込みをすることで筋肉が萎縮し、パワーも衰えた、と考えられます。残念ながら、これが「長く走り過ぎるとスピードを殺してしまう」という短絡的な考え方へと導き、若いランナー達の間での「ロングラン離れ」となり、アメリカの1990年代の中・長距離のレベルの停滞の一因となりました。

長くユックリ走ることは、有酸素能力を高めるという意味で、2分以上継続するイベントにおいては避けては通れない必要不可欠な要素です。しかし、これはあくまで「土台を築く」という一要素でしかありません。レースで良い結果を出そうと思うのであれば、「レース仕様の練習」をする必要があります。速く走ることが目的であれば、それなりのスピードで練習することが必要となります。週に100マイル走るというコンディショニングばかりに目が行ってしまっている人は、このポイントが見えていません。実はここからこそが、レースを目指しての本格的練習となるのです。

　リディアードは、常に「ヒル・トレーニングほどランナーに恩恵を与えてくれるトレーニングはないだろう」と言っていました。そんなヒル・トレーニングを上手くプログラムに取り入れることで、今まで培って来た大きな「エンジン」に、もう一つ、ターボチャージャーを備え付けることが出来るのです。基礎作りがシッカリできている人は、より多くのレース仕様の練習ができる下地ができているはずです。しかし、今までユックリ走ることに慣れてしまっている身体で突然速く走ろうと頑張ってしまうと故障の原因となります。それに、まだまだ速く走ることすらままなりません。そこで、これから2〜6週間かけて（2週間で脚慣らし、4〜6週間で強化訓練、と考えてください）「脚筋力」と「脚可動範囲」を高めるために、ランニングを基にしたプライオメトリックス練習を行います。ランニングにもっとも効果的なプライオメトリックス運動がヒル・トレーニングです。しかも、走り続ける中で行う、ということで、有酸素的な要素も維持することができます。

　リディアードは、「スピード養成」という意味で、3つの練習を奨励しています。

1. スティープ・ヒル・ランニング（バウンス）
2. ヒル・バウンディング
3. ヒル・スプリンギング

　特に二つ目の「バウンディング」は、リディアードの専売特許（？）の練習で、見てくれも絵にもなるし、彼が好んで話していた練習ですが、脚にかける負担が非常に大きく、このようなトレーニングに慣れていない一般市民ランナーの方が突然トライすると故障を招きかねません。ですから、（2）と（3）も順を追って詳しく説明をしますが、敢えてここではまず「走り込み」

から「インターバル」への準備の架け橋としてのヒル・トレーニングとして、私自身が「クラシック・リディアード・ヒル・トレーニング」とさえ呼んでいる「スティープ・ヒル・ランニング」を中心に説明したいと思います。

　ところで、この3種類のヒル・トレーニングの呼び名なんですが、実はこの功労者は小松美冬さんなんです。リディアード本人は、各種ヒル・トレーニングを行っており、別にそれぞれの特別な「呼び名」なんて大して気にしていなかったんです。それが1991年の日本でのクリニックの際「3種類のエクセサイズをする」と言われた小松さん、「じゃあそれぞれの呼び名は？」と、かなりしつこくリディアードに迫りました。その時の様子を録音したテープ（レトロさを醸し出していますが…）を小松さんから頂いたんですが、短気で有名だったリディアードの様子が目に浮かぶようで、初めは「ヒル・バウンディング、ヒル・スプリンギング、そしてバウンシングだ」といっていたのが、後になって「バウンシング」が「スティープ・ヒル・ランニング」になっていました。おそらく「バウンディング」と取り間違えられかねないので名前を変えたのではないかと思うのですが、この単純に「スティープ・ヒル・ランニング」と呼ぶには、その名前からは把握しきれない「バウンス」の要素があるんです。これもキチッと教えてくれたのはレイ・パケットでした。特に彼はマラソン選手だったので、長めの坂を使って、一歩一歩プッシュして、わずか30〜50センチ程度の歩幅で、膝を高く上げながら走ります。方や、スネルは800mランナーだったので、彼はむしろリディアードの好きな本来の「バウンディング」のように「プッシュ」の部分が強調されて、歩幅を伸ばすように（リディアードをして「鹿がフェンスを飛び越えるように」と説く）ピョーン、ピョーン、と登って行きます。もちろん、トライしていただくとすぐにわかりますが、このフォームで800mなんて絶対出来っこありません！　その場合、例えば100mバウンディングして、次の100mをジョグする…、あるいは次の100mを「スティープ・ヒル・ランニング」する…。そんなやり方をしていました。

　1964年の東京オリンピックの男子1,500mで銅メダルを獲得したジョン・デイビースは、ローマ五輪でのリディアードのランナー達の活躍を目の当たりにして、自分も、と思い立ってオークランドに引っ越して「リディアード門下」の扉を叩いた「転校生」でした。ヒル・トレーニングが始まった時、リディアードは「他のランナーと一緒にトレーニングして、どのようにするのか学ぶと良い」と言いました。最初の日はスネルと、次の日はビル・ベイ

リーと、３日目にはジェフ・ジュリアンと…。全員が「ただ単に駆け上がる」のではなく、「ピョンピョン」の要素（プライオ効果）があるものの、それぞれが自分独自のアレンジを交えて少しずつ違ったヒル・トレーニングをしていたそうです（笑）。リディアードが位置付けけしていたヒル・トレーニングは、今までワザと無視して来た「速く走るため」の要素、脚力と脚の関節の可動域を向上させ、少しずつ「無酸素」運動に慣れる準備をするブロックです。要は、これらをカバーすることができるのであれば、多少やり方が違っていても良いんです！　ただし、注意すべきポイントとしては（１）正しい姿勢を保ちながら、左右に横ブレする動きにならないように、そして（２）まだこの段階では速く走ろうとしないこと。この二つです。

　さて、練習をするにあたって（１）今、自分には何があるか、（２）何が欠けているか、そして（３）何が必要か、の３つを常に考える必要があります。走り込みを終えた現段階で、（１）スタミナと有酸素能力はピークになっていますが、（２）まだまだスピードが全くタッチされていません。そして、それは脚筋力と可動域が劣っているからです。そして、次のブロックでのインターバルをするために（３）スピードが出せる身体にしていく必要があります。ここで多くの人が犯す間違いは、「さぁ、スピード！」と思って、一気に上り坂を速く走って駆けあがろうとしてしまうことです。まだ速く走れない段階で速く走ろうと頑張ってもガッカリするだけです。これはまだ「速く走るための準備」です。そのためには、力強く「プッシュ」する能力と、シッカリと膝をあげることを身につける必要があります。オリジナルの「Run to the Top」の中で、リディアードはこう注意しています：

　「ただ漠然と丘を走り上がっている者は、これはありがちなことだが、その好影響を失ってしまう。これはレース（＝どれだけ速く走れるか競争して一気に駆け上がることの意味）やランニング（ハッキリした意図を持たずただ普通の走ることの意味）でなくて、非常に必要な訓練である…。」(p61)

　「この段階で、あまりに多くのスピード・ランニングを行うことは敏捷性の練習の段階を単に早めるだけにすぎない。これは望ましくないので、わざと制限する…。」(同 p61)

　この様に、決して速さを競ってどれだけ坂を速く走れるかを試す練習ではないばかりか、むしろそうすることでピーキングのタイミングを台無しにし

かねない危険もあるのです。ですから、特別な意図を持った練習であるということを頭に叩き込んでおいてください。

スティープ・ヒル・ランニング（バウンス）

イメージとしては、上り坂を、短距離ドリルの「モモ上げ走」をする感じで、一歩一歩力強く、地面をグリップする感じで、ユックリとした前進速度で駆け上がっていきます。福島大学の川本（和久）先生の「ポン・ピュン・ラン」のドリルの中の「ポン」と「ピュン」を意識した練習を上り坂で行う、と思ってください。スタートして最初の50mくらいは「こんな簡単なので良いの？」と思うかもしれません。なかなかどうして、200〜400mの坂を使って、スピードはユックリでも後半はシッカリ「無酸素」状態を体験できます！ これも、次のブロックの無酸素トレーニング（＝インターバル）の準備となりますが、この段階で坂を速く走り過ぎてしまうと無酸素状態になり過ぎて、ヒル・トレーニングを45分できたところが、筋肉の酸性状態が早く来過ぎて、20分で終えざるを得ない状態になってしまうかもしれません。「きつい練習が出来たからまぁ良いや」と自己満足になってしまうかもしれませんが、これはあくまでプライオメトリックス練習です。ヘドを吐くまでキツイ追い込んだ練習を20分行うよりも、シッカリと脚に負担をかける練習を45分できた方がより効果的なんです。

よほどの経験者でないかぎり、本家本元の「リディアード・ヒル・サーキット」として上り―ジョグ―下りを速く―ウィンドスプリントを数本、というループではなく、上りを「スティープ・ヒル・ランニング」で、そして下りを回復のためのジョグとして、それだけを繰り返すので十分でしょう。これを1本として、「何本繰り返す」ではなく、指定された時間内で繰り返します。例えば、30分繰り返すのであれば、坂が短ければ30分で4回繰り返せるかもしれません。また、坂が長ければ2回で十分でしょう。最初は足慣らしの感じで15〜20分程で十分です。脚の反応を見て、最終的に総時間が45〜60分になることを目指します。週に何回走るか、また全体的にレースまでどれだけ時間があるかによって異なってきますが、最低でも4回はやりたいところです。つまり、週に1回ヒル・トレーニングをするのであれば4週間、2回行うのであれば2週間。ベストとしては、週に2回のヒル・トレーニングを、長くて4〜6週間（合計8〜12回）行えば理想でしょう。

　スネルやハルバーグやマギーの様なオリジナルのリディアードのランナー
達は、この「ヒル・サーキット」１時間（800ｍの坂を４本上り下りする）
を毎日、週に６日間行い、７日目には35キロのワイアタルアを走る、とい
うパターンを４〜６週間行っていました。非常にシンプルかつ過激な程ハー
ドなスケジュールです！こんな激しいスケジュールをこなす事が出来ればオ
リンピックのメダルが取れても不思議はありません！もちろん、そんなハー
ド・スケジュールをこなすことを可能にしたのは週100マイルを10週間、
そしてその以前にも起伏の激しいクロスカントリーを走り回るという下地が
あったからこそでしょう。その後、リディアード本人も、週に６日間ヒル・
トレーニングするよりも、週に２〜３日行うことで十分な効果が得られると
いうことで、ヒル・トレーニングの中間日にはスピード養成のスプリント練
習か、有酸素ランをもう１日２日、あるいは疲労回復のためのジョグかファ
ルトレクを混ぜる様にしていました。スネル自身も、当初は週６日のヒル・
トレーニングはかなりこたえたらしく、なかなか連続は難しかったと言って
います。初めて途切れることなくリディアード式ヒル・トレーニングがこな
せる様になったのは、リディアードのグループで練習する様になって３年目
のクリスマス（南半球の春から夏にかけて）でした。そしてその数ヶ月後、
スネルは世界記録を３つ（１マイル、800ｍと880ヤード）樹立しています。
ちなみに、この時スネルは、「走り込み期」の締めくくりとしてフルマラソン
を走っています。最後の８キロを歩いたり走ったりしてゴールにたどり着き、
２時間41分でした。

　ハードコアのエリート・ランナーであれば、400〜800ｍほどの長目のヒ
ルを、一歩一歩踏み締めるように、ユックリとした前進スピードで登ってい

動画はこちらで！(スマートフォン等で QRコードを読み取り、ご視聴ください)

スティープ・ヒル・ランニング（バウンス）

きます。駆け上がるスピードは、ユックリであれ
ばユックリなほど、脚には余分の負荷がかかるこ
とになり、より良い結果を生むことになります。
速く駆け上がって、ハーハーゼィゼィ息が荒く
なったから、「良い練習をした！」と自己満足に
なっているあなた、実は逆なんです。これは脚に
負担をかける練習なので、その部分がおろそかに
なってしまうようであればその目的が半減してし
まうのです。無酸素能力を鍛える練習はまだこれ
からやって来るので、そのタイミングを間違えな
いように。瀬古選手が、1984年のロス五輪目指
してニュージーランドで合宿をしていた時の映像
がNHKのドキュメンタリーに残っているのです
が、この映像が、このリディアードの「スティープ・
ヒル・ランニング」、もっとわかりやすい言い方を
すれば「バウンス」するヒル・ランニングそのも
のです。SBの故中村清監督は、これを競馬ウマの
「足踏み（あぶみ）」という練習と同じだ、と言っ
ていたそうです。ウマを坂に連れて行って、調教
師がわずかの負荷をかけるように後ろに引っ張り
ながらそのウマが坂を登るようにすると、一歩一
歩踏み締めるようにして登って行く、といいます。
この「一歩一歩踏み締めるように」登って行く運

スティープ・ヒル・ランニングで
は、膝を上げることで脚をうまく
折りたたんで、「円を描くような
脚の動き」が出来るよう自然と促
してくれる。また、地面が傾斜し
ているので、自然にアキレス腱
をストレッチしてくれる。

ヒル・バウンディング

「ヒル・バウンディング」は、後脚をピーンと伸ばし、反対側の膝を前に突き出すことでパワーを生み出すことが出来る。この写真のフォームは、頭のてっぺんから足の爪先まで、一直線になっていることで、上手く地面をプッシュしている。よくありがちな「肘が横に出て、腕振りが左右にぶれている」ような振り方をしていてはこのように真っ直ぐにプッシュできない。

動がこのリディアードの「スティープ・ヒル・ランニング」、または「バウンス」のヒル・トレーニングなんです。瀬古選手は、欧米の専門家たちから「忍者走法」とさえ呼ばれたくらいスムーズで上下動の少ないランナーでした。ところが、このビデオの中では、意図的に重心を上下動させているのが一目瞭然でわかります。これは、体重を上下動させることで、脚筋力に刺激を与えることが出来るからです。何度も言いますが、これは単なるランニングではなく、特殊な意図を持ったエクセサイズなのです。

この練習は、「バウンディング」のような派手さはなく、３つのエクセサイズの中では地味な部類ですが、思った以上に脚に負担を与えます。特に一歩一歩踏みしめるように傾斜を登っていくことでアキレス腱とフクラハギを痛めつけます(＝鍛えます)。インターバルが大事だという雑誌の記事で読んで、突然インターバルをトライしてフクラハギがパンパンになった経験がありませんか？　この練習は、それに対処できるよう脚を準備してくれます。また、上り坂という「負荷」のもとで「動き」を大袈裟に行うことで、「バケツに足を突っ込んだような」ちょこちょこ走りになりがちな一般ランナーにとって、一気にストライドが伸びるような走りにしてくれます。よく「膝を上げろ」と言う指導者がいますが、「膝を上げろ」で膝が上がれば苦労しません。

膝を上げるための筋肉を鍛え、そのリズムを体得する絶好のトレーニングが
ヒル・トレーニングなんです。

ヒル・バウンディング

　「鹿がフェンスを飛び越えるが如く…」がリディアードが「ヒル・バウディン
グ」を説明する時に好んで使った表現です。ランニングの動きを大袈裟に
したもの、三段跳びのトレーニングとしての「バウンディング」の動き、そ
れがヒル・バウンディングです。スピード養成としてこれほど効果的なトレー
ニングはそんじょそこらにあるものではありません。1960年代から1970年
代にかけて、UCLAの短距離の伝説的コーチにジム・ブッシュ氏がいます。
彼は特に400mランナーを数多く育ててきましたが、シドニー五輪100mチャ
ンピオンのモーリス・グリーンを指導したジョン・スミス、1992年バルセ
ロナ五輪400m金メダリストのクインシー・ワッツらを指導した名コーチで
す。彼は1962年、ローマ五輪でのリディアードの成功に注目して、いち早
くリディアードをUCLAに招待し、クリニックを開いています。「私のロング・
スプリント（400m）での成功は、リディアードのヒル・トレーニングのお
陰なんだ」と話してくれました。それがバウンディングと、次に説明するス

プリンギングなのです。スピード養成の一環としてのバウンディングも当然ながら、800、1,500mの中距離のスピード・トレーニングとしても非常に有効です。短距離の桐生選手が、バウンディングをやることで「フラット接地」が上手く出来るようになって記録が伸びた、と言っていたビデオを見たことがありますが、短距離から中長距離まで広範囲にわたって、スピード養成に非常に有効的なトレーニングです。

　1972年ミュンヘン五輪では、途中転倒したにも関わらず世界記録で10,000mを制し、その後5,000mでも金メダルを獲得、二冠を達成したラッセ・ビレンもさることながら、1,500mでもペッカ・バサラが優勝、「空飛ぶフィンランド人」達の復活です（3,000m障害でもタピオ・カンタネンが銅メダル）。リディアードは、この「第二次フィンランド黄金時代」の陰の功労者として、フィンランドの騎士の称号、「ホワイト・クロス」を授与されています。フィンランド人以外でこの栄誉を受けたのはリディアードが初めてで未だ唯一です。ところでこの1,500mチャンピオンのバサラ選手ですが、彼はこのバウンディングが大好きで、150mの坂を使ってリディアードの「ヒル・バウンディング」を行っていたそうです。本来ならば、これらヒル・トレーニングは、走り込みからインターバルへの移行期として行われるものですが、バサラ選手は純粋に「スピード養成」トレーニングとしてバウンディングを好んで行い、ミュンヘン五輪への準備としても、本番2週間前まで行っていたそうです。バサラがケニヤのキプチョゲ・ケイノを抜いてトップに出た写真は、リディアードが好んで示していた写真で、バウンディングの効用、後脚が真っ直ぐで一本筋の入った様なフォームを良く示しています。ミュンヘン五輪に続く1976年のモントリオール五輪の3,000m障害で当時の世界記録（8分06秒）で金メダルを獲得したスウェーデンのアンダース・ヤーデルード選手は、走り込み期からインターバル期への過渡期としてヒル・トレーニング期では200〜300mの坂を使って「バウンディング」を行っていました。

　バサラの様なトップクラスのランナーであっても150mの坂を使っていたのですから、大体100mから200mの長さで十分でしょう。むしろそれ以上になるとストレスが大きすぎて故障の可能性が増えすぎるでしょう。オリジナルのスピード練習への移行期としてのヒル・トレーニングとして行われても良いのですが、非常に大きなストレスを脚にかけるので、坂の長さにもよりますが、部分を行うだけにとどめておいた方が良いでしょう。

ヒル・スプリンギング

　バウンディングが、「鹿が塀を飛び超える様な」イメージで、前へ、遠くへ跳ぼうとするのに比べて、スプリンギングは上へ上へ跳び上がろうとする運動です。このトレーニングは、短い坂、30m か 50m もあれば十分できるので、坂が多くない所に住んでいる人には最適です。1991 年、リディアードが最後に来日した時、東京で小松さんがインタビューしている時、都内では適当な坂がないのだが、という質問に対して、「あそこの公園の短い坂でも十分出来るではないか」と言いました。ヒル・スプリンギングはそんな環境に最適です。

　上へ上へと跳び上がる分、一歩の「ストライド」は 30 センチそこそこです。足首のスナップを利かせて、身体が頭の先から爪先まで、一本の線になる様なイメージで行います。リディアードは、1961 年に初めて彼のトレーニングに関するパンフレット、「Athletic Training」が出版された時から常に「ランナーに必要な筋肉は、ライオンの様にゴツい筋肉ではなく、鹿の様にしなやかな筋肉だ」と言っていました。「ランナーに必要なのは、バレエダンサーの様な足首だ」と。そんな足首を鍛えてくれるのがこのヒル・スプリンギングです。

　これは、単に移行期としてのヒル・トレーニングのブロックの時のみだけでなく、スピード養成のトレーニングとして年間を通して行っても良いでしょう。特に 10 代の少年少女の発育期のトレーニングとして、しなやかな筋肉、力強い動きを身につける、という意味でも非常に有効なトレーニングです。

　なお、バウンディングとスプリンギングは、「スキップ」とは違うので要注意。これらは、「走り」の動きを応用したトレーニングで、左右の足を交互に着地させて、着地するやすぐに「跳ねる」ことでプライオメトリックスの効果を倍増させることができます。スキップになってしまうと、着地の時の力が半減されてしまいます。スキップはスキップで、それなりの効果がありますし、特に初心者がこの様な運動に入って行くエントリーの運動としては効果があります。しかし、一旦本来のバウンディング、スプリンギングの動きを身につけることができたら、その動きに移行させるべきでしょう。

ヒル・スプリンギング

動画はこちらで！（スマートフォン等で QRコードを読み取り、ご視聴ください）

「ヒル・スプリンギング」は、足首を上下に最大限にストレッチすることでパワーを生み出す。この動きを少しずつでもトレーニングに加えることで足首を強化することが出来る。

これら３つのヒル・トレーニングは、想像以上に脚全般を刺激し鍛え上げてくれます。特に「スティープ・ヒル・ランニング」はふくらはぎを、バウンディングとスプリンギングは後脚で強く地面をプッシュする動きを焦点とするので、これまでこのような動きに慣れていない人、いつも後脚がピンと伸びずに、少し「座り気味」で走っている人でも、膝の裏側をかなり使うようになります。この本のためにヒル・トレーニングの写真とビデオ撮影の準備として、モデルの市川美歩コーチがミネアポリスに来られる前に「試し撮り」をすることになりました。撮影場所となるミネアポリス郊外のワイザタ公園で光の具合、バックとの兼ね合い、カメラの機能等をチェックしたのですが、私が、総時間で15分程度でしょうか、バウンディングとスプリンギングをしているところを撮影しました。老体に鞭打って…、と久しく「後脚を伸ばす様な走り」とはご無沙汰していたこともあって、続く３日間、膝の裏側がビンビンでした！　ですから、初めてこの運動を行う方は、まずヒル・トレーニングのブロックの前、２〜３週間ほど、週に数回、５分でも10分でも良いので、少しずつ脚を慣らすことを強くお勧めします！　ちなみに、市川コーチには、この撮影で総時間合計７時間近くこれらヒル・トレーニングをやっていただきました！彼女の「タフさ」に感謝と脱帽です！

ダウンヒル・ストライディング

　前の章で「スピード」養成のためには「脚筋力向上」、「脚可動域向上」、そして「神経系統向上」の３つが必要だ、と説明しました。最初の２つがこのヒル・トレーニングで向上するということは一目瞭然だと思います。では３つ目の「神経系統向上」はどうでしょうか。これを発達させるのが「ダウンヒル・ストライディング」です。簡単にいえば、下り坂を一気にスピードに乗って駆け下りることです。下り坂で重力が引っ張ってくれるので平地では出せないスピードで駆け下りることが出来ます。スネルは、この下りの800mを１分50秒で駆け下りていたと言います！　すごく速く感じるでしょう！そう本人に指摘すると「下りだし、慣れればそんなに難しいことじゃないよ」と言っていました。下り坂の走りも「技術」なんです。練習することで技術を会得することが出来、次第に駆け下りることが楽に出来るようになります。これで、平常以上に速いピッチで走る練習をすることが出来るのです。普段出せないような速いピッチで走ることで、神経系統のシナプス（神経の接続部分）が通常以上に多くコネクトするようになります。これで「速い動き」が可能になるのです。階段の最後の５〜６段で、転びそうになって、

ダウンヒル・ストライディング

動画はこちらで!(スマートフォン等で QRコードを読み取り、ご視聴ください)

ストライドの長さを気にせずに、とにかく膝を前へ、
前へと突き出すように速く動かすことに集中する。

「おっとっとぉ…!」と動きについて行けないくらい速く足を動かさなけれ
ばならなかったことがありませんか? その原理なんです。数年前、高校総
体で男子/女子100mでアベック優勝を成し遂げた東京高校のトレーニング
をYouTubeで見たことがありますが、ラダーを使って、足を極力速く動か
す練習をしていました。これそのものです。

　2008年の日本選手権で、三井住友海上の渋井陽子が見事なラストスパー
トで、ラスト20mで赤羽有紀子選手を抜き去り10,000mを制し、北京五輪
の切符を手にしました。その30分もしないうちに、コーチの渡辺重治(三
井住友海上女子陸上部元総監督)さんからメールが入りました。「これもリ
ディアードのヒル・トレーニングのおかげです。」その時は上りのヒル・バウ
ンディングかバウンスのスティープ・ヒル・ランニングのことだろうと、大
して気にもしませんでした(「当然じゃい」ってな感じで)。後で聞いてみると、
実は「ダウンヒル・ストライディング」のことだったのです。本番の日本選
手権までの数週間、三井住友の合宿所のトラックに人為的に作った約30m
程度の坂を使って「こけるつもりで全力で駆け下りろ!」と、脚の回転速度
を向上させる、つまり「神経系統」を鍛えるトレーニングに集中したそうです。
非常に効果的ですし、とても早く効果が現れます。

　巷では「1分間に180歩のピッチが最もナチュラルで効率が良い」という
ことで、180歩/分を目指してメトロノームに合わせて走ることを奨励した

り、180歩/分で走れる様になるリズムの曲をダウンロードしたりとか…、「オーバー・ストライドがピッチが遅くなる原因だ」として、ストライドを故意に短くしてピッチを180にしようとする傾向さえ見られます。しかし、私に言わせると、こんなに「ナチュラルでない」トレーニングはないのではないかと。YouTubeで、スネルがトレーニングで走っている白黒のビデオがいくつか出ているのですが、それを見ると、スネルは「ローパー (loper)」、ぴょんぴょんと飛び跳ねるタイプのランナーであることがわかります。測ってみると、「トレーニング・ラン」での彼のピッチは160前後。レースでも、大きなストライドで弾む様に走る姿が見られます。しかし、ラストスパートになると、ピッチが一気に速くなります。リディアードは、「私はオーバー・ストライド気味なんだが…」という人に対して「それはオーバー・ストライドではない。アンダー・ピッチなんだ」と言っていました。「せっかく長いストライドがあるのに、何故わざと短くしなければいけないんだ？　ピッチを速くする練習をするべきだ」と。私も今までに、しばらく練習をサボッていて、久々に走り始めた当初のピッチは165歩/分位です。フィットネスが戻ってくると172〜176歩/分くらいに収まり、そして、この様なダウンヒル・ストライディングでピッチの頻度を高める練習をすると、180以上も簡単に出せる様になります。私には、この様なアプローチの方が、わざとストライドを短くしてピッチを高めようとしたり、メトロノームに合わせて画一的なピッチに収めようとしたりするよりも、ずっと「ナチュラル」に思えるのですがどうでしょうか。これもリディアードのピラミッドの強みです。

　この「ダウンヒル・ストライディング」をするにあたって2つ、注意すべきポイントがあります。まず第一はフォームです。スキーをやられる方はわかると思いますが、スキーで坂を滑り降りる時、怖がって尻込みして、後傾気味になってしまうと全然滑れませんよね。むしろ、坂に向かって「突っ込んで行く」感覚で前傾すると上手く滑れます。下り坂のランニングも同じです。尻込みして後傾気味になってしまうと、かかとからドスンと着地する膝を痛めやすいフォームになってしまいます。しかし、これが出来るためには、スティープ・ヒルがあまりスティープ（急な傾斜）だったらいけないんです。リディアードが使っていたヒルは、ピョンピョン跳ねるように（バウンス）駆け上がる結構急な上りが800m、坂の上でリカバリージョグをする平坦な800m、ダウンヒル・ストライディングで一気に駆け下りる少しなだらかで上りほど急でない坂が800m、そしてスタート地点に戻るまでの800mを「ウィンド・スプリント」と呼んでいた、毎回距離に変化を持たせた「流

し」をする、という1周3キロ以上の周回コースでした。なかなかそんなパーフェクトの周回コースを見つけることは困難です（「そんな周回コースなんかないからリディアード・トレーニングはできない！」と威張っていう人さえいます！）。私が好んで使っていたヒルは、1周1キロにも満たない周回コースで、まず約200mの結構急な坂をバウンスの「スティープ・ヒル・ランニング」で上ります。そこから約200mの、ちょっと下り気味のブロックをジョグし、そこから左に折れて、一気にガクッと下る急な坂に来るのですが、そこを注意しながらゆっくりジョグします。この下りの最後の部分が、約50mのなだらかな坂になります。その50mだけを「ダウンヒル・ストライディング」で一気に駆け下ります。

ここで第二の注意点なんですが、この周回コースを使って私がコーチしていた女性は、このダウンヒル・ストライディングをすると見る見るスピードが上がるのがわかるんです！　私はどちらかというとダウンヒル向きで下りは得意な方なんですが、それでも彼女とここを一緒に走っていると、走る度に2mは置いて行かれる（最初が2m、次が4m、その次が6m…！）感じなんです。ここで注意すべきことは、ヒル・トレーニング期は、まだ本番のレースまでには2〜3ヶ月間がある、ということです。そんなに早くスピードが上がってしまうと、これから後の章で説明する「タイミング」が台無しになってしまう可能性があるんです。まだまだ「シャープニング」には早過ぎます。ですからこのランナーの場合、（1）下の平地での「流し」は一切行わない、そして（2）ダウンヒル・ストライディングも2周に1回だけに抑える、という形で行いました。

私は、ダウンヒルのやり方も、大まかに2種類あると考えています。一つは、先程説明したレッグ・スピード、脚の回転を速くするための、とにかく速く脚を動かすことを意識した下り方です。スネルが下りの800mを1分50秒で駆け下りていた、ということもこの部類に入るでしょう。純粋に「レッグ・スピード」を追う練習であれば、渋井選手がやったように、それこそ距離を短くして、もっと速く下りに突っ込んで行くと良いでしょう。ただし、これはここでも言いましたが、あまりにも早くスピードが戻って来る様であれば、ヒル・トレーニングのブロックでは少し抑制した方がいいでしょう。

適当なダウンヒルが見つからない場合、平地でこの「脚の回転を促進する『ダウンヒル・ストライディング』」をすることは十分可能です。リディアー

ドはこれを「レッグ・スピード」と呼んでいました。50 ～ 100m を、もし傾斜が少しでもあるようであれば下り坂の向きにして、もし風があるようであれば必ず追い風になるようにして（上り坂や向かい風だと「抵抗負荷」がかかることになり、筋力強化には効果があるかもしれませんが、リラックスしてスピードを強調した走りを行う場合、あるいは神経系統を刺激して脚の回転を速くするためのトレーニングの場合、この余分な「負荷」はむしろ「足枷」となります）、実際のスピード（ペース）やストライドの長さを気にせずに、とにかく脚を速く動かすことに集中して走ります。うまく行っている場合、下腹部の奥の方が痛くなるはずです。これが腸腰筋で、膝を前上に持ち上げる筋肉です。昨今の「フォーム」に関する文献等で名前は聞いたことがあると思いますし、この単語を大上段に振り回して連発する人をYouTubeやブログで見たことがありませんか？　しかし、実際にこの運動をする程「腸腰筋」を意識することはないでしょう。逆にいうと、ほとんどこの筋肉を上手く使い切っている人が少ないからです。オリジナルに近い（1970 年当初）のリディアードのスケジュールでは、ヒル・トレーニングとこの「レッグ・スピード」を３日ずつ交互の日に行い、７日目にはロング・ジョッグ（２時間以上）というシンプルなスケジュールでした。リディアードは、生理学的な能力の発達をブロックとして捉え、その一つ一つを別々に鍛え、本番のレース、あるいはその前の「コーディネーション」のブロックに来て初めてそれらを組み合わせる、というアプローチを取りましたが、フォームに対しても同じアプローチを取っていました。つまり、バウンディング等のヒル・トレーニングでは、特に後脚での「プッシュ」を鍛えます。レッグ・スピードでは膝を前へ前へと引っ張り出すことを鍛えます。最終的にこれらをくっつけて「走る」という動作を完成させるのです。

もう一つのダウンヒル・ストライディング

　もう一つのダウンヒルの効用としては、脚力、特に大腿部の「着地のショックを受け入れられるだけの脚力」をつけるための練習です。一度でもマラソンを走ったことがある方はよぉく覚えていると思いますが、翌日太腿がビンビンになってしまって、少しの階段でも後ろ向きに降りないといけなくなった経験があると思います。これは、落ちて来る体重の数倍の力を、大腿部が、筋肉が伸びつつその「落ち」を防ごうとする、いわゆる「伸張性収縮」、エキセントリック収縮によるものなんです。一般に、例えばダンベルを手にしてそれを持ち上げるとします。この際上腕二頭筋（力コブが出来る部分）が

短く収縮することで鍛えられます。これを短縮性筋収縮（コンセントリック）と呼びます。伸張性筋収縮（エキセントリック）は、このダンベルをだら〜んと下に下げようとした時、重力によって真下に降りようとするダンベル（負荷）を、その重力に逆らってユックリと下げようとしたとします。この時、上腕二頭筋は、筋肉の長さが伸びながら、重力に逆らうことで鍛えられます。これと同じ原理で、空中から「落ちて来た」体重を、足が着地した後、さらに落ち込もうとするところを、大腿四頭筋が伸びながら（膝が曲がりながら）それを抑えようと働きます。これによって、着地の際のショックに耐えられる強い大腿筋が出来るのです。そして、これを下り坂で行うことで、効果が倍増されるのです。

　このブロックでの最大の目的は、脚筋力を高めて関節の可動域を広げる、ということです。ですから、どうしてもどちらか選べ、となった場合、アップヒルの方がダウンヒルよりも重視されるべきです。ですから、適当なダウンヒルがない場合、あるいはビルの階段やトラックの観客席でのステップで代用する場合、ダウンヒルを省略してアップヒル運動のみに集中する、ということは止むを得ない場合が多いかもしれません。しかも、ダウンヒルを「レッグ・スピード」として位置する場合、スピードの開拓のテンポの早過ぎを懸念した場合、ダウンヒルを意図的に抑制した方が良い場合もあります。しかし、できることならば、アップヒルもダウンヒルもバランス良く行いたいものです。

　エリート・ランナーであっても、故障を懸念してダウンヒルを避ける人もいます。かなり急な、少し長めの坂を使った場合、奥さんかあるいは旦那さん、又はコーチやチームメイトに車で下ってもらう、というアプローチを取るランナーもいます。1970後半から80年にかけて、女子マラソンで大活躍し、1983年の第一回陸上世界選手権の女子マラソンで優勝、その翌年の初めてのオリンピック女子マラソンでは惜しくもジョアン・ベノイトの後塵を拝し2位に甘んじたものの、ニューヨーク・マラソンではなんと、優勝9回、世界記録樹立が4回というまさに女子マラソン開拓時代の女王だったノルウェーのグレタ・ワイツ選手は、ボストン・マラソンでも優勝を目論み、瀬古選手が優勝した1981年、満を持してボストンに乗り込んで来ました。彼女は下り坂が苦手で、旦那さん兼コーチのジャック氏が車で送り下りる、というパターンでした。ボストンは、走られた方はご存知だと思いますが、「心臓破りの丘」で有名になり、上り坂がきつい、というイメージがありますが、

実はアップダウンを繰り返しながら、全体的には下
る、というコースなんです。ただでさえ、ロードで
のパウンディング（バウンディングではありません、
着地のショックです）で大腿部が痛めつけられるの
に加えて、心臓破りの「起伏」に脚をやられ、途中
棄権の止む無きに終わってしまいました。

写真1

　この種の「脚作り」のためのダウンヒルを行うには、
あまり急でない坂で、上りに使った坂よりも少し緩や
かで、少し長めの坂が見つかればそれがベストでしょ
う。私のお気に入りのヒル・トレーニング・コースは、
ここミネアポリスのお隣のセント・ポール市のラム
ジー・ストリート（Ramsey Street）にある 400m の
かなりきつい坂（写真①）を使ってスティープ・ヒル・
ランニングを行い、坂のてっぺんで約 600m ジョグ（約
3 分）でリカバリー、そしてその坂にほぼ平行して走っ
ている、しかしラムジーほど急でない、あまり車の通

写真2

りのないアービン・アベニュー（Irvine Avenue）に移って、約 300m の坂（写
真②）を一気に駆け下ります（大体イメージとして、5 キロのレースの感覚で）。
坂の下では「流し」をせずに、そのまままたスティープ・ヒル・ランニング
に移ります。これを 1 セットとして 45 分から 1 時間行うのですが、これは、
特にマラソンに向けての脚作りとしては最高の準備トレーニングだと思って
います。

速く走るための準備

　次に、坂の下の平地で行う「流し」についてですが、当初リディアードは、
「下の平地に来たらウィンド・スプリント（＝流し）を行う…」という風に
説明していました。ところが、皆が 1 周 3 キロ以上もある周回コースを使っ
ていたわけではなく、ほとんどのランナーがもっと短い周回コースを使って
いたため、「流し」のやり過ぎ、という状況になってしまいました。人によっ
ては無酸素になり過ぎたり、前述したように「流しのやり過ぎ」でスピード
が早くピークにき過ぎてしまい、タイミングが狂ってしまう、という状況が
続出したため、「坂が短い場合、『ウィンド・スプリント』は 15 分毎に行う
のが良い」という風に説明し直しています。しかし、場合によってはもっと

少なくても十分でしょう。オリジナルのリディアードのランナー達が使っていた「ヒル・サーキット」では、上りが800メートル、1周が3キロ以上。それを4周、1時間行うのがもっとも一般的でした。すなわち、下の平坦な部分での「流し」は15分毎、という計算になります。それが、適当な坂が見つからず、100m、200mといった短い坂を使っていたランナー達が、下って毎回「流し」を行うことによってピーキングのタイミングが台無しになってしまった、という経験からの修正でした。坂の長さにもよりますが、下の平地で15分毎に「ウィンド・スプリント」を行う場合、「流しを数本」と言うイメージで行うのが最も適切かと思います。

リディアードは、「（下の平地での『流し』では）50mから400mまでの距離に変化を持たせながら行うことでベストの効果が期待できる」と言っています。昨今のランナー、指導者たちでこの様なリディアードのヒル・トレーニングを導入する場合、もっとシンプルに150〜200m程を「5キロのレース感覚で」3本ほど行う、というパターンのアプローチがよく見られます。しかし、確かに次のインターバルのブロックに向けて、種々のスピードで走れる様になるための「敏捷性」を養う時期であるならば、距離に変化を持たせて、50mから400mまでの幅広い距離をスピードにも変化を持たせて取り組む方が「下準備」としては完璧でしょう。

もう一つの変形例ですが、公園の芝生の坂を使ったヒル・トレーニングを行った時、この時は約120mの芝生の上でバウンディング（このランナーの目標が800mだったので「スティープ・ヒル・ランニング」ではなく「バウンディング」を行いました）、ロードに出てちょっと長めにジョグで回って（リカバリージョグには、大体3分のジョグを目安にします）スタート地点に戻り、15分間この上りのバウンディングとリカバリージョグを繰り返します。そして次に、ロードに出て約100mのなだらかな下り坂を使って速いスピードでのダウンヒル・ストライディングを5分間で2本繰り返します。また上り坂でのバウンディングを15分、下りを5分、バウンディングを15分。これで合計55分の「ヒル・トレーニング」となります。この場合は「流し」は全く行いませんでしたが、このバリエーションで非常に良い結果が得られました。

坂が全くなかったら…

坂道が身近にない所に住んでいる場合、階段がもっとも適切な代用でしょ

う。神社の境内の階段、ビルの階段を使ってヒルの代用とすることが出来ます。階段すらない場合、縄跳びでも代用できます。特に縄跳びの片足跳びはバッチリのプライオメトリックス練習です。リディアードは、ヒル・トレーニングを「自分の体重を負荷として脚筋力を鍛える『抵抗』トレーニングだ」と呼んでいます。第1章で触れたカヤック・チャンピオンのイアン・ファーガソン選手のことを思い出してください。水上を「漕ぐ」カヤックにおいて、「ヒル・トレーニング」の代用はどうやったのか。まさか「鯉の滝登り」でもあるまいし、渓流を逆流に逆らって登って行った…訳でもないでしょうに。ポイントは「負荷」と「抵抗」です。彼らはネットの中にバスケットボールをいくつも入れて、それを引っ張ることで「負荷抵抗」を生み出して漕ぐための筋力トレーニングとしたのでした。この考え方は、坂がない場合の代用トレーニングのところで大いに役立ちます。ケニヤの1,500mの世界チャンピオン、アスベル・キプロプのトレーニング風景を見たことがあるのですが、身体をポールに結びつけて、一歩一歩踏みしめる様に前に進もうとすることで、この章の初めにお話しした競馬ウマの「足踏み（あぶみ）」と同じことをやっています。その他にも片足縄跳び、タイヤを引っ張って「ジョグ」する…。これら全て、負荷抵抗を利用してのランニング運動です。そして挙句に、低くはあるもののハードルを用いてそれを両足でポーン、ポーンと飛びまたいで行く運動さえしていました。これら全て、典型的ないわゆるプライオメトリックス運動です。特にハードル跳びは、セバスチャン・コーが好んで行っていたといわれる、体育館でのデプス・ジャンプ：高さ50センチ程度の箱から飛び降りて、着地するやすぐさまもう少し高め（70センチ？）の箱に飛び上がる、この運動と全く同じです。ジムに行って、ウエイト・マシーンを使って、バウンスを加えながらスクワットをするのも良いでしょう。あるいは、例えばその場でのスクワット・ジャンプを2分間繰り返し、軽く2分間ジョグして回ってこれを3回繰り返す（これが1セットで12分）。その後トラック1周程度を2～3分程かけてジョグ、次に軽い流しで脚の回転を促しておいてまたスクワット・ジャンプ×3に戻る…。これを30～45分継続すれば立派なヒル・トレーニングとなります。

　全く平坦な所で坂が全然ない場合、これらプライオメトリックス運動と、回復ジョグ、軽い流しで脚の回転を促し、同時に徐々に無酸素ランニングに身体を慣らせる準備をする…。この様にして十分に効果的な「ヒル・トレーニング」の代用とすることができます。

一度指導していたランナーとヒル・トレーニングをする予定だったのが、ウォームアップの最中に突然雷雨が発生、ミネソタ特有の凄い土砂降りと雷になりました。仕方なく、近くにある8階建てのビルに移動、そこの階段を使ってヒル・トレーニングを行いました。一段ずつと、二段ずつ（一段抜いて）を交互に繰り返し、スティープ・ヒル・ランニングとバウンディングのシミュレーションとしました。ジョグで下って、15分毎に外に出て（その頃は少し小降りになっていたので）3×100mのレッグ・スピードでダウンヒル・ストライディングの代用としました。これをちょうど1時間続けたのですが、それまでのベストの、非常に充実した練習の一つとなりました。何度も言いますが、決して一気に速く駆け上がるのではなく、一歩一歩踏みしめるように、むしろ上るスピードはユックリ目で行うのですが、それでもちょうど55分くらいしたら「膝が笑う」状況を体験できます！　この時も、ちょうど最後の一本で8階まで上がったところで、二人して「膝が笑って」来て、お互い顔を見合わせて心地良い充実感に浸って青春したものでした。

　日本では難しいかもしれませんが、アメリカでは普通の高校でもそれなりのゴムの全天候の400mのトラックと、ちょっとしたスタンドがあります。大抵は20〜30段程度のものですが、それでも十分ヒル・トレーニングの代用ができます。特にこの様にステップの部分が短い場合、時間主体として、例えば同じ様に一段ずつと二段ずつを交互に繰り返し、下りはジョグで20分間続けて行います。その後、トラックに降りて、直線を「流し」、あるいは「レッグ・スピード」で、カーブを「フロート」、あるいはジョグで繋ぎ、また直線に来たらスピードを上げて100m駆け抜けます。これを2周、4本行って、またアップダウンを20分繰り返します。そしてまた2周、流し―フロートを行って大体45分の「ヒル・トレーニング」のセットとなります。「日本にはこんなローカルなトラックなんてないよ」という方、お寺や神社の境内に石段とかありませんか？　20〜30段程度の短い階段なら結構身近にあるのではないでしょうか。特に初めのうちは、45分だの1時間だのと大上段に構えるのではなく、まず短い階段で15分から20分、シッカリと故障することなく継続してできることを目指します。

　リディアードは、フィンランドでナショナル・コーチを務めた後、短期間ではありましたがベネズエラでもナショナル・コーチを務めています。その時、「ドンガメ（＝ slow poke）」というあだ名のついたマラソン・ランナーにこれと同じ様なスタジアムでのヒル・トレーニングを課したそうです。彼

はタフで、スタミナは十分あるものの、スピードに欠けていたため、5キロや10キロのレースではいつも同僚達の後塵を拝していました。しかし、この様なスタジアムのステップでのトレーニングを一月繰り返したのち、なんと、1,500mでベネズエラ記録を打ち立てたそうです！　前にお話ししたマーティ・リクオリ選手は、真っ平らなフロリダ州の選手で、フロリダ大学のスタジアムの階段を使ってヒル・トレーニングを行っていました。「もしリディアードが、起伏のあるニュージーランドでなく真っ平らな土地で生まれていたら、スタジアムの階段を使ったヒル・トレーニングを奨励していただろう」と言い切っていました。リディアードが日本に来た1991年、小松美冬さんのインタービューで、テキサス州の彼の友人の話をしていました。「彼は58歳の時に走り始めて、毎朝10キロのジョグをした後、近くの高校のトラックに行って、そこのスタジアムのステップを15分間走って上り下りするんだ。彼は今では71歳だが、いまだに毎年10キロのレースで自己記録を更新している。それは彼が常に『ヒル・トレーニング』を行っているからだ」。特に、歳をとってスピードが衰えてくる最大の原因は（1）脚力が弱くなることと（2）脚の可動域が狭くなることの二つだとわかっています。ヒル・トレーニングは、この二つの打開策にもっとも効果的なトレーニングだと言えるでしょう。リクオリ選手は、ヒル・トレーニングを「隠れたスピード・トレーニング」と呼んでいました。

　この3つの坂を使ってのエクセサイズは、自分が必要とする要素の強化もさることながら、ターゲットとしているレースの種目によっても焦点が変わってきます。まずリディアードのトレーニングを体験しようと思っている方には、まず「スティープ・ヒル・ランニング」（バウンス）を試されることをお勧めします。非常に効果もあり、リディアードの流れとしての「まず長くユックリ走ってスタミナをつける」から「速いスピードでのインターバル・トレーニング」の移行期として、スタミナ満タンの現時点での長所を存分に活かしながら、次に必要とする「スピード」の養成に徐々に持って行く、という流れにもっともピッタリなのが、長めの坂を使って、ボリュームをこなすことが可能なスティープ・ヒル・ランニングなのです。

　しかしながら、スネルの例でもそうでしたが、800mや1,500mを目指している中距離ランナー、3,000mや5,000mを目指すランナーでも、バウンディングの要素を含めることは有効です。また、マラソンを目指すランナーであっても、階段を使ってヒル・トレーニングをされる方は、スティープ・

ヒル・ランニングの代用として1段ずつ駆け上がることと、バウンディングの代用として2段ずつ駆け上がることを交互に行うことをお勧めします。

「私を信じるが良い。（ヒル・トレーニングの恩恵は）驚くべきものだ！」

　リディアード門下生、マレー・ハルバーグ（1960年ローマ五輪5,000m金メダル）とバリー・マギー（同ローマ五輪マラソンで「裸足の王者」アベベに次いで3位で銅メダル）が初めて本格的にリディアードのもとで練習を開始したのは19歳の時でした。10週間の「走り込み」期と6週間のヒル・トレーニングを終えた二人、トラック・トレーニングが始まった最初の週、ローカルの芝生のトラックでコーチと合流。「今日はウォームアップの後、2マイル（3,218m）を9分52秒で走ることになっている」とリディアード。若い二人は呆れてお互いの顔を見合っています。「コーチ、僕は今まで一度だけ10分を切ったことはあるけれど、それはちゃんとトラック練習をこなして、何度もレースに出てシャープだったから。初めてのトラック練習でそんなに速く走れっこないよ！」とハルバーグ。「僕なんて10分を切ったことなんか一度もないよ！　そんなの練習で絶対走れっこないよ！」とマギー。「まぁ騙されたと思って走ってみろよ」とリディアード。半信半疑の二人は、とにかくウォームアップ後スタートラインに。イーブンペースで「軽く」走って9分40秒。1週間後には同じ2マイルを9分20秒で走ったと言います。そこで初めてこの「リディアード方式」のトレーニングを信奉し、リディアードと抱き合って芝生のトラックを踊り回った、と振り返っています。このマギー氏と話した時、今のランナー達は見てくれのいいインターバル・トレーニングにあれこれ手を加えることに時間を費やしているが、「本当にスネルやハルバーグを鋼のように鍛えたのはこのヒル・トレーニングなんだ」と言っていました。そして、それをこなせるだけの脚力と体力を植えつけたのは、その前の10〜12週間に渡る100マイルの「走り込み」があったからだ、とも。

ロッキー山脈で未だ息づく「リディアード・ヒル・トレーニング」

　それでは、今でもこのようなヒル・トレーニングを行うランナー、指導者はいるのでしょうか？　コロラド州ボルダーは、オレゴンのユージーンと並んでランニングのメッカとして知られています。マイル（標高1,600m）都市として知られており、福岡国際マラソン4連勝で日本でもお馴染みのフランク・ショーターが高地トレーニングの本拠地として住みつき、それにつ

られて世界中の著名ランナーが集まって来て有名になりました。そのボールダーを本拠地とするコロラド大学は、特に全米 NCAA クロスカントリーで常勝を誇る長距離の強豪校で、オリンピックにもアダムとキャラ・ガウチャー夫妻、双子のホーヘイ（「ジョージ」のメキシコ音読み）、エドワルド・トレス兄弟、そして世界陸上チャンピオンのジェニー・シンプソン、エマ・コバーンなど著名選手を輩出しています。そこでコーチの手腕を振るっているのがマーク・ウェットモア氏。マークは、1970 年代にニュージャージーの高校の陸上部顧問をしていた時リディアードと知り合い、それ以来リディアード法に師事して来ました。彼のコロラド大学での活躍は、「Running with the Buffaloes」にかなり詳しく書かれており、トレーニングに関しては、まずジックリと有酸素能力を高め（まず 6 週間のテンポ走すらしない、全く純粋な有酸素ランニング、次に 5 週間のテンポ走を含めた有酸素ランニング、そして最後に 6 週間の「ロング有酸素インターバル」を含めた有酸素ランニング）、その後で一気に集中して「無酸素インターバル」、最後に「スピード・インターバル」でレース・シーズンに持って行くという一目で「リディアード」だとわかるものです。しかし、この中に、移行期としての「ヒル・トレーニング」は全く書かれていませんでした。「コロラドのロッキー山脈で、かなり起伏のきついコースをいつも走っているから、あえてヒル・トレーニングはしないのか」という問いに、「実はリディアードの『ヒル・トレーニング』の代用として、『オムニ』というエクセサイズをするんだ」という答え。

「オムニ」とは「全部の」とか「全体の」といった意味のラテン語ですが、「リディアードのヒル・トレーニングだけでは補いきれない他の部分も鍛えられるトレーニングなんだ」とウェットモア・コーチ。まずコロラド大学のフットボール競技場のスタジアムの階段を利用して、リディアードのステップ・ランニングをします。この競技場は、かなり高く、上に行けば行くほど傾斜が急になり、しかも高地ということもあってかなりきついトレーニングになります。そしてジョグで降りて来ると、まず 200m を軽く「流し」で数本走り、その後ハードルを使った各種運動を行います。これで「セット」とし、これを数セット行うそうです。

なお、「走り込み期」が終わってヒル・トレーニング期に移行しても、週末のロングランは継続されます。ただし（これが結構大事なのに、ほとんど蔑ろにされがちなポイントなんですが）この段階ではもうすでに有酸素能力を「鍛える」（向上させる）時期ではなく、あくまで「メインテナンス」、すな

わち「維持」の段階に入っています。ですからロングランのペースはむしろ今までよりユックリになるのです。例えば、リディアードが直接指導していたスネル、ハルバーグ、マギー達であれば、走り込みの時期のワイアタルアの35キロ周回コースを2時間15分から20分くらいで走っていました。スネルでさえ最高タイムが2時間12分というものまでありました！　しかし、ヒル・トレーニングから無酸素インターバルのブロックへと移行していくにあたって、この同じ35キロ周回コースを2時間40〜45分へと、よりリラックスしたゆったりペースに置き換えられました。つまりキロあたりでほぼ1分近くもペースがゆっくりになったんです。ヒル・トレーニング期に入ると、今までとは全く違ったストレスを身体に与えることになります。しかも前に説明したように、速く走るためのメカニズムにドンピシャリのトレーニングになっているので、うまく歯車が合って来ると、速く走ろうとしていないのにトレーニング・ペースがキロ10秒や20秒くらい一気に速く走れるようになることに気づきます。1978年に5,000mで（13分15秒）世界ランキングNo.1となったアメリカのマーティ・リクオリ選手は、「ヒル・トレーニングは、あなたを蛹から蝶へと脱皮させる最高の近道だ」と言っています。しかし、ここでの最大の「落とし穴」は、この新しい「スピード」に気を良くして、「どれくらい速く走れるんだろうか」とワクワクして「試して」しまうことです。その誘惑に負けず、クリスマスのプレゼントの箱を開けるのは、クリスマスの日まで取っておきましょう！

	週7日	週6日	週5日	週4日
日曜日	有酸素ロング・ラン (1)	有酸素ロング・ラン (1)	有酸素ロング・ラン (1)	有酸素ロング・ラン (1)
月曜日	ファルトレク (7)	ファルトレク (6)	休み	休み
火曜日	ヒル・トレーニング(4)	ヒル・トレーニング(4)	ファルトレク (5)	ファルトレク (4)
水曜日	有酸素ラン (5)	有酸素ラン (5)	ヒル・トレーニング(2)	ヒル・トレーニング(2)
木曜日	ヒル・トレーニング(2)	ヒル・トレーニング(2)	ジョグ (5)	休み
金曜日	有酸素ラン (6)	休み	休み	休み
土曜日	PCR (3)	PCR (3)	PCR (3)	PCR (3)

＊ PCR（＝プログレス・チェック・ラン）は、アウト＆バックとほぼ同じ「テンポ走」ですが、ここからはプログレス（進化）を常にチェックしながら走るようにする。
＊＊新しいストレスを身体に与えることになるので、ロングランのペースは、今までよりわずかにユックリとなる。

Chapter 9
いよいよレースに向けての準備

第3ブロック＝無酸素インターバル・トレーニング
（＊以下「インターバル」）

目的

LTペースよりも速いスピードで走ることを繰り返す（インターバル）ことで、「無酸素」状態（「ハーハーゼィゼィ」状態）のランニングに耐えられる能力を身につける。

期間

4〜5週間で週2回の無酸素インターバルがベスト。最低でも2週間、合計2〜4回は欲しいところ。

注意すべきポイント

速ければ速いほど良い、ではないので正しいペースを把握して「頑張り過ぎ」ないよう注意するように。生理的代謝で身体に大きなストレスを与えるので、次のインターバルを行うまでに最低でも48時間間を置くように。また、シーズン／ターゲットとするレースの4〜8週間前の行うのがベストで、あまりに早期からやり始めるとタイミングを逃す可能性があるので要注意。

インターバルに関して、もっとも重要なレッスン

1974年、ニュージーランドの南島の一番大きな都市、クライストチャーチで英連邦大会が開催されました。英連邦大会は、イギリス系の国、カナダ、オーストラリア、ウエールズ…、そしてアフリカからもケニヤ、タンザニア等、世界70カ国以上が集まり、オリンピックに次ぐ大きな世界大会で、し

かも陸上競技の特に中長距離に関してはオリンピックに並ぶ層の厚い大会です。大会初日にクライストチャーチのクイーン・エリザベスII国立競技場で行われた男子10,000m、当時国際的には全く無名だった自国のリチャード・テイラー（10,000mのレースは3回目）が、当時の世界記録保持者、イギリスのデイブ・ベドフォードをはじめ、アフリカ勢のランナー達を抑えて劇的なラストスパートで優勝、国中は興奮の坩堝となりました！　この大会の6週間前、脚の故障等でトレーニングがスムーズに行っていなかったテイラーのトレーニングをリディアードが見ることになりました。「無酸素能力を高めるためのインターバル（この後で紹介しますが、彼はこれを『レペティション』と呼んでいました）をする必要がある…」。リディアードはテイラーを近くの公園に連れて行きます。この英連邦大会のNZ代表がトレーニングをしている！　と、学生達が何人か集まってきます。

学生達：「彼、リチャード・テイラーでしょ？何をしてるの？」
リディアード：「反復走（無酸素インターバル）だ」
学生達：「（そんなことは見りゃわかってるよ！）どれくらいのペースで走ってるの？」
リディアード：「わからない、タイムは取っていないから」
学生達：「何回繰り返すの？」
リディアード：「わからない、数えてないから」
学生達：（お互い顔を見合わせて頭を掻いている…姿が彷彿とするでしょう！）
リディアード：「ところでこの公園の周りは何メートルあるのかな？」
学生達：（その質問にむしろ困惑して）「あなたは一体誰なんですか？」
リディアード：「リチャード・テイラーのコーチだ」
学生達：（笑いながら去って行く…）

　　この話は、日本で一種の「ランニングの基礎教科書」ともなっている小松美冬さん訳の「リディアードのランニング・バイブル」の中にも出てくる話です。初めてリディアード本人と会った1981年の11月のシアトル・マラソンでこの話をリディアード本人の口から聞いた時、金槌で頭を叩かれたようなショックを受けました。本当は初めて英語で完読した本、「Run—the Lydiard Way」の中に出てきていたので知っていて当然だったんですが、やはり頭の中にはちゃんと入っていなかったんでしょうね（笑）！　これはナイキのアスレチック・ウエストのコーチ兼生理学者だったディック・ブラウン博士が「今まで耳にした中で最もビューティフルなストーリー（学ぶ価値のあるストーリー）だ」と呼んだほどです。感覚重視のトレーニング、とい

うよりも——特にインターバルでは大事なことなんですが——むしろ「数字に囚われることなく、トレーニングの「何故」をシッカリと理解することで、数字から解放された、本当の意味で、「あなたにとって」最も効果的なトレーニングを行う、という意味で非常に大切なストーリーなんです。

　リディアードは、彼のクリニックでラッセ・ビレンのドキュメンタリーの中の、ビレンが森の中のトレイルで 10 × 250m のインターバルを行うシーンを好んで見せていました。アップダウンのあるコースで、本当に 250m あるのかないのかもハッキリわからない、松ぼっくりや枝も落ちているような危なっかしいコースで、タイムも計らず…、しかし終了後に心拍数だけはキチッと測定する…。そんなやり方でした。ビレンは、ミュンヘン五輪に向けたトレーニングにおいて、トラックを使ってインターバルを行ったのはたったの 2 回だけだったと言います＊。実は、ピーター・スネルも、1964 年の東京五輪を目指してのトレーニングで、彼が行った「インターバル・トレーニング」はたったの 6 回だけだったのです。結果は金メダル 2 個獲得。ニュージーランドは、当時タータンのトラックすら国内で 1 個しかない、という状況で、しかも 10 月のオリンピック目指してのトレーニングでは、ニュージーランドの冬に無酸素トレーニングを行う必要があり、冬雨の多いニュージーランドでは、芝生のトラックを使うこともままならなかったということで、彼のインターバルのほとんどはロードで行われたそうです。（＊無酸素トレーニングとしては、ビレンは上記の様にトレイルでの反復走という形で行っていましたが、ここでは「トラックを使って」のインターバルは 2 回だけだった、という意味です。）

リディアード式、感覚インターバル

　リディアードが好んだインターバルは、「ここからあの電信柱まで」、あるいは「この公園 1 周」を、ハーハーゼィゼィの入り口に足の指をつける程度のスピードで走り、そこからジョグでスタート地点まで戻る（同じ距離のリカバリー・ジョグ）…。そしてこれを「もう十分」と感じるまで繰り返す。速く走る距離／時間の目安は、1 分から 4 分。距離にして 200m から 1 キロが最適でしょう。大体（ジョグも含めた）総合時間にして 45 〜 60 分、最低でも 30 分続けるようにします。逆にいうと、最初の数本から速く走り過ぎたり、無理矢理きつくしようとやせ我慢して回復ジョグを短くしたりしていると、大切な「ボリューム」が欠けてしまいます。速いペースによる酸性化

を、身体全体に巡らせ、無酸素状態に身体を慣らせるためには「ボリューム」が必要なのです。ペースが速過ぎたり休息が中途半端だったりすると、まず脚の酸性化が早く起こりすぎて、身体全体に酸性化が行き渡る前に練習自体をストップせざるを得ない状態になってしまいます。これではこのトレーニングの目的が達成されません。

　だからといって、多けりゃ良い、というものでもありません。リディアードが一番注意していたことは「絶対に『もう一本』をしないこと！」でした。「一本多く」よりも「一本少なめに」です。無理は禁物、腹八分目です。同じペースで走ろうとしてフォームがバラバラになってきた時、肩がつりあがってきた時、首に「力み筋」が出てきた時（わかりますね！）、あるいは、わかりやすい数字を挙げれば、同じ距離をジョグした時点で心拍数が120〜140回/分以下に戻らない場合、有無を言わずにそこで練習をやめるべきです。逆に、ペースがゆっくり過ぎてハーハーゼイゼイさえしない場合、いくらでもできてしまい、これまた練習の趣旨を見失っています。

　リディアードにとって「インターバル」と「スピード練習」は異口同音ではありません。インターバルは、あくまで「無酸素能力発達トレーニング」として捉えていました。ほとんどの人が、インターバルのペースを気にして、本番のレースペース、あるいはレースよりも速いペースで走らなければいけない、と思っているのではないでしょうか。リディアードは、実はインターバルの「ペース」は全く気にしていませんでした。「無酸素に入るレベル（LTからVO2Maxペース）のスピードで、『もう十分』と感じるまで行う」が、彼のインターバルの定義でした。ヒル・トレーニングの時もそうでしたが、とても曖昧でしょう。しかし、そのトレーニングの「趣旨」を理解し、数字に囚われるのではなく、自らの感覚と反応に耳を傾ければ、あなたにとって「正しい練習」というのが見えて来ます。

　この様な「リディアード式」のインターバルでは「ほとんどの選手が怠けてしまうよ」というのが多くの日本の指導者のコメントではないでしょうか。それに対して、リディアードは、「そのトレーニングの『何故』をハッキリと把握して初めてその選手の『やる気』が高まるのだ」と説いています。そのトレーニングの趣旨をシッカリと説明し、ランナーのやる気を奮い立たせるのも、指導者としての当然のスキルの一つではないでしょうか。

全ての道はローマに通ず

　この様に、リディアードはインターバル・トレーニングの「形式」というものに全く囚われてはいませんでした。反復距離は 400m でも良い、800mでも良い、925m でも良い…。反復回数も、大体合計 5 キロくらいという定義はしていましたが、「スピードで『壁にぶち当たる』まで」と非常に曖昧でした。しかし、一般的に彼はシンプルなアプローチを好んでいました。ストレートな：20×400m の様な練習です。いわゆる、英語でいうところの「KISSの法則」です（Keep It Simple, Stupid!! ＝シンプルにしておきなさいよ、お馬鹿さん！）。しかしここでは、その他の、ちょっと変則なやり方を三つ紹介してみたいと思います。

　インターバルの目的の一つとしては、「（『ハーハーゼィゼィ』の無酸素に足を突っ込む程度の）スピードで追い込む、しかもある程度のボリュームをこなす」ということです。速すぎてもダメ、遅すぎてもダメ。多すぎてもダメ、少なすぎてもダメ、なんです。心拍数は、ハッキリと割り切れないところもありますが、大体心拍数でチェックするならば：「速く走る部分は心拍数180 くらい、リカバリーでは 120 くらい」が目安となります。年齢と、フィットネス・レベル（一般に安静時心拍数で示される）にもよりますが、トップ・クラスであればこれが良いガイドとなります。市民ランナーであれば心拍数の上限が 160 くらいでしょうか。しかし、特に年季の入ったトップレベルのランナーでは、ごく一般的なインターバルでは心拍数を上げられない場合があります。これは、フィットネス・レベルが非常に高くなって、しかも高いレベルでのインターバルにさえ効率良くなってしまったため、それだけでは「きつく」感じなくなってしまっているからです。そんな場合、セットを用いると良いでしょう。例えば、1976 年モントリオール五輪の 5,000m で銀メダルを獲得し、翌 77 年に 13 分 12 秒の世界記録を樹立し、後にコーチとして活躍したディック・クアックスが好んで行っていた変形の「セット・インターバル」ですが、トラックでまず 300m を全力の 80% 近くの力で走ります。その後すぐに 200m のスタート地点までジョグし（距離にして 100m程度）、すぐに 200m をほぼ 90% 近くの力で走ります。これを 1 セットとして 5 分のリカバリー休憩を置いて 5 〜 7 セット繰り返します。同じ様なやり方を、モスクワ五輪の 800m チャンピオンのスティーブ・オベットも行っていました。彼の場合、400m を 58 〜 60 秒という速いペースで走り、たった30 秒のリカバリーで 4 回繰り返します。これを 1 セットとして 4 〜 5 分の

リカバリーを置いて5〜6セット繰り返します。これは、普通のストレートな400mインターバルでは彼の心拍数を180に上げることができなかったからです。

　逆に、市民ランナーの場合、スピードを上げることに慣れていないため、ロングランとほとんど変わらない程度のペースで、しかしその代わりいつまでもやっていられる、なんていうケースがあります。これはウチの奥さんにやらせて非常に効果的だったトレーニングなんですが、なだらかな坂を間に挟んだコースで（全行程250m程度で、中120mほどがなだらかな坂）、上り／下りの両方を使って反復します。上り坂を速く走ることで心拍数を普通以上に上げる様に、そして上でジョグをし、今度は下り坂で、普通以上に速く走ることが可能となります。そして下でまたジョグ。また上りを速く…。特にほとんど全てのランをほとんど同じペースで走ってしまいがちな一般市民ランナーの方には、このアプローチがお勧めです。「私速くないの」が口癖の方達です。実はこれはフランク・ショーターも使っていた秘密（というほどオーバーなものでもありませんが）練習なんです。彼は高地トレーニングの先駆者の一人としても知られていますが、彼がコロラド州ボルダー（標高1,700m）に住み着いてトレーニングを始めた頃、高地で遅いスピードで無酸素状態に陥ってしまい、インターバルのスピードが追いついていかない、ということに気づきました。つまり、今まで400mのインターバルを64秒で出来ていたのが、高地ということで66〜67秒で無酸素状態になってしまう、ということです。「無酸素トレーニング」としてのインターバルではこれで十分なのですが、これでは64秒の「動き」が出来ないことになります。そこで彼は、下り坂を利用した200mのインターバルを加え、「速い動き」が出来るチャンスを取り入れたのでした。それと同じ原理です。

　そしてもう一つ、短気のリディアードは好まなかったのですが、ラダー、「梯子」というインターバルがあります。これは速く走る距離を徐々に伸ばして行き、そしてまた短くして行く、というやり方です。実は私は案外スピードに乗って来るのが遅く、個人的にはこのラダー・アプローチが好きなんです。例えば：2×100m＋2×200m＋2×400m＋2×800m＋1200m＋2×800m＋2×400m＋2×200m＋2×100m。これで合計5キロになります。まだ慣れていない初心者であれば800mで「折り返して」距離を下げて行っても良いでしょうし、ベテラン・ランナーであれば1600mまで上げても良いでしょう。ここで重要なポイントは、まず「気楽に」100mから始め、徐々

にスピードに乗って来てから距離を伸ばして行ける、ということです。そして、ピーク（1200m）に達したら、今度は徐々に距離を短くして行く、ということで、精神的にも気が楽ですし、しかも距離が短くなって来る分、ペースアップすることさえ可能です。NECの故佐々木功監督は、マラソンのためのインターバルとして 3k + 2k + 1k を好んで行っていました。精神的にも気が楽ですし、徐々にテンポを上げて行けるという意味でも効果的です。

引き続き有酸素能力の充電をお忘れなく

　さて、ここまで来たら、走り込みによってスタミナもつき、ヒル・トレーニングによってあなたの脚は多少の負荷に耐えられる状態に鍛え上げられており、速く走る準備もできているはずです。有酸素能力も高められているので、身体の酸性化状態にも耐えられるはずですが、これは、まず走り込みから始めるという利点のひとつでもあります。負荷が非常に高い運動（スピードが速いランニング）を行うと、水素イオンの発生によって身体が酸性化します。それを身体は頑張って弱アルカリ性に戻そうとして各種化学反応を起こしてpHレベルを引き上げようとします。この繰り返しこそが無酸素インターバルの応用なんですが、そもそも基礎となる走り込みのトレーニングによって「有酸素能力」を高めた場合、同じ高負荷トレーニング（無酸素トレーニング）を行った場合でもpHの下がり具合が少なく済むことがわかっています。ですから、まず走り込んで有酸素能力を高める、ということは、身体の酸性化により耐えられる身体を築き上げる、ということを意味しているのです。このことによって、より多くの無酸素インターバルをしても故障やコ

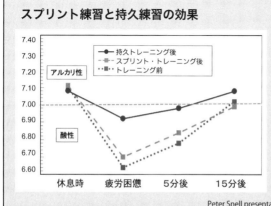

疲労困憊の運動をすることで、7.10 だった身体のpH が 6.60 近くまで下がります。スプリント練習の後ではあまり変わらないが、持久トレーニング後だとpHの下がり具合が最小限に抑えられています（6.90）。

Peter Snell presentation, 2009, の資料を基に橋爪伸也作成

ンディションの低下を防ぐことができる、レースが始まっても、より多くの
レースに出場しながら、やる気が萎えて「フラット」になるまでの期間を引
き延ばすことができる、そして、そのことによって、より多くのレースを走
りながら、記録を伸ばし続けることができる、などという各種の利点がある
のです。

　ヒル・トレーニングのところでもご紹介しましたが、2014年、コロラド
大学のマーク・ウエットモアが指導していたジェニー・シンプソンが1,500m
で世界ランキング・ナンバー・ワン、そしてエマ・コバーンが3,000m障害
でアメリカ記録を更新しました。実はこの年は英連邦大会があったため、ヨー
ロッパでのいわゆる「陸上シーズン」が6月から10月までと、ほぼ5ヶ月
間も続きました。そんなに長く続く「シーズン」に対して、どのように対応
したのか、という質問に対して、ウエットモア・コーチは二つポイントを紹
介してくれました。一つはこの有酸素の走り込みを11月から4月まで、つ
まりリディアードの「教科書」に載っている通常の3ヶ月（10週間）の倍行っ
たということ、そして二つ目は、レースの翌日は必ず25キロのジョグを行っ
て有酸素能力の維持に努めた、ということ。このように、「有酸素の土台」を
シッカリがっつり築き上げることで、より多くの無酸素的運動（レースを含
む）に耐えられるようになるのです。

ケーキを完成させるにはクリームも必要

　「Running with Lydiard」の日本語訳、「リディアードのランニング・バイ
ブル」の中で、彼はインターバル・トレーニング、無酸素練習について次の
ように語っています：「…ほとんどの人が、インターバル・トレーニングの
理論にとらわれて、インターバルやレペティションなどの無酸素インターバ
ルこそ、一番大切なトレーニングだと思い込んでいる。だが、私に言わせれ
ば、無酸素インターバルは、もっとも重要でないトレーニングなのだ…。」有
酸素能力の発達こそがもっとも重要なパーツだ、と公言していたリディアー
ド、このコメントは当然だと思います。私がリディアードとコンタクトを取
るようになったのは1981年の夏からでした。手紙を出してアドバイスを乞
い、インターネットもオンライン・トレーニング・ログも全くない時代、毎
週のようにトレーニングを書き出して彼に送っていました。そんな私が直接
リディアードから学ぼうと、ニュージーランドに渡ったのは1983年の11月
でした。今でも覚えています。初めて彼の家に行き、リビングルームでそれ

までの練習日誌をまとめて見てもらい、「まだまだ足りないぞ、最低でも週に100マイル走らなければ…」と来るかと身構えました。「インターバルをやれ」が彼の第一声でした！「あれっ！　リディアードは『反インターバル派』じゃなかったの？」と目が点になっている私に、リディアードが続いて言った言葉は、最も価値のあるコメントの一つとして今でも心の中に刻まれています：「お前は、まだケーキが完全に焼きあがって完成していない状態、中途半端な出来で食べようとしているんだ。プログラムは最初から最後まで完結しなければいけない…」。前の章でも説明しましたが、リディアード・トレーニングの下から上まで、全てのパーツに意味があるんです。そのどの一部でも欠けていたら「完結」とはいえません。無酸素能力発達のためのインターバルも、それなりに重要な意味を持っています。長くユックリ走る有酸素の走り込みだけが「コンディションニング」ではないのです。全てのパーツが、それぞれの身体の部分を、そしてそれぞれの生理学的な発達を司っており、その全てが「コンディショニング」してくれるのです。

　ここでちょっとリディアード特有の「単語」について少し話してみたいと思います。もちろんどんな練習がどんな名前で呼ばれていようが関係なく、要は何をどのようにするかさえ理解していれば、その練習の名前が何であっても問題ないことなんです。確かにそうなんですが、練習の定義がこんがらがっていることから全く異なった練習をする羽目になってしまっても大変なので、あえてこの場を借りてハッキリさせておきたいと思います。

　確か故高橋進先生の書かれた著書の中で、リディアードの「無酸素トレーニング」について「…間はジョグでつないではいるものの本人は『インターバルではない』と言っている…」という内容のコメントを見たことがあります。これは小松さんが企画した1991年の日本でのリディアード・クリニックの時も首を傾げている聴講者の顔が目に浮かんでいたのですが、リディアードは、「私は一切インターバル・トレーニングは行わない。我々は常にレペティションをするようにしている」といつも言っていました。一般に、練習の名前の定義を紐解くと、「インターバル：間をジョグでつないで、不完全休息で次の速いランに入る」、片や「レペティション：一般に長めの距離をレースペース近いスピードで走り、間を歩いたり立ち止まっての休息で、ほぼ完全に回復するようにする」といった感じになるかと思います。一般的にこれがユニバーサルな定義だと思います。実はリディアードの個人的な定義は全く違うものでした。

リディアードは、「インターバルは、事前に速く走る距離、ペース、回数、休息ジョグの距離／時間などを決めておいて」行う練習のことを指していました。逆に、レペテションは、「正確な距離も、ペースも気にせずに、速く走ることで身体が疲れるまで」繰り返す、という説明をしていました。

インターバル練習終了のタイミング

では、この「（速く走ることで）身体が疲れるまで」、あるいは「壁にぶつかるまで」という言い方も使っていましたが、それは具体的にどういうことを指すのでしょうか。

●フォーム全体に力みが感じられる
●肩が釣り上がってくる
●歯を食いしばって走っている
●首筋の筋肉が浮き上がってきている
●もしコーチがタイムを計っていた場合、同じ様に頑張っているのにタイムが落ちてくる
●あるいはもっと具体的に、速く走った距離と同じ距離をジョグして、あるいは速く走った距離が800m以上の場合、大体5分ほどのジョグをした後、心拍数がまだ120～130回／分に落ちてこない（これに関しては後でもう少し詳しく説明します）

この様な感覚を自覚したら、事前に決めた回数まで頑張るのではなく、有無を言わせず即インターバルをストップすべきでしょう。ゴールデン・ルールは：やり過ぎるよりは、1本少な目で止めておく！　この「感覚重視」のアプローチを、リディアードは「レペティション」と呼んでいたのです。

回復ジョグに関しては、リディアードは単に「同じ距離」をジョグするというシンプルなアプローチが好きでした。もちろん速く走る距離が長くなって来ると、「同じ距離をジョグしていたら、また最初からウォームアップしなけりゃいけなくなる！」とビル・ベイリーからはジョークが出ていましたが、大体長くて5分のジョグが上限でしょう。もっと詳しく分析したい方は、「心拍数が120に下がった時」が次のランに入る目安になります。もちろんこれも個人差があって、私自身は大体130回／分くらいで十分リカバリーしたと感じられるので（逆にいうと、120回／分まで待っていたら長くかかり過ぎ

る気がするので）130でも良しとしています。もちろん、その時のフィットネスのレベル（安静時心拍数に反映される）によっても差が出てきますが。

　1970年後半に、ナイキのスポンサーする「アスレチック・ウエスト」が創立された時、ディック・ブラウン博士がアドミニストレーター兼コーチ兼生理学者で、ボブ・セブニー（現役時代は、ビル・ロジャース、アルベルト・サラザール達を指導したボストンの伝説的指導者、ビル・スクワイヤーズに指導をうけ、後にオリンピック女子マラソン初代チャンピオンのジョアン・ベノイトを指導する）とニュージーランドのメダリスト、5,000mの世界記録保持者のディック・クアックスの二人がコーチとして就任しました。当時のアメリカのトップのランナー達を集めた最強の集団だったのですが、その一つのストーリーとして次のようなものがあります。クアックスがランナー達を集めて800mを繰り返すインターバルをやらせていた時、そのうちの一人が、800mのジョグの後でもまだ心拍数が120に下がりませんでした。そこで「もう一度800mジョグしてこい」と指導。1,600mのジョグの後でも心拍数が下がらなかったため、「コーチ、まだ十分出来るよ！」というランナーの反対を差し置いてそれで終了させました。これは「感覚」だけでも割り切れないハッキリとした「指針」を示す非常に良い例です。

ディック・クアックス（左は著者）

速けりゃ良い、ってもんじゃない

　さて、やっと速く走れる時が来た！とばかりに最高スピードで走ろうとする誘惑には要注意です。例を挙げれば、マラソン日本記録保持者の高岡寿成選手は、1キロのインターバルを2分45秒で走っていたと聞きます。これは彼の10,000mのレースペースです！（日本の主流となっている1キロの「インターバル」は、つなぎのジョグが200mで、どちらかというと無酸素練習というよりも変則テンポ走ですが。）以前45歳の男性からメールをもらい、5×1キロのインターバルを4分ペースでやっているといっていました。よく話を聞くと、彼の5キロのベストは25分！　何故4分ペースなのか、という問いに「（そのペースで）走れるから」でした。しかし、彼にとってこれだ

け速いペースで走ることが、はたしてレースに反映されているでしょうか？「凄い練習」と「（あなた個人にとっての）正しい練習」との間には大きな隔たりがあります。そして、インターバルほどその差が顕著にあらわれる練習は他にないかもしれません。

　このような無酸素トレーニングは、身体に生理的に大きな負担をかけます。決して二日続けてこの種の練習を行わないように。最低でも 48 時間は合間を置くようにしましょう。このように週に２度ほどこの種の練習ができればベストなのですが、週１回でも十分効果があります。ただし、この種の練習は、短期間にピークに持ってこれるかわりに、合間を置きすぎると失われるのも早い、という弱点もあります。ですから気まぐれに月に一度ほどやる程度ではあまり効果が期待できません。無酸素トレーニングは、身体を無酸素状態に持ち込むこと（ランニングの場合、呼吸がハーハーゼィゼィになるスピードで走ること）でそのコンディション、つまり水素イオンの発生による身体の酸性化に対する抵抗力を生み出す、というメカニズムです。リディアードは、週に２〜３回の「無酸素トレーニング」を４〜５週間続けることでこの能力はマックスに向上させることができる、と言っています。ですからもし週に１回しかインターバルをすることができない場合、最低でも４回、つまり４週間は続けたいものです。

　逆に、週に７日走っているエリートや実業団ランナー、また市民ランナーでも週に最低５日間走って頑張っているみなさん、この種のトレーニングは長く続ければ長く続けるほど高まっていく…というものではありません。何度も言っていることですが、無酸素能力にはハッキリした限界があります。ガラスを磨いてピカピカにするのに１時間かかったとします。じゃあ２時間磨いたら見えなくなるほど綺麗になるのか、というとそんなことはありません。時間の無駄になることもさることながら、疲れてきて動きが雑になって、ガラスに傷をつけたり割ってしまう可能性さえ出てきます（…とまでいうとこの比喩にはちょっと無理があるかもしれませんが、趣旨はわかっていただけると思います！）。リディアードが好んで行っていたこの無酸素インターバル期のスケジュールは、週に３日、１日置きに何らかの無酸素トレーニングを行い、間の日には、目標とするレースにもよりますが、有酸素ラン、ファルトレク、ジョグ…、あるいはスプリント練習を当て、７日目にはロング・ジョグを継続します。ここでも、ヒル・トレーニング期と同じで、ロングラン／ジョグは「有酸素能力の維持」という役割になるのでペースは走り込み期よりも

ユッタリしたものになります。決して頑張りすぎない様に！

　ここで「何らかの無酸素トレーニング」と言ったのは、単にインターバル
だけでなく、例えば３キロとか５キロとかを、快調走のような良いペースで
走ると、それだけでも「無酸素状態」になることが出来るからです。リディアー
ドが好んで行っていたパターンとしては、週の最初の無酸素トレーニングの
日（例えば火曜日）にはロング・インターバル、２日目の無酸素トレーニン
グの日（１日おいて木曜日）にはショート・インターバル、そして３日目（土
曜日）には速いペースでのタイム・トライアル…。そして、速く走る距離の
合計が５キロ程度になるのが生理学的にもっとも適量だ、と言っていました。
彼に言わせると、これは当時の東ドイツの運動生理学者たちが好んで奨励し
ていたアプローチだ、ということだそうです。ですから、例えばロング・イ
ンターバルの場合は：６×８００m、５×１キロ…、ショート・インターバルであれば：
２０×２００m、１５～２０×３００m、１２～１５×４００m…。私自身は、ロング・インター
バルを「呼吸に刺激を与えるインターバル」（いわゆる日本で知られている「心
肺機能を高める」インターバル）、ショート・インターバルは「レッグ・スピー
ドを鍛えるインターバル」と、端的にランナー達に伝えていました。本格的
にマラソンを目指している人の場合、もう少し長めにして、例えば：３～４
×２キロなど、ちょっとレペ的な練習にしてもいいかもしれません。基本的に、
リディアードは、あまり距離を長くしすぎたり、回数を多くしすぎたり、ま
たは、リカバリージョグを短くしすぎたりするのは好みませんでした。その
理由は「速く走る部分のスピードが劣ってしまうから」です。KISS の法則を
お忘れなく！

インターバルを速く走るより、レースで速く走ろう

　だからといって、インターバルが速ければ速いほど良い、というわけでは
決してありません。初代東京オリンピックで大活躍、国立競技場に唯一の日
の丸を掲げた、マラソンで見事銅メダルを獲得された故円谷幸吉選手が、ト
ラック（5,000m、10,000m）からマラソンへの移行において非常に大きな
役割を果たしたのが、オリンピック前年のニュージーランド合宿における
20,000m と１時間走で、その当時の世界記録保持者、人間蒸気機関車の異名
を持っていたエミール・ザトペックの記録を破ったレースでした。実はこの
レースで円谷選手は２位だったのですが、その彼に先行したのがリディアー
ド門下生で、本番の東京オリンピックでは 5,000m で６位に入賞したビル・

ベイリー選手でした。彼は同じリディアードのグループで、ローマ五輪の5,000mで金メダルを獲得したマレー・ハルバーグ選手に勝って、1マイルで4分を切ることが目標でした（ハルバーグはニュージーランド初のサブ4マイラー）。そこで、ハルバーグが400mを15本行えば自分は20本、ハルバーグが400mを68秒で走れば自分は65秒で…。その努力が報われ…ることなく、結局10年間頑張って、ハルバーグに勝てたのは1度だけ、1マイルでは4分を切ることなし。中距離では無理だ、と悟ったベイリー選手、長距離からロードの10マイルに転向、インターバルも72秒と、ゆったりペースに変えました。すると突然1マイルで4分を切り、世界ランキングに名を連ねるようになりました。「他人（ハルバーグ）がやっていることを基にして自分のトレーニングを決めるのではなく、自分にもっとも適したペースに切り替えたことで、自分のベストの走りが出来るようになったのだ」と話してくれました。前に話した5キロ25分の男性の話を思い出してください。「速く走れるから」速くインターバルをやったからといって、それが正しくレースに反映されるとは限らないのです。

これも「リディアードのランニング・バイブル」に出て来る話ですが、非常に重要な意味を持っているので、改めて紹介したいと思います。リディアードが1970年代にアメリカで講演ツアーを行っていた時、テキサス州のある高校のコーチが紹介した話です。彼のチームは、毎週月曜日に25×400mのインターバルを、68〜69秒で行い、チームのトップが1マイルを4分17秒（1,500m 4分00秒）、他の選手たちも大体4分24秒（1,500m 4分08秒）くらいで走っていました。リディアードのクリニックに参加し、彼のトレーニング法を学んだこのコーチは、チームのみんなに冬の間は長距離の走り込みを数ヶ月間、そして続いて400mほどの坂を使ってのヒル・トレーニングをさせ、さぁいざインターバルとなった時、最初の25×400mのインターバルでは全員が72〜73秒かかってしまいました。2週間経ってもタイムは全然良くならず、「リディアード・トレーニングのおかげで今シーズンはお終いだ！」とガッカリしてしまったものの、今更別のトレーニングに切り替えても仕方がないので、そのまま「リディアード法」を続けました。いざシーズンが始まると、トップの選手が4分09秒（1,500m、3分53秒）、一番遅い選手でも4分13秒（1,500m 3分57秒）で走り、州の選手権でチーム優勝してしまったそうです！　このコーチ曰く：「私は今まで、400mインターバルを速く走るランナーを育ててきました。今では彼らはインターバルは速く走れませんが、レースは速く走れるんです！」リディアードのお気に入り

のジョークで：「もしオリンピックに『20×400m』という種目があったら、アメリカチームがメダルを独占するだろう！」。トレーニングの趣旨は、「インターバルを速く走ること」ではないのです！　逆に、インターバルの目的は、「レースで速く走れるため」のものであるべきで、そこのところが本末転倒してしまう様であれば何の意味もないのです。

力の配分の「感覚」に耳を傾けて

　インターバルのペースでは、一般に5キロのレース・ペースが目安に使われることが多いと思いますが、例えば、「あなたの5キロのレースペースに、1キロに5〜10秒足して…」などがインターバルのペースとして使われるのを良く耳にします。私自身も、よく「5キロのレースのスタートの感覚で」とか、「5キロのレースの、中盤でペースが落ち着いた時の感覚で」とかを指針とすることがよくあるんですが、個人的には、この「レース・ペース」プラス/マイナス何秒、というのには非常に抵抗があるんです。この「レースペース」というのは「自己最高記録」なのか、「目標タイム」なのか、「自己トップ5の平均タイム」なのか…。しかも、例えば週に2回インターバルを行って4週間「無酸素インターバル」のブロックを行うとします。その場合、第一回目のインターバルでのペースと、そのペースに対する「感覚」と、全プランを通しての8回目（週に2回行ったとして4週間目）のインターバルでのペースと感覚は全く違います。

　リディアードは、非常に曖昧なインターバルの定義をしていたものの、実は非常に準備周到なアプローチもしていたのです。オリジナルのスケジュールをよおく分析してみると、次のような順序だったペースとボリュームを高めて行く、というアプローチを取っていました（これは、1965年にオリジナルから改良された「Run to the Top」と「Arthur Lydiard's Running Training Schedule」を参考にしています）：

第1週
火曜日：200mを10本、¼の力で
木曜日：200mを20本、¼の力で
第2週
火曜日：200mを10本、½の力で
木曜日：400mを20本、¼の力で

第3週
火曜日：200mを20本、½の力で
木曜日：800mを10本、¼の力で
第4週
火曜日：スプリント100m12本を400m毎に
木曜日：400mを20本、½の力で

　リディアードは、この 1/4、1/2、3/4 の力の配分で、というアプローチを好んで使っていました。これは、あまりよくわからない、と一般に好まれるシステムではないのですが、大雑把に、1/4 は結構楽に出来るペース、1/2 はちょっと速めで、しかし快調に走れるペース、3/4 はチャレンジ・ペースではあるが、まだまだコントロールできているペース、といった感じです。ですから、まず 200m を楽なペースで 10 本、次に「楽なペース」を保ちながら 20 本に増やす；次にもう一度 10 本に減らして、その代わり力の配分を 1/2 にペースアップさせる…。本格的に 20 × 400m を 1/2 の力の配分で行うまでに 4 週間を費やしているのです！　このように、「数字に囚われない様に」と強調している割には、非常に細部に渡っての指針も示しているのです。単純に「5 キロのレースペースに 5 秒加えて」というアドバイスが虚しく聞こえませんか？

　私が故ディック・ブラウン博士と共同で、リディアードに沿って作ったオンライン・トレーニング・プログラムの「リディアード・ランナー」には、各種距離における 1/4、1/2、3/4 と、全ての力の配分でのペースが、個人のレベルによって全てアルゴリズムで計算されています。ほとんどの人が、このペースを見て「こんなに遅くて良いの？」と思ってしまいます。その一人、48 歳の男性からメールが届きました。彼は 2018 年に、この「リディアード・ランナー」を 2 サイクル行い、20 回のレースに出場し（個人的にはちょっとレースに出過ぎに思いますが…）自己記録を 9 回出したそうです。5 キロでは自己記録を 2 分更新、フルマラソンでは、なんと、4 時間 47 分から 3 時間 46 分に更新！　彼のコメントは：「今までのトレーニングに比べて、インターバルが少なく、ペースも遅いのにレースでは速く走れる。まるで狐につままれている様だ！」実はこれが「凄い練習」と「正しい練習」の違いなんです。あまりにも多くのランナーが、「凄い練習」をしようと躍起になっているのです。あるコーチが彼が指導する女性にその日のインターバルのメ

ニューを手渡したところ「でも…、私この練習『出来る』わよ…」と言った
そうです。「そうあるべきなんだよ！」と。出来ない様な練習をギリギリの線
でやろうとしているランナーがいかに多いことか！「トレーニングの何たる
かを理解していないランナーほど頑張ってしまう。しかもそんなランナーに
限って、こんなに頑張っているのに結果が出ないと、自分のパフォーマンス
に失望してしまうんだ…」とは前述のビル・ベイリーのコメントです。

悪循環の構図

　「有酸素／無酸素」の章でも説明しましたが、この様なインターバル、無
酸素トレーニングをやり過ぎてしまう、速く走り過ぎてしまう、あるいは長
い期間継続してやり続けてしまうと、これまで大事に大事に培って来た、パ
フォーマンスの基礎となる「有酸素の体力」を崩してしまうのみならず、身
体の極度の酸性化によって新陳代謝のバランスが崩れてしまい、病気やケガ
の原因にさえなりかねません。距離やスピードにもよりますが、レース自体
も「無酸素運動」です。アメリカの高校ではよくあるパターンなんですが、
レースを定期的に走っている最中に（トラック・シーズンが始まって、週に
１〜２回レースに出ている時）同時にインターバルを行うことは、大失敗の
原因になりかねません。レースを無酸素トレーニングと捉え、その代用とす
ることは可能ですが、間違ってレースとインターバルを並行して行ってしま
うと、特に高校生など 10 代の若者の場合、身体に大きな負担をかけるので、
あまり勧められるものではありません。リディアードは「そんなことをさせ
る指導者は犯罪者同然だ！」とさえ過激なことを言っていました。そんな場
合、過度の無酸素運動によって、身体が極端な過労状態になってしまいます。
そのため「スピード」が鈍りだします。「スピード」がなくなってきたら、ま
ず条件反射で何をするでしょう？　そう、「スピード練習」を頑張ってもっと
しなきゃ、と思うのではないでしょうか。この悪循環で、状況は悪くなって
行く一方となります。

知られざるコーとリディアードの接点

　「走り込み」の章でもお話しした、イギリスのセバスチャン・コーですが、
800m、1,000m、1,500m、そして１マイルと、中距離の全ての種目で世界
記録を樹立、1980 年のモスクワ五輪では 1,500m で金メダル、800m でも
銀メダルを獲得しました。その後も快進撃が続き、800m と 1,000m でも自

分の持つ世界記録を更新、マイルでは、同国のスティーブ・オベットと「世界記録更新ごっこ」を繰り返しました。二人が塗り替えを繰り返したマイルの世界記録はなんと、わずか3年の間に5回！　迎えるロス五輪の前年、1983年を、800m室内世界記録更新で順調なスタートを切ったコーは、その後病気とケガに悩まされ続けます。巷では、ロスへの代表の切符も危ないのではないかと囁かれます。私がニュージーランドに着いたのが1983年の11月でした。初めてリディアードが、彼が広報部のディレクターとして勤めていた建築会社、ウィンストン社のオフィスに連れて行ってくれた時、彼のデスクの上にピンク色の紙のメモが置いてあるのが目に止まりました。秘書からのメッセージで：「ピーター・コー（セバスチャン・コーの父親でコーチ）から電話あり。連絡欲しいとのこと」とあります！　椅子から転げ落ちそうになりました。「レースとスピード練習のやり過ぎだ」とご機嫌斜めのリディアード。「過度の無酸素運動で甲状腺をやられて単核球症になりかかっている。こんな時こそ長くユックリと有酸素ランニングで土台を鍛え直す必要があるのに…。」「スピード持久力」という用語をポピュラーにし、「走り込み」をせずに、スピード、スピードで追い込むと噂されていたコーですが、こんな所でリディアードと繋がりがあったのです。リディアードのアドバイスに対してどのように対処したのか、実際のところは私も知りません。しかし、コーはその後コンディションを持ち直し、本番のロス五輪では見事、史上初のオリンピック1,500m連覇を果たしました。

　このChapter9＝第3ブロックあたりから本格的なレース仕様の練習になってきます。十分なウォームアップとクールダウンをすることで有酸素能力の維持を図るとともに、怪我の防止に努めるようにしましょう。「走り込み」の章でも「第2のラン」、または「朝ラン（ジョグ）」の話をしましたが、無酸素に首を突っ込むようになったこの時期から（出来るならば）この「第2のラン」で軽くジョグすることが、無酸素からの疲労回復と有酸素能力の維持という意味で、より重要となります。よく「走り込み」期にこそ「第2のラン」でバルク、総走行距離を増やす、という感覚で1日2回走ることが大事、と思っている人がいるのですが、走り込み期では「1回のランで総継続時間を伸ばす」ことが大事なので、それを分割してしまっては意味がありません。それよりも、無酸素インターバルから続くコーディネーション期に入る今こそ「第2のラン」が大事なのです。マギーは、現役時代は、早朝に近所の中年のおじさんと一緒に（より「ユックリ」走るようにする、という意味）45〜50分のジョグをするようにしていた、と言います。たとえ20分でも

30分でも非常に有意義です。「第2のラン」の時間を取ることが出来ない一般市民ランナーでも、トレーニング・プログラムを組む際、繋ぎとして出来るだけ軽いジョグを間に入れるようにしましょう。そして、ハード・トレーニングの日には十分なウォームアップとクールダウンでより多くの「ジョグ」を加えるようにします。プリフォンタイン同様、ブルドッグのように連日ハードトレーニングをすることが可能だったディック・クアックスは、「朝のジョグを考慮すると、それでもキチンとハード/イージーのパターンを守っていたことになる」と言っていました。つまり、毎日2回走って週に14回トレーニングしようが、忙しくて週に3回、4回しか走れない場合であろうが、どこに「ポイント練習」を入れて、その間にどれだけの「リカバリー・ラン」を組み込むか、これが自分なりの成功のパターンを作り上げる鍵となるのです。

	週7日	週6日	週5日	週4日
日曜日	有酸素ロング・ラン (1)	有酸素ロング・ラン (1)	有酸素ロング・ラン (1)	有酸素ロング・ラン (1)
月曜日	ファルトレク (7)	ファルトレク (6)	休み	休み
火曜日	インターバル (2)	インターバル (2)	ファルトレク (5)	ファルトレク (4)
水曜日	有酸素ラン (5)	有酸素ラン (5)	インターバル (2)	インターバル (2)
木曜日	インターバル (4)	インターバル (4)	有酸素ラン (4)	休み
金曜日	流し (6)	休み	休み	休み
土曜日	PCR (3)	PCR (3)	PCR (3)	PCR (3)

＊インターバルとプログレス・チェック・ランは、決して続けて行わないように。最低48時間は間に置くように。

Chapter 10

本番を見据えてのバランス・アクト

第4ブロック＝コーディネーション

目的

　今まで培って来た有酸素能力、無酸素能力、そしてスピードを全て混合させて、本格的にレースに向けての準備をする。

期間

　3〜4週間（マラソンの場合もう少し長く）

注意すべきポイント

　個人によって、ある種のトレーニングに対する身体の反応が違ってくるので、示されているトレーニングを盲目的に行うのではなく、その日その日の自分の身体への反応を考慮に入れながら、次の日、次の週のトレーニングを構成していく。

　私がリディアードと実際に出会って直接話をする様になるまで、私自身、「リディアード」を中途半端に理解して「有酸素で走り込むこと」が全てだと思っていました。週100マイルを、1マイル7分ペース（キロ4分20秒）で十分走れるだけの体力がついていたものの、それがレースに繋がらない歯がゆさがありました。「キチッと100マイル走っているのに、どうしてレースで上手く走れないのかなぁ」とリディアードに聞くと、「『レースを走る』ための練習をしていないからだ」と即答。そして、ここでアーサー・リディアードから直接指導を受けることになります。「ウォーターフロント（海岸沿いのロード）に行って、平坦な5キロのコースを見つけてこい。これから数週間、水曜日と土曜日にそこで『タイム・トライアル』を走るんだ。決して無理や

りタイムを速くしようとしてラスト・スパートをしない様に。力強く、しかしイーブン・ペースで走るんだ」。知人の車でコースを測ってもらい、スタートとゴールを決めます。最初の水曜日、約3キロのジョグでウォームアップを済ませ、「タイム・トライアル」をスタート。イーブン・ペースで走るよう心がけ、ラストもスパートで頑張ることなく18分ちょうど。久々に追い込んだ走りで、まぁまぁかな、と。3日後の土曜日、同じコースを同じ様に走ります。17分40秒。「えっ？　別に余計に頑張ったつもりはなかったんだけど…」。次の水曜日、17分20秒。ちょっとちょっとぉ…。結局2週間半で5キロのタイムを2分更新して16分まで短縮！

　もちろんこれはちょっと「進歩」のペースが早すぎました。タイムがぐんぐん良くなって行くので調子に乗って飛ばしすぎました。大切な「バランス」を見失ってしまい、3週目に入る頃には頭打ちになってしまいました。ピークへの持って行き方は、もっとコントロールするべきだったのですが、これについては改めて次の章で説明したいと思います。

タイム・トライアルの意義

　リディアードは「ランニング・バイブル」の中で、タイム・トライアルについてこう言っています。「人間の身体はある種の運動を頻繁に行うと、しだいにその運動を効率よくこなせる様になっていくものである」(p70)。この一言は、リディアードの真髄としてもっとも重要な一言かもしれません。前の章で、リディアードの5つの基礎の一つに「個々の反応に対する対応」というのがありましたが、それを指しています。今までのトレーニングは、全てこのコンセプトに基づいています。走っている時に身体に糖分を与えないことで脂肪酸をより効率的に燃やすことができる身体を作る…。上り坂を使ってより力強い走りができる身体を作る…。インターバル・トレーニングで無酸素代謝に耐えられ、よりスピードの出る走りができる身体を作る…。そして、ここまでの全てが、「レースが出来る身体を作る」ための「下準備」なのです。ここまで来て初めて、「レース全体を通して力強く、スムーズに走る」ことに身体を慣らす必要があります。

　皆さんご存知の様に、インターバルは、ある適当な距離を速く走り（多くの人がこれを「レース・ペース」でやりたい、やるべきだ、と勘違いしていますが）、次に休息（主にジョグ）を入れ、また速く走る、また休息、また速

く走る…、を繰り返す、というトレーニングです。当然身体は「このストレス」に慣れる様になります。前の「無酸素インターバル」の章でもお話ししましたが、この種のトレーニングを中心に行っていると、「速く走って休息、速く走って休息…」に身体は慣れて、効率良くなります。レース全距離をスムーズに走る、とは全く別物なのです。むしろ、インターバル中心に練習を重ねてきたランナーは、レース本番でも、ある程度の距離を走った後で「休息」を欲してしまいます。もし「別の」トレーニングを積んできたランナーが、ちょうどその時にスパートをかけたらどうなるでしょうか。

1960年ローマ五輪、男子5,000mの決勝で、リディアードの指導を受けて、17歳の時のラグビーの事故で左腕が動かせなくなったというハンディにもめげず、マレー・ハルバーグが優勝しました。この時彼は、ラスト3周の時点で、1周60秒ですっ飛ばし、他の選手を一気に30m引き離し、その差をキープして金メダルに輝いたのです。実はこの一見無謀にも見えるレース展開の裏には、緻密に計算された作戦と、それを実行に移せるだけのトレーニングに裏付けされた自信があったのです。当時の主流トレーニングはインターバルでしたが、それではラストスパートに入る前に休息を求める身体になっている、ということをリディアードは見抜いていました。身体は、与えられたストレスに対して、その特別なストレスをスムーズに遂行できるように「適応」します。レースの全行程に渡って、一定のスピードで走れる練習をして初めて今まで築き上げてきたスタミナとスピードを上手くミックスした走りができるようになるのです。これが「コーディネーション」です。

リディアード・プログラムにおいては、最後の4～6週間をかけて、レースに近い距離を4～8回も繰り返し「タイム・トライアル」と称して、本番で走ろうと考えている走り方で走ります。実は、これはリディアードのトレーニング法において、あまり注目されていないようですが、私は恐らくこの部分がもっとも画期的だったと思っています。オリジナルの「Run to the Top」、竹中正一郎先生が訳された「中長距離のトレーニング」(ベースボール・マガジン社：1965年)には、二箇所に渡って、わずか数行ですがこう記されています：

「…もし彼が6マイル・レースを選んだとしたら、3/4の力で6マイルの試走をやらしてみよう…35分で走れば十分であるが、次に走るときは、ラップタイムを一定に保つようにし、さらに15秒短縮できるようにしなければな

らない。この２回目の試走と後の全ての試走では…長所と短所（を正確に把握することで）ペースを調整しなければならない。…つまり、距離練習とスピード練習をつり合わせるための期間として、タイムトライアル方式を用いるわけである」(p48)

「…今、彼の（３マイルの）試走が15分だったとしよう。彼は試合で14分を破りたいと願っている。それには、（本番のレースまでの６週間の間に）６回以上トライアルを重ねて、常にペースを判断しながら、１回のトライアルにつき10秒ずつ徐々に短縮していくのが良い。これは気狂いのようにならなければ出ないようなタイムではない。それだけの能力があれば、レース中に向こうからやってくるタイムである…」(p66)

　私自身がニュージーランドで体験したように、レースのシミュレーションをするだけで、タイムはドンドン良くなって行きます。走りの効率が良くなるからです。ここでも注意すべき点がいくつかあります：

1. 最初から頑張りすぎて目一杯で走らないように――最初は余裕を持って、80%程度の力で走って、進歩の余地を残しておくように。
2. 進歩の度合いは、現時点と目標とするレースとの関係に基づいて、その「タイミング」を調節されるべき。
3. タイムが良くなって来るのに調子づいて「コントロール」を見失わないように。
4. それぞれの「トライアル」をキチッと分析し、その時点で自分に欠けているもの、ペース配分を調整するには何が必要か等をハッキリと把握すること。
5. トライアルの結果の分析によって、次のトレーニングを決めるように――ただ盲目的に書かれているスケジュールをこなそうとしないように。
6. そして何よりも、シッカリした有酸素能力の土台が築き上げられていないと、数回のトライアルで進歩が頭打ちになってしまうので要注意！　プログラムの前半で、有酸素能力発達の走り込みをシッカリ行い、この時点でも有酸素能力維持のロングジョグを忘れずに。

　ここでは本番レースまで１ヶ月〜１ヶ月半、この間にレース・シミュレーションのトレーニングを多く行うことになります。ここで潰れてしまっては元も子もありません。だからこそ、プログラムの前半に有酸素の土台をキッチリと築き上げることで、この様なトレーニングに耐えられるフィットネス

を培うのです。フィギュアスケートのクリスティ・ヤマグチ選手の言葉を思い出してください：「これまで20分のジャンプの練習で疲れきってしまっていたのが、1時間出来る様になった…」。これと同じことがここでも言えるのです。レース・シミュレーションのトレーニングを何度も繰り返して行って、それに連れてドンドン強くなって行くことを可能とするフィットネス…。リディアードが好んで呼んでいた「疲れ知らずの体力」…。これが「有酸素能力発達の走り込み」の意義なのです。しかしながら、まだこの段階では、決して「どれくらい速く走れるのかな？」という誘惑に負けない様にすることが必須です。そして、この「トライアル」の結果をもとに、今後のトレーニングのバランスを組んで行くように分析して行きます。

タイム・トライアルの結果で自分のパターンを分析する

トライアルの結果を分析し、ラップタイムをグラフにして見てみると、
大体の柱として次の3つに分かれます：

A. 走り始めは身体が重く、距離を踏むに連れて調子が上がって来て、ゴールした時点では、もう一度走れるくらいの体力が残っているが、走り始めに目標としているペースを維持するのに苦労する
B. ペースを守るのは問題ない、むしろスタートから飛ばしすぎないように気をつけないといけないが、後半「ガス欠」気味になってしまい、ペースが落ち込んでしまう
C. 走り終わった時点でなんとか目標としている総合タイムは守れるものの、ペースがまちまちで一定しない

(A) の場合、スタミナの土台はシッカリと出来上がっているものの、スピードの発達がおぼつかないので、短い距離のトライアルを行うか、シャープニングの練習、例えば50/50とか純粋なスプリントの練習、下り坂を使ったダウンヒル・ストライディング、あるいはレッグ・スピードの練習などを取り入れると良いでしょう。

(B) の場合、スピードは十分に発達しているがスタミナが心もとない状況です。オーバーディスタンスのトライアルを行うか、長い距離の快調走で、スタミナを呼び起こすと良いでしょう。スピードはこれ以上やり過ぎるとピークのタイミングがずれてしまいます。「蓋をする」という意味でもロングジョ

グを忘れないように。

(C) の場合、ペース感を身体に覚えさせる練習が必要となります。トラック・レースの場合、周りの状況でペースのアップ / ダウンを余儀なくされる場合があるので、その場に応じた対応が必要となることが多いですが、マラソンの場合、このペース感覚が非常に重要になってきます。時に市民ランナーで、興奮してしまってスタートからオーバーペースで突っ走って、中間点に辿り着く前にガス欠になってしまう、という例はたくさんあります。例えば、平坦な1キロコースを探して3×1キロを、指定されたドンピシャリのペースで走るように訓練します。これは、あくまでも「インターバル」とは異なるので、ほとんど完全回復するまでリカバリーをとります。中距離ランナーも、特に無酸素の境界線ギリギリのところで走っている 800m や 1500m では、前半速く入り過ぎてしまったことで身体の酸性化が一気に進み、ラスト 200m で筋線維がストライキになってしまう、という例は数えきれないほどあります。これも3〜5×400m を、3分から5分のリカバリーを取って、ドンピシャリのペースで走る練習をします。

　このように、タイム・トライアルの結果に応じて、続く数日、続く週の練習というものを組み替えて行きます。また、ロードやクロスカントリーのレースの場合、そのコースの状況に応じてトライアルのコースを決めることも大事です。例えばボストン・マラソンの様にユニークな起伏のあるコースの場合、ロング・テンポ走にも同じ起伏を持たせるようにすると良いでしょう。

マラソンも5キロもパターンは同じ

　ヒル・トレーニング、インターバルは、「速く走れる身体」を作ることで、一番最初の走り込みで鍛え上げた有酸素能力、あるいは単純に「スタミナ」として知られている要素は、実はこの「本番レースに近い距離を何度も何度も走っても潰れることのない身体を築き上げる」という意味があったのです。日本の専売特許（？）になっている、世界のマラソン指導者が注目している、30〜40キロのテンポ走を5〜8回繰り返して走る中で徐々にタイムを速くしていく、という練習は、まさにこれと同じコンセプトだと思います。つまり、日本のマラソン・トレーニングの成功は、リディアードのトラック種目の練習パターンをマラソンに持ち込んだ結果ではないか、と思っているのは私だけでしょうか。

必要な要素（有酸素能力、無酸素能力、スピード）が全て鍛えられていれば、レース距離を走るだけで、タイムはどんどん伸びていきます。マラソンの準備をしている実業団のエリート・ランナーであれば、30〜40キロを5〜8回、3ヶ月ほどをかけて徐々にベストに走れるように持っていきます。そこまで出来ない一般ランナーでも、同じコンセプトを応用して、例えば長いテンポ走（1時間30

高岡選手の2003年福岡マラソンを
目指してのトレーニング

9/15	40km 2:19 (3:29/kmペース)
9/24	40km 2:17 (3:25/kmペース)
9/27	40km 2:19 (3:29/kmペース)
10/5	ハーフ 1:03 (3:00/kmペース)
10/16	30km 1:43 (3:25/kmペース)
10/19	20km 1:01 (3:00/kmペース)
10/23	40km 2:10 (3:15/kmペース)

福岡マラソン　2:07:59（3位）
『マラソン哲学』（講談社）から

〜45分）を、本番での目標ペースよりも少し遅いペースで「全行程を力強く走れる」ことを目標に、最後の一月半ほどをかけて3〜4回走ります。その間に、短め（30〜60分）のテンポ走を、今度はほぼ目標とするマラソン・ペースで走ります。つまり、長く継続して力強く走れる練習と、短くてもドンピシャリの本番ペースで走れる練習を交互に行うことで、本番の全行程を目標ペースで走れるよう仕上げていくのです。マラソン元日本記録保持者の高岡選手のトレーニングの場合、40キロを2時間15〜19分ほどで、20キロをレースペースどんピシャリの59〜61分で交互に繰り返す、というパターンが見られると思います。

　一般市民ランナーが間違いを犯してしまうところは「距離」に目がいってしまうことです。「42キロを走るエリートの誰それが、30キロ、あるいは40キロのテンポ走をする…。だから私もやるべきではないのか？」と思ってしまうことです。トップクラスの男子ランナー達は、30キロ走を1時間半から1時間40分程で行うでしょう。40キロ走ならば2時間15分程でしょう。私達の身体は、距離なんてわからないのです。「VO2Max の70％のペースで1時間半走る」のであれば、VO2Max の70％を1時間半継続する運動、として意識します。VO2Max の70％というペースは、エリートランナーであればキロ3分20秒かもしれません。そのペースで30キロ走れば1時間40分になります。しかし、VO2Max の70％がキロ6分の市民ランナー（一般的な4時間マラソンランナー）が30キロ走ると、3時間になってしまいます！　これでは身体へのダメージが物凄く大きくなってしまいます！　マラソンに向けての練習で、50キロ（3時間）のテンポ走を行うエリート・ランナー

がいるでしょうか？それを一般市民ランナーはやっているのです。ですから、「リディアード・ランナー」を組み立てた時、ロング・テンポ走は1時間半から1時間45分に、ショート・テンポ走でマラソン目標ペースでの練習は、トップランナーが約1時間行っているところを30～45分に抑えました。

　今まで、日本のトップレベルの指導者の「マラソン・トレーニング」の著書を見ると「マラソンに向けての準備には3ヶ月かける」というものがスタンダードでした。それを読むにつけ「たった3ヶ月で足るのかな？」といつも思っていました。ボルダーの小出義雄監督のご自宅／合宿所に初めてお邪魔したのは2001年夏でした。中村清監督同様、当時ロックスター並みの存在だった小出監督にお会いしていただいたのは「リディアードに精通している日本人がいる」ということを知人を通じて伝えてもらったからです。お会いしてトレーニングについて話をしていると、「マラソンに向けての準備には大体3ヶ月かけるね」という答え。やっぱりそうか…と思っていると「けどその前に3ヶ月かけて『脚作り』をするね…！」。この時は頭を金槌で殴られはしなかったものの、「なるほどね！」と納得しました。この「脚作り」こそがリディアードの「週100マイル」と「ヒル・トレーニング」なんです。しかし一般的に、変にマラソンはそもそも距離を踏まなければいけないことから、「有酸素の走り込み」と「コーディネーション」の部分が曖昧に混ざっている場合が多いのではないでしょうか。もしこれを、ハッキリと区別化してサイクルのパターンを3ヶ月から6ヶ月（3ヶ月＋3ヶ月）としたらどうなるでしょうか…？　日本のトップクラスのランナーの場合、トラックがあって駅伝があって、なかなか時間を取って「土台作り」に時間をかけることが難しいかもしれません。しかし、「出来るから」といって、コーディネーションのサイクルから次のコーディネーションのサイクルに飛んでしまって良いのでしょうか？　ある程度それで押せるかもしれませんが、それはあたかもエンジン・オイルを変えることなく車を運転し続けるようなものです。しばらくは問題ないでしょうが、いつか「ボロ」が出ます。インターバル、タイム・トライアル、そしてレース自体は「お金を使って買い物をすること」なのです。いわゆるマーク・アレンが「セクシー」なトレーニングといっていた部分です。しかしどこかで「お金を貯金すること」が必要になるのです。それが「有酸素能力発達の走り込み」なんです。それを蔑ろにしてはいつか進歩が頭打ちになってしまいます。

　5キロのレースが目標の場合だと、無酸素インターバルを終えた次の4～

6週間かけて、5キロのタイムト・ライアルを4〜6回行う間に、毎回10〜15秒タイムを縮めて行くことを目標とします。毎回の走りを細かく分析して、スピードが劣る場合、1,500m〜2キロのトライアルやスプリント練習を行い、後半が頭打ちになるようであれば、10〜20キロのトライアルで持続パワーを培います。どれだけトライアルが走れるかは、それまでに培われた有酸素のスタミナの度合いによって異なりますが、このようなトレーニング・サイクルを数回行うことで、自分は何回ほどトライアルをすればピークの走りができるようになるか、個人の経験で全体像が見えてくるでしょう。人によって、トライアルを多めに行わなければ「乗って」こない場合もあるでしょう。また逆に、スピードに磨きがかかるのが早すぎる場合、少し長めのジョグを行ったりスプリント練習を控えたりして「フタをする」と良いでしょう。

　これらトライアル、あるいはテンポ走、アウト＆バック走は、全て、まだこの段階では「トレーニング」以外の何物でもない、ということをシッカリと頭に叩き込んでおいてください。スピードが戻って来て、気持ちが高揚して来たことで、ついつい頑張り過ぎてしまうことが多々あります。この「コーディネーション」期のタイム・トライアル、あるいはアウト＆バック走（テンポ走）は、時として「発達段階のレース」として実際のレースを代用する場合もあります。そんな時、自分を抑制することが出来ずに目一杯走ってしまう場合があります。エリート・マラソン・ランナーであっても最終段階のトライアルで「どこどこの30キロコースで自己最高のタイムで走った」などという景気の良いコメントを聞いたこともありますが、案の定、本番でポシャッちゃった、という結果に終わっています。それは、その「トライアル」が「本番」となってしまったからです。

　リディアードの1/4、1/2…という「リディアード式力の配分」にも7/8というのがあります。それも中距離のスケジュールで、それでも滅多にするものでもないのですが、トレーニングにおいて、「全力走」というものはありません。というよりも、練習においては「全力」でされるべきではないのです。リディアードは常に「スピードは常にコントロールされなければならない」と言っています。そうやって初めて、本番のレースで「全力」で走ることが出来るのです。

シャープナーの導入

　ここで「無酸素能力の維持」について少し説明したいと思います。前の章でも触れましたが、無酸素能力（身体の酸性化に耐える能力とスピード）はかなり短期間に発達させることができます。リディアードは4週間、当時の東ドイツ運動生理学者達は5週間で（無酸素能力を）ピークに持っていける、と言っていたそうです。ノースウェスタン大学のマシュー・グッドウィン博士は、生理学的見地に立って「VO2Max のスピード（最大心拍数時のスピード）は8週間でピークに持って行ける」と言っています。が、詳しく話をしてみると、リディアードのプログラムと並行して考えた時、「無酸素インターバルのブロックが終了しても、コーディネーションのブロックで引き続き無酸素代謝の刺激と発達が続いているから」インターバルは4週間で十分と同意しました。このように、リディアードは「無酸素能力は短期間で発達させることができる」といつも言っていました。これは、トレーニング・サイクルを始めるや否や、インターバルをやるようなプログラム、あるいは、年間を通じて常にインターバルを行うようなプログラムに対する警告を意味しています。しかし同時に、無酸素インターバルは、いざ始めてしまったら「止めてしまうと、その能力は失われてしまう」とも言っています。ここでジレンマが生じます。無酸素インターバルは、やり続けていると今まで築いて来た有酸素の土台を壊してしまいかねません。この理由で、リディアードは本番レースの1ヶ月からひと月半前になってからインターバルを行うことを嫌っていました。しかし、かといって何もしないでいるとその能力を失ってしまうのです。そこで導入されるのが「50/50」、小松さんの訳するところの「シャープナー」です。

　例えば、腕立て伏せや懸垂をやったとします。30回、慣れている人であれば50回…くらいでへばってしまうのではないでしょうか？　時間にして1分か、2分もしないところでしょう。もうだめだ！というところで、肩や上腕筋がへばり切っていると思います。そこで腕から血液を採取してpHを測ってみます。おそらく酸性になっているでしょう。これが「筋線維の収縮ストライキ」です。では耳たぶ、あるいは大腿部から血液を摂取してpHを測ってみます。恐らく平常の弱アルカリ性のままでしょう。つまり、身体全体が酸性化してしまって運動がストップしたのではなく、運動している筋肉（肩、腕）が疲れ切って運動がストップしてしまったのです。これが50/50の目的なんです。急激に脚の部分の筋肉だけを酸性化することで、無酸素代謝に刺

激を与えつつも、身体全体はあまり酸性化しないようにしてコンディション
の低下を防ぐのです。

　片や、無酸素インターバルの章で説明したように、リディアードが位置付
けしていた「無酸素インターバル」では「ボリューム」が重要となります。
近年、特にジャック・ダニエルズ博士の奨励する「クルーズ・インターバル」
の影響もあるかと思うのですが、3〜5×1マイル（5分ジョグ）や、日本のマ
ラソン・トレーニングとしては10×1km（200mジョグ）などがポピュラー
なようですが、リディアードは、無酸素能力発達のためのインターバルとし
て、シンプルに15〜20×400mや6〜10×800m（同距離ジョグでリカ
バリー）を好んでいました。これくらいの距離がもっとも都合良く「ある程
度速く走ることが出来る」と同時に、適度に距離が長い分（いわゆる「ダッ
シュ」ではない）、そしてリカバリーのジョグも適度に長いので、身体全体に
渡ってのpHレベルの低下、すなわち「身体全体の酸性化」が適度に行われ
ます。つまり、このような「無酸素インターバル」の場合、脚のpHを測る
と6.7〜6.8と低下していることがわかります。そして、耳たぶから摂取し
た血液のpHを測っても、同程度のpHの低下が見られます。これは身体の
酸性化が徐々に行われたためであり、これが、無酸素インターバルにおいて
は（1）速く走り過ぎないこと、（2）リカバリーを短くし過ぎないこと、（3）
全体のボリューム（総時間で45〜60分）が必要であること、の理由なんです。

　50/50は、例えばトラック
で行う場合、400mを50m
ずつの八箇所に区切り、50m
をほぼ全力（とはいえ、余程
のエリート・ランナーでない
限り、実際には中距離レー
ス、800mか1,500mレース
ペースといった感覚）でダッ
シュ、次の50mを、ストッ
プしてジョグ…ではなく、
「ダッシュするのを止めてそ
の流れで徐々にスピードを緩
めて行く」、いわゆる「フロー
ト」します。そしてまた次の

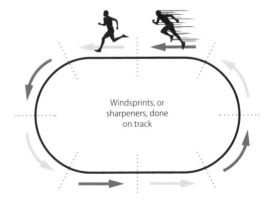

タイム・トライアルの意義

Windsprints, or
sharpeners, done
on track

　400mのトラックを使って50/50を行う場合、50mず
つの8箇所に分け、濃い矢印でダッシュ、薄い矢印で
フロート…を連続して継続して4〜8周（1.6〜3.2キ
ロ）で16〜32回のダッシュをします。

50m をダッシュ、フロート、ダッシュ、フロート…を、継続的に２〜３キロ行います。繋ぎを「フロート」で行うので、ほとんど「休息」になりません。ですから一気に「無酸素状態」に入り込んでしまうのです。よほど有酸素能力の土台が出来あがっているトップクラスのランナーでない限り、２キロ以上続けるのは並大抵のことではありません。慣れていない人であれば、トラックを２〜３周するだけでへばってしまうのを見たことがあります。それだけ短時間に無酸素で「へばらせて」くれるのです。しかし、短時間で終了する分、身体全体に渡る酸性化の悪影響はありません。が、これで「無酸素代謝」を刺激するには十分なんです。つまり、有酸素の土台を壊すことなく無酸素能力を維持することができる、しかもダッシュということで、スピードの養成にも持ってこい、レース展開におけるペースの上げ下げ（よく国際大会でケニヤ人のランナーが行う、いわゆる「サージ」というやつです）のシミュレーションにもなります。

　近くにトラックがなくても、ロードでもどこでも、この練習はすることが出来ます。ロードに 100m の直線を取り、25m—50m—25m に区切ります。中間の 50m をダッシュし、端の 25m をフロートし、グルリ回って折り返して 50m、また中間で 50m をダッシュする…。これを繰り返します。別にキッチリ 50m でなくても良いので、「大体」で十分です。私の場合、大体普通に歩いて６歩で５m なので、60 歩が約 50m になります。アメリカでは、フリーウェイの上にかかる橋が大体 50m なので、橋の上をダッシュして橋の両端をフロートで回る、というやり方をしたことがあります。また、公園やショッピングセンターの駐車場（混んでいて突然車が出て来ることがないように注意さえすれば！）には車のための白線が引いてあるので、距離を決めるのが簡単です。

　このトレーニングのデモは、リディアード・クリニックをすると「サンプル」として参加者に４〜６本やってもらって「感覚」を体験してもらうようにしています。ほんの４本、実際の距離にしてトラック１周分なんですが、それだけでも一気に「ハーハーゼィゼィ」に陥ります。それを体感してもらいたいのです。これで興味深い経験があるのですが、ある時ボルダーでのクリニックに、イギリスの 10,000m 27 分 50 秒のランナーが参加したことがありました（2017 年丸亀ハーフで１時間 00 分で優勝したこともあるカルム・ホーキンスのお兄さん）。すると、この 50/50 を始めるやもう一人、トレイル・ランナーで、地元でそこそこ頑張っているランナーがいたのですが、最

初の「ダッシュ」の部分で結構ついて行けたんです。ところが、次の「フロート」の部分になるや一気に離されて行きました。つまり、有酸素の土台がシッカリしているので、間の休息（フロート）が大して必要ない、ということを示しています。これを見ても、ポイントは「スピード」ではなく、無酸素に耐えられる能力、あるいは、急激な無酸素状態に耐えられるだけの有酸素の「土台」だ、ということがわかります。この練習は、「ダッシュ」の部分が「ロングランに毛が生えた程度」のスピードでチンタラ走っていては、何周やっても「壁にぶちあたらない」ことになり、何周でもやれてしまう、ということとにもなりかねません。一度中年の女性で、トラック３周やっても「まだやれるわ！」と言っていた時があったのですが、これは残念ながら、彼女の土台が素晴らしかったからではなく、彼女の「ダッシュ」が全く無酸素の域に入っていなかったからです。また「フロート」がゆっくり過ぎたり長過ぎたりしても無酸素になりません。これでもこのトレーニングの趣旨が全う出来ません。「急速に息切れ状態に持って行く」─これがこのトレーニングの趣旨なのです。ちなみに、オリンピック金メダル４個獲得のラッセ・ビレンは、このスプリント／フロートの50/50で5,000mを総合タイム13分50秒＊で走り切ったと言います！　この種のトレーニングは、週に１回行われると効果的です。（＊一説には13分32秒だったともいわれていますが、実際に彼の日誌には「13分50秒」と記入されていたそうです。）

　ビレンがモスクワ五輪を目指してトレーニングしている様子をまとめたドキュメンタリー「Running Is Your Life（＝『ランニング我が人生』とでも訳しましょうか)」の中で、彼とハイコラ・コーチのアプローチを非常によく表しているシーンがあります。リディアードが好んで見せていた森の中のトレイルでビレンが 10 × 250m のインターバルをしているシーンですが、その直後、ハイコラ・コーチはビレンの心拍を測ります。「脚が疲れていて思った様に速く走ることができず、ビレンの心拍数は『たったの』175 にしか上がらなかった…」。普段この様なハードトレーニングを行うと、彼の心拍数は190以上になるそうです。そこで、心拍数を上げるための刺激を与えるために、次のシーンで見られるのは、ビレンがサッカー・フィールドで50/50、正確にはサッカー場を斜めに横切ってスプリントしているので75/50でしょうか。とにかくほぼ全力のスプリントとフロートを繰り返しています。短時間に急激に追い込むこの様なトレーニングでは、（１）一気に心拍数を高めることができる、（２）短時間で終わるので、無酸素的な疲労が尾を引かない、（３）本当の意味での「スピード」養成に効果的、などの利点があります。この様

に、単に「凄い練習」をするだけで自己満足しているのではなく、その練習によって次の練習にどの様な影響を与えるのか、それ練習を分析することで、現在の体調を把握して、その後のトレーニングを組み立てる様にする…。この様にトレーニングを平面的、あるいは単なる「点」として捉えるのではなく、立体的に「トレーニングの流れ」として考えることがビレン／ハイコラ・チームの取っていたアプローチであり、ここにリディアードの影響を如実に垣間見ることが出来ます。

　ここからは目標とするレースまで1ヶ月〜1ヶ月半にまで迫っています。ここまでの全ての「ホームワーク」が上手く熟されていると、もう一気にどれだけ速く走れるか覗き見したくてウズウズしている頃です。トライアルがどんどん速くなっていくのに興奮して、自己の抑制を忘れてしまっては、ピークが早く訪れてしまって、本番数週間前のトライアルがベストの走りになってしまうことも稀ではないので要注意。このサジ加減は自分の適応能力を分析しながら経験を積むことで、自分なりのパターンがわかってきます。これこそがコーディネーションの「バランス・アクト」で、私自身としては、コーチとして、この部分が一番エキサイトな部分でもあります。

	週7日	週6日	週5日	週4日
日曜日	ロング・ジョグ (2)	ロング・ジョグ (2)	ロング・ジョグ (2)	ロング・ジョグ (2)
月曜日	100/100 か 50/50 (5)	100/100 か 50/50 (5)	休み	休み
火曜日	軽い ファルトレク (6)	O&B-短 (3)	100/100 か 50/50 (4)	100/100 か 50/50 (4)
水曜日	O&B-短 (3)	有酸素ラン (4)	O&B-短 (3)	O&B-短 (3)
木曜日	有酸素ラン (4)	カット・ダウン (6)	軽い ファルトレク (5)	休み
金曜日	カット・ダウン (7)	休み	休み	休み
土曜日	O&B-長 (1)	O&B-長 (1)	O&B-長 (1)	O&B-長 (1)

＊カット・ダウンは3×100mを2セット、徐々にスピードを上げて走る：1本目は1500mレースの感覚で、2本目は800m、3本目は400m…。5分ジョグでリカバリーして、同じセットを繰り返す。
＊＊このブロックでは、レース種目と個人差、その日その日のトレーニングに対する反応等に応じて練習内容の詳細を臨機応変に変える必要も出て来る。
＊＊＊基本的には、レースと同じか、レースより短い／長い距離のアウト・バック（トライアル）を行いながら、その反応に応じてよりスピードを織り込むかロングジョグでスタミナに「蓋をする」か、でレース当日に向けてピークに持って行く。

Chapter 11

トレーニングはもう終了、あとは超回復に任せて

第5ブロック＝テーパー（最終調整）

目的

　ここまで来たら、ハード・トレーニングはすでに終了。有酸素能力を維持しつつ（ジョグ）、シャープな練習を程よく調合して本番まで体力を温存する。

期間

　1〜2週間（マラソンの場合2〜4週間）

注意すべきポイント

　練習量を減らして行くと、心身共に高揚して来てスタート前の競馬ウマのように鼻息が荒くなって来るので、「どれくらい走れるだろう」と試してみたい誘惑に負けないように！　トレーニングを常に自己コントロールすることを忘れないように。

　皆さんは、庭師の怪我が一番多いのは、木の根元から2mのところ、というのを聞いたことがありますか？　もちろん、そのあたりに費やす時間が一番多いから、ということも理由のひとつでしょうが、それを言ってしまうと元も子もないのでその事実にはこの際目を瞑りましょう（笑）。しかし、このモラルがもっとも当てはまるのが実はトレーニングのピーキングに関してなのです。

　全てが上手く行っているトレーニングに限ってレース・フィットネスが研ぎ澄まされてきています。走りたくてウズウズしているはずです。しかし、そんな体調とは裏腹に、本当に上手く走れるだろうか、という不安に悶々と

する気持ちもあるでしょう。そんな時に限ってついついインターバルで「もう一本」、あるいは「レースペースでもう少し」、あるいはマラソン準備のトレーニングでついついロングランを１本多くやり過ぎてしまう…これは人情ですね。画家が完璧な蛇の絵を描いて、それでも不安になって「もう少し何かしなけりゃいけない…」と思い込んで足を描いてしまう。いわゆる「蛇足」です。それだけで、これまで頑張って描いてきた蛇の絵が全て台無しになってしまいます。しかし、いかに多くのランナー達がこの間違いを犯してしまうことか！　マラソンの２週間前に、「まだ30キロ走れるかしら」と確かめてしまう…。あるいは高校生の中距離選手が、もうハード・トレーニングはとっくに終えてしまってしかるべきなのに、「本番まで後１週間しかない、今でも12×400mを65秒で走れるだろうか」と安心するだけのために走ってしまう…。経験ありませんか？　リディアードは、常に「『レースのためのトレーニング』しているということを忘れないように」と言っていました。あまりにも多くの人が、自己満足のため、あるいは「安心する」だけのために、ついついハード・トレーニングをしてしまう。そしてその練習が「蛇足」になってしまい、今まで何ヶ月も積み上げてきたレース・フィットネスを台無しにしてしまうというケースが多々あります。ここまで来てもっとも大きな落とし穴は、高ぶる気持ちから、あるいは「本当に思った様に走れるのだろうか？」という不安から「試してみたい」という気持ちを抑えられなくなることです。花を植木鉢に入れて「本当に根付いているんだろうか？」と毎週引っこ抜いて根の伸び具合をチェックする…。どうなってしまうでしょう？　一月もしないうちに枯れてしまいますよね！　同じことです。

　ちょうど2004年のアテネ五輪が終わった頃、オーストラリアから、白人として唯一アフリカ勢と互角に戦える大型ランナーが出て来ました。ただでさえ小柄なケニヤ、エチオピアの選手達がほとんどを占めるヨーロッパのレースにおいて、両肩と頭一つ分飛び出して高く、まるでガリバー旅行記の大男の様に見えるクレイグ・モットラム選手です。5,000mで12分55秒で13分の壁を破り、2006年の地元オーストラリアのブリスベンでの英連邦大会でもケニヤのチョゲ選手と大接戦で惜しくも銀メダル（12分58秒）に終わったものの、翌2007年のワールドカップ陸上での3,000mでは、皇帝、エチオピアのベケレを破って優勝しています。実はそのW杯のレース直前の調整を、彼のコーチ、ニック・ベドウ氏が詳しく教えてくれました。

●本番のひと月前、故障によるトレーニングのブランクを取り戻そうと頑

張って 400m のインターバルを速く走り過ぎてしまう。
●その次の週、1500m で自己新（3 分 33 秒）を出すも、続く 2 レースで「フラット」に感じる。
●続く W 杯までの 3 週間、一切トラックでの速い練習をしない様にする：有酸素ランと「流し」のみ。
●一度だけ、トラックで 7 周のテンポ走（69 秒で 3 周、65 秒で 2 周、ラスト 2 周を 60 秒）、仕上げに 4 × 200m を 30 秒で、まるでジョギングしている様に楽に見える。
●後は本番まで軽くジョグするだけ。

　このストーリーは、「バランス」という観点から立った場合、スピードとスタミナのバランスをいかにうまく取ることで、もっとも重要としているターゲットのレース当日にピークを持って行くか…。そのバランスの取り方を如実に物語っています。より速いスピードでインターバルをしているから良い…、事前のレースで自己新を出したから全て「結果オーライ」…、レース当日まで「きつい練習」をし続ける…。これでは「盲滅法トレーニング法」でしかありません。それだけでは不十分なんです。ベドウ・コーチ曰く：「もうパンが焼けてしまったら（＝スピードでピークに到達していたら）、もうオーブンに入れておかない様に（＝スピード練習をし続けない様に）。」「ピーキングの妙」の貴重な一言です。

　リディアードは、最後の 1 〜 2 週間、不安になりがちな選手に対して「今まで十分『ホームワーク（宿題）』をやって来たんだ、安心してレースを楽しんで来い！」と言っていました。「ハード・トレーニングをやり続けながらレースで良い成績を出すことはできない」もリディアードの持論でした。レースで良い成績を出すためには、「フレッシュ」で「シャープ」でなければなりません。リディアード法の利点のひとつに、全てが理論立って、正しい順番に沿ってプログラムされている、ということがあります。逆に、気まぐれな練習を投げつけて盲滅法にくっつけたプログラムでは、いつ何をやるべきか、ハッキリした全体図が見えず、ついつい最後の最後でハード・トレーニングをやってしまいがちです。それは、盲滅法の「不安」から来るものです。

ここまで来ても、トレーニング・ランはあくまでホップとステップ

　三井住友海上の土佐礼子選手は 2007 年大阪世界陸上の最終日の女子マラ

ソンで、感動の激走で銅メダルを獲得し、日本中を興奮の坩堝としました。その前年の2006年春、土佐選手は日本人女性として初めてボストン・マラソンを制覇するべく「愛国者の日」、パトリオット・ディの月曜日に120年の伝統を持つマラソンのスタート、ホプキントンへと向かいました。その4日前の木曜日、私の知人から借りた自転車に乗って鈴木元監督が測ったチャールズ・リバーの川沿いのコースで土佐選手は5キロの「ポイント練習」、私たちが「アップ・テンポ走」と呼んでいる最終調整ランを行いました。その時土佐選手のエージェントを務めたのですが、走り終わった土佐選手にホテルのロビーで出くわしました。「どうだった？」と聞いた私に対してガックリと肩を落とした土佐選手！「ちょっと、ちょっとぉ！　大丈夫？」と聞く私に、「けどこの5キロで上手く走れちゃうと本番で良くないんですよねぇ…」と土佐選手。実は、このことは「トレーニングの真髄」そのものを説いているのです。

このことだけに限らず、全てのトレーニングに言えることなのですが、本番のレースに向けて練習をしている場合（そうでなくて、ただみんなと一緒に和気藹々と走るだけのソーシャルな目的のみで走っている人もいることはいるので…）、「その日のトレーニングを行うことによって、明日、その後数日、また次の週、その後の数週間にわたって、身体にどんな影響を与えるか」ということを常に考慮することが必要です。逆にいうと、その練習そのものがどんなに速かろうが遅かろうが関係ないんです。マラソンでいうならば、それまでシッカリと走り込んで来て、最後の週は、シッカリと食べて水分補給もやって来て、ちょっと身体が重いくらい、となっているはずです。そんな時、ポーンと一本刺激を与える練習をすると「上り調子」になる訳です。つまり、別の言い方をすれば、その練習自体は自己ベストであろうが、自己記録より30秒遅かろうが関係ない訳です。それよりも大事なことは「リズム」なんです。

リディアードの著書の中の「マラソン上級者用のスケジュール」にも、本番レースの4日前に「2,000mタイム・トライアル」というメニューになっていますが、実はこの、私たちが「アップ・テンポ走」と呼んでいる練習は、日本人の専売特許となっている「調子を上向き加減にするためのリズム練習」なんです。マラソンであれば3〜4日前か前日に2キロを一本、他の短い距離のレースであれば前日に1キロ一本。決して「どれだけ速く走れるか」を試すのではなく、あくまで、「気分良く、リズムに乗って」が目標です。大体5キロのレース・ペース感覚になると思います。リディアードのスケジュー

ルでは、これは800m。マイル（1,609m）とハーフ・マイル（800m）の感覚からですね。1,500mレースの場合だと3×200mを、これも全力というよりは7/8の力で、「快調走」といったところでしょうか。有酸素の走り込みのところで「有酸素のコンディションが上手く波に乗って来ると、『通気が良くなる』様にスーッと調子が上向きになって来る」という話をしましたが、実はこの200mを数本行う、というのは、無酸素能力の通気を良くすることだとも考えられます。つまり、無酸素の入り口にちょっと足を突っ込む、といった感覚で数本走ることで、身体に無酸素代謝の準備をさせるのです。

　リディアードがいつも言っていたことで「ハード・トレーニングをし続けながら、レースで良い結果など望めない」というものがあります。ランニング、特に中・長距離、マラソンは、学校の歴史のテストとは違うんです。直前に徹夜で、いわゆる「一夜漬け」してもどうにもなりません。以前「マラソンの準備には30キロを3本走る必要がある」とどこかで読んで、それを実行して初マラソンに挑戦しようとしていた男性で、仕事が忙しくなって、全く走れないままに本番1ヶ月前になってしまった人がいました。「後ひと月で頑張って30キロを3回走るから…」!! 結局彼は故障してしまってスタートラインにも行き着けませんでしたが、彼にとっては幸いだったでしょう。レース前1〜2週間、マラソンであれば本番前の3〜4週間は、いかに疲労を抜きながら調子を「上向き」に上げていくか、それのみに集中されるべきです。以前YouTubeで、「さぁマラソン本番まで後5日、今日は12,000mを目標マラソン・ペースで快調走をやってみましょう…」という動画を見たことがあります。しかも結果としては「やっぱりまだ疲労が残ってますねぇ…」ということで8,000mで棄権。より疲労を重ねて、おまけに精神的にも、目標ペースで5分の1の距離も走れない、ということで、結局どんな結果になったのか非常に興味があります。この段階では、練習で「築き上げるもの」はほとんどないのです！鍛える時期はとっくに終了していなければなりません。リディアード法の利点は、ここまでキチッとやって来ていれば、「するべきブロックは全て終了している」、という自信に繋がることです。

　大阪女子マラソン3度優勝、1992年バルセロナ五輪で37歳で銅メダルを獲得したニュージーランドのロレイン・モラーが初めてサブ2：30で走ったのは1981年、ミネソタ州のグランマズ・マラソンででした。彼女にとって3度目のマラソンです。その時、彼女のコーチは、レースの3日前に1マイル（1609m）2本という、いわゆる日本でいう「ポイント練習」をやらせま

した。ロレインは、1本目を4分50秒（1キロ3分02秒ペース）で軽々と走り、あたかもジョギングしているように楽だった、と言います。そこで練習をやめてしまったロレインに対して、びっくりしたコーチ、あわてて彼女に駆け寄って故障や痛みがないか確認します。「もうこれで十分よ。この『良い気分』は本番のレースにとっておくわ」とロレイン。これは、今までやるべきことは全部やって来たという自信と、自分がやって来た練習は正しいという「トレーニング・プログラム」に対する確信があって初めてできることです。

逆に、このメカニズムを理解していない人ほど、日頃の練習でついつい頑張ってしまう傾向にあります。毎週末のロングランで、目標とする本番のマラソン・ペースで走ろうと頑張ってしまう…。そんな人があなたの周りにもいませんか？　トレーニングの量と質を徐々に下げて行くこの最後の数週間の「スーパー・コンペンセイション」、超回復のパワーは思っているよりも大きいものです。元マラソン日本記録保持者の高岡寿成選手のパターンを考えてみてください。通常の「ロングラン」はキロ5分ペース、本格的マラソン準備期間での40キロの「テンポ走」は2時間15〜20分（フルマラソン2時間25分のペース）、それでいて本番で2時間06分で走るのです。これこそが「ピーキングの妙」なのです。

「超回復」のパワー

ウチの奥さんが初マラソンを走った時、最後の調整としてのロングラン（3時間で30キロ）を4週間前に行いました。そこからテーパー（Taper）、練習の量、質ともに落として行く「最終調整」段階に入りました。「4時間を切りたいわ」といっていたくせに、時計をして走ったことがなく、ペースも全くわからないままに、常に感覚重視で走っていました（それが良かったのかもしれませんが）。ペースの確認は、私が彼女と一緒に走った時のみでした。大体彼女の練習ペースはマイル10分（キロ6分15秒）くらいのペースでした。それが、テーパーが始まるや、脚にバネが戻って来て、本番1週間前の「1時間ジョグ」では、マイル9分（キロ5分半）で走っていました！しかも本人は全然気づいていない様子。「もっとユックリでもいいよ」と言う私に「これ以上ユックリっていったら歩いてるのと同じじゃない！」。実はそれまでもっと遅いペースで走っていたくせに…（笑）！　本番ではマイル8分15秒（キロ5分10秒）で入って、ペースダウンしたものの平均マイル8分55

秒で3時間54分。テーパー、最終調整のパワーです。

「マラソンの壁」の本当の原因は練習のし過ぎ？

　私は、現代の市民マラソン・ランナーの皆さんの7割近くは「オーバー・トレーニング」ではないかと考えています。「35キロで壁にぶち当たっちゃって…」。マラソンでの「壁」とは、筋肉内のグリコーゲンの枯渇が原因、と思われがちですが、私はほとんどの場合、オーバー・トレーニングによる脚の筋線維崩壊が原因だと考えています。7年程前の話なんですが、オハイオ州のある女性からメールを受け取りました。マラソンのベストが5時間半で、僅か3ヶ月後のマラソンに向けての準備をサポートして欲しいと。今まで、お決まりとなっていた「30キロ3本」の練習をして来ました。そこで「リディアード・ランナー」のプロトタイプを組み立てます。最長で3時間走(25キロ)を1本、その他「お決まりのリディアード」のヒル・トレーニング、コントロールされたインターバル、そして50/50も含まれています。実はこれは彼女の旦那さんのためだった、と知ったのはプランの後半に入ってからでした。この女性自身は4時間50分でマラソンを走っていたんです。「いつか一緒にマラソンをゴールしたい、というのが私達の夢なんです」。この旦那さんから直接メールを受け取ったのは、目標マラソンの1週間前でした。「こんなに色々なトレーニングのバラエティーに富んでいてとっても楽しくトレーニングすることができました」と。「今まで3回マラソンを走っていますが、レースまであと1週間となって、脚に痛みが全然ないのは初めてです！」と懺悔（実は彼は、本当に牧師さんでした！）。結果、初めて二人で手を繋いでマラソンをフィニッシュ。二人とも4時間50分でした。彼にとっては40分の自己記録更新でした。

　2020年の新東京オリンピックを目前に控え、元祖東京オリンピックでの「マラソンの王者」、エチオピアのアベベ・ビキラを覚えているでしょうか？前人未踏のオリンピック・マラソン2連勝、しかも前回のローマ五輪と同じく、当時の世界最高記録（2時間12分11秒）での優勝でした。この時、実は本番レースの僅か5週間前、急性盲腸炎で入院した、ということを覚えている人が何人いるでしょうか？　また、1984年、優勝候補の筆頭に挙げられていた日本の瀬古利彦選手が、真夏の東京でのトレーニングのし過ぎで過労状態に陥り14位に沈んでしまった反面、37歳で見事金メダルに輝いたポルトガルのカルロス・ロペス選手、実はロスへ出発という本番の僅か3週間

前、練習中に車との接触事故で、数日間の「完全休養」を強いられたそうです。この二人に共通していることは本番直前の「強制休養」。リディアードの持論、「ハード・トレーニングをし続けながら、レースで良い結果など望めない」と「レースで良い成績を出すためには『フレッシュ』で『シャープ』でなければいけない」をもう一度ジックリと反芻してください。

　瀬古利彦選手の恩師であった故中村清監督は、マラソンのスタート地点には90%の出来で臨め、と言っていたそうです。90%とは、上り調子の90%の場合もあれば、すでにピークを越えて下り調子の90%があります。もちろん氏の意味は前者で、レース前半をウォームアップとして、30キロ地点で100%になるというパターンがベストだ、という意味です。そうなるためには、腹八分目、トレーニングを「やり過ぎるよりも、少し足りない目」にしておくことが大事です。リディアードの指導で、1964年の東京オリンピックで800mと1,500mで金メダルを獲得したピーター・スネルは、その準備としての練習の6ヶ月の全行程を通して、インターバルは6回しか行いませんでした。その理由の一つとしては、二種目に臨んだために、7日間の間に6レースを走ることになったからです。つまり、800mの予選2本と準決勝を最後の準備練習として捉え、ちょうど800m決勝あたりからピークが来るような練習をしたからです。30m近い大差で楽勝し、3個目の金メダルを獲得した1,500mの決勝では、「あんなに楽なレースはなかった」と本人は言っていたほどの完璧な仕上がりでした。

　スネルが800m/1,500mの二冠を獲得した元祖東京オリンピックから32年、近代オリンピックが始まってから100年目の記念オリンピックはアメリカのアトランタとなりました。私は、高校時代のランニング・ヒーロー、ニュージーランドのディック・クアックスと一緒に観戦。このアトランタ五輪にはニュージーランドから、「ローマ五輪で無名のピーター・スネルがダークホースとして劇的な優勝を飾った800mレースの再現を目論む」若い女性ランナーが参加していました。東京オリンピックの1,500mでスネルに次いで3位で銅メダルを獲得した同じ「リディアード門下生」のジョン・ディビースがコーチするトニー・ホジキンソンです。彼女は13歳で1,500mを4分29秒で走り将来を有望視されるようになりました。しかしその後、インターバル中心の練習をするようになり、タイムが頭打ちになっていました。「私がトレーニングを見るようになった時、彼女は40分続けて走ることもままならないような『フィットネス』のレベルだった」とディビースは振り返ります。ア

トランタまで3年、1993年のことです。1996年に入って、トニーの800m
の自己記録は2分04秒1。五輪標準記録は2分01秒。ちょっときついか、
と思っていると、2月にオーストラリアで2分01秒8の自己新記録。オリ
ンピックを視野に入れてアメリカに渡り、ノースカロライナで初めて2分の
壁を破り1分59秒64のニュージーランド記録を樹立、世界31位にランキ
ング入りします。迎えたオリンピックでは、予選で1分59秒35のニュージー
ランド記録。続く準決勝では1分58秒25でまたまたニュージーランド記録！
決勝の前日、クアックスと一緒に、オリンピック村のニュージーランド選手
団宿泊所にトニーを訪問します。「あなたは『スネルの再現』を目指せる所
にいるんだ」と激励。しかし、残念ながら決勝ではラスト200mで他のラン
ナーと接触、一旦棒立ちになってスパートに遅れ、結局リズムを崩して2分
00秒54で8位で、「第2のスネル」の夢は叶いませんでした。スポーツに「も
し」は無い、とはよく言われますが、「もし」トニーが準決勝のタイムで走っ
ていたら、3位の銅メダル獲得となっていました。この時のトニーの快進撃は、
リディアード法トレーニングの真の恩恵をよく物語っています。基礎とな
る有酸素の土台をシッカリと築いて、その後順序だった各ブロックを鍛えな
がら、バランスを考慮に入れてドンピシャリでピークを迎える。そうするこ
とで「走れば走るほど強くなる」——これこそが「リディアードの真髄」な
んです。

	週7日	週6日	週5日	週4日
日曜日	ロング・ジョグ (3)	ロング・ジョグ (3)	ロング・ジョグ (3)	ロング・ジョグ (3)
月曜日	50/50 (4)	50/50 (4)	休み	休み
火曜日	ジョグ (6)	アップ・テンポ (2)	ジョグ (5)	ジョグ (5)
水曜日	アップ・テンポ (2)	ジョグ (6)	アップ・テンポ (2)	アップ・テンポ (2)
木曜日	ジョグ (7)	休み	休み	休み
金曜日	ジョグ (5)	ジョグ (5)	ジョグ (4)	ジョグ (4)
土曜日	THE RACE (1)	THE RACE (1)	THE RACE (1)	THE RACE (1)

＊アップ・テンポ走は、決して「どれだけ速く走れるか」を試すのではなく、リズムに乗るための練習。
＊＊「レース」を「トレーニングの日」と取るか取らないかによって週のランニング日数が変わってくる
ため、週5日のスケジュールと週4日のスケジュールが同じになっているので悪しからず！

第III部

リディアード・トレーニングに関する補足とまとめ

Chapter 12

長い目で見た個人の発達：長期計画

レース1マイルにつき1日のリカバリー

　全てのトレーニングの歯車がうまく噛み合って、目標としていたレースの日どんぴしゃりにピークがきた時、「あたかも足に翼が生えたような走り」が可能となります。そう、ちょうどアカデミー最優秀賞受賞映画、「炎のランナー」の中に出て来るセリフ、「心に希望を…、足に翼を…」、そんな感じです。そんな時、例えば5キロのレースで自己記録を1分、1分半縮めたということも稀ではありません（エリート・レベルではここまでの短縮は難しいでしょうが…）。そんなレースの後、あるいはレース・シーズンが終わった後、身心ともに休息を取ることをお薦めします。リディアードも、シーズン後、2週間を「身体というよりも心のために」休息として軽くジョグするのみに止めておくことを奨励していました。もっとも、週に100マイル走っていたリディアードのランナー達にとって、「軽いジョグ」とは「キロ5分くらいの気軽なペースで1時間」が目安となっていましたが…。市民ランナーの場合でも、普段の有酸素ランにキロにつき約1分加えたペースで、20〜30分、週末には出来れば起伏のあるクロスカントリーやトレイルで1時間程、マラトニック気分で歩いたり景色を眺めたりしながら走ると良いでしょう。もちろん、心の休息ということで、走らなくても良いのですが、自転車や山歩きなど、何らかの有酸素運動を継続することをお薦めします。

　一般に、アメリカでは「レースした1マイル（1.6キロ）につき1日の休息を」といわれています。つまり5キロ（3.1マイル）ならば3日、10キロ（6.2マイル）で大体1週間、42.195キロのフル・マラソン（26.2マイル）であれば26日、約1ヶ月の休息が目安となります。もちろん、この「休息」とは「練習しない日」ではなく、ユックリしたペースでの有酸素ジョグ、となります。

トップレベルの中距離ランナーならば、レースの翌日に1時間半の「ジョグ」も稀ではありません。しかし、特に「レース仕様」的な本格的「練習」は避けられるべきです。

　私が初めてリディアードと直接会ったのは1981年の感謝祭、シアトル・マラソンででした。ちょうど3年後のロス五輪を控えて、しかも1980年以降、ロードで賞金レースが始まり、スピード種目中心と思われていたアメリカでも有望長距離ランナーが雨上がりのタケノコの如く次々と現れて来ていました。10キロからハーフマラソンまでのロードレースで、マーク・カーブ、ハーブ・リンゼイ、ジョン・シンクレア…等々。それを踏まえて「ロス五輪におけるアメリカの長距離陣の見通しはどうか？」という質問に対して、「非常に有望だ」とリディアード。「しかし、」と釘を刺すことも忘れずに、「昨今の賞金レースで、月に2度、3度とレースに出過ぎている選手が多くいるように見受けられる。リカバリーを疎かにしては本番に焦点が合わせられなくなるのみか、将来の『ポテンシャル（＝可能性）』すら潰してしまいかねない…」。結局、残念ながら、その懸念が的中してしまいました。女子マラソンのジョアン・ベノイト以外、入賞なしの全滅でした。

　かたや、そのベノイトですが、実はロス五輪でオリンピック女子マラソンの初代女王となった2年後の1986年夏、私は、彼女のコーチのボブ・セブニー氏に会うため、オレゴン州ユージーンにあるナイキのアスレチック・ウエストの本拠地を訪れました。彼のオフィスで話をしているちょうどその最中、ベノイト選手から電話が入ります。「実は来月10キロのレースがあるんだけど…」「今はレースに出る時期ではない」とセブニー・コーチ。「でもスポンサー（ナイキ）が出て欲しいと言ってるの」「そんなものは理由にならない！」と、セブニー・コーチは許可しませんでした。セブニー・コーチによると、その前年のヘルシンキ世界陸上のマラソンに、選ばれていながら出場しなかったベノイト選手ですが、「それも計画の内だったんだ」とのこと。長期的な観点に立って、訓練期のトレーニングと、その「貯金を使う時期としての」レース期、そしてその後の「充電期」としての「リカバリー期」を、バランス良く上手く組み合わせていたようです。ここでも「バランス」が重要なポイントとなります。

レースの継続

　リディアードに対する誤解の一つで「4〜6ヶ月トレーニングに没頭して、たった1回のレースに出る」というものがあります。リディアードの当初の著書の中には「目標とするレース」に向けてのトレーニング・プログラム、といった書き方がしてあったのですが、その後「最初の重要なレース」とか、言い回しを変えています。これは何故かというと、この「THE RACE」に向けて、「レースのためのコンディションをピークに持って行く」のであって、一旦この「ピーク」に到達したら、上記の様に「レース」と「コンディション維持のトレーニング」と「疲労回復」のバランスを上手く取り合うことで、思っている以上に長い間レースのピーク・フォームを維持することが可能です。目標とするマラソンに向けてトレーニングを積んで来て、ピークに達した後、ボストン・マラソン参加標準記録を達成するまで月に一度の割合でマラソンに出場する…なんていうことは絶対に奨励したくありません！　しかし、レース距離が10キロ以下であれば、上手くトレーニングを調整することで、かなりの期間（2〜3ヶ月）ピークを維持しつつ、記録更新を続ける、ということも可能です。リディアードも、「レースの継続」と称して「レースのない週 / レースのある週」のプログラムを紹介しています。私たちは、これに「リカバリーの週」を加えて、この3つのパターンを上手く組み立てることをオススメしています。これらのサンプルは、この章の最後に例として紹介します。

　ロードレースを見てみた場合、欧米の場合ですと、春から夏にかけてが5キロ、10キロのレースの花盛りとなります。夏の暑い盛りにハーフマラソンもないこともありませんが、一般に長い距離、ハーフマラソンやフルマラソンは春先（4月のボストンやロンドン）か秋（10月にシカゴ、ベルリン、11月にニューヨーク）が定番になります。例えば、4月のマラソンを目指してトレーニングして、その後3週間をリカバリーとしてジョグで繋ぎ、5月半ばからレースのない週 / レースの週のプログラムを行うことで6〜8月と2、3週間おきにロードレースに参加する、ということは十分可能です。ゴールデン・ルールの一つ、「ハード・トレーニングを継続しながらレースで良い結果を期待できない」さえ守って、レースの前には「レースの週」で超回復を図ること、そしてレースのあとは「リカバリーの週」を怠らないように。これさえキチッとしていれば、「レース・シーズン」を満喫することが出来るでしょう。もう一つ重要なことは、この例の場合は、春先にマラソンを目指す、

ということで、リディアードのオリジナルの呼び名である「マラソン・コンディショニング」をそのまま応用している、ということです。別に春先にまずマラソンを走らなければいけない、などということはもちろんありません。しかし、もし春先の目標レースを５キロや 10 キロとするのであれば、まず最初のサイクルでシッカリと（出来れば）10 週間の「有酸素能力発達の走り込み」をしておくことを強く奨励します。土台が大きければ大きい程、レースの期間を長くすることが出来ます。逆に、これを怠ると、２〜３回レースに出たら貯金を使い果たしてしまって、パフォーマンスが頭打ちになってしまう、ということにもなりかねませんから要注意。

　目標のレースを無事走り終えたら、あるいは「レース・シーズン」を終えて次のシーズンを考える様になったら、またピラミッドの「有酸素能力の発達のための走り込み」から始めることになります。この段階で、あなたは新しい、「進化したあなた」になっています。つまり、前シーズンで、５キロを 20 分で走った場合、有酸素ロングランを大体キロ５分半で走っているでしょう。リディアードの１サイクルを終えて、自己記録を 19 分と更新したとしましょう。そうすると、あなたのロングラン・ペースは５分 10 秒となり、同じ２時間走でも 21 キロから 23.5 キロと、長く走れるようになります。３時間走であれば 32 キロから 36 キロへの差となります。これが「自然な進歩」なのです。ほとんどの人が、例えば「サブ４が私の目標」と、まず希望的憶測で勝手に決めつけた「タイム」に合わせたトレーニングを組んでしまいます。そんな人に限って、「35 キロは走らなければ…」と、４時間、４時間半を夏の炎天下で走ることで、怪我やオーバートレーニングの域に首を突っ込んでいます。リディアードは、常に「今年やっていることは来年のためのトレーニングだ。今年や来年にどんな走りをするかよりも３年、５年、７年先を考えてトレーニングしろ」と言っていました。特に、「スキル」よりも「生理学的な発達」に頼らなければならない長距離、マラソンにおける「進化」というものは、カタツムリの 100m ダッシュのスピードで発達していくものです。特に全ての基礎となる有酸素能力の発達には時間がかかります。

今年のトレーニングは本当は来年のため

　このようなリディアード・トレーニングには「累積効果」というものがあります。前にも言いましたが、「コンディショニング」というものは「走り込み」だけに当てはまるものではありません。ヒル・トレーニングも「コンディショ

ニング」ですし、インターバルも
50/50 も、タイム・トライアルも、
そしてレースさえもが「コンディ
ショニング」なんです。それらを
全て、一括したプログラムとして
全うすることで、一つのピラミッ
ドから次のピラミッドへと、次々
と裾野の大きい、そしてそのこと
でより大きく、高くそびえ立つピ
ラミッドへと「進化」して行くこ
とが可能となるのです。「ピラミッ
ドは、てっぺんから作ることは出

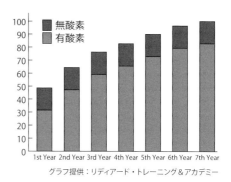

グラフ提供：リディアード・トレーニング＆アカデミー

有酸素能力をまず高めた上に無酸素能
力を築く。毎シーズン有酸素能力を高め
ることで年々レベルが上がって行く。

来ない」と言ったのは、フランスの有名な詩人、ロマン・ロランでした。ラ
ンニングも同じことで、まず足を地に着けて、裾野を広げることから取り組
んでください。

　昨今のマラソン熱にあたって、初めてランニングシューズに足を入れ、3ヶ
月後には初マラソンに挑戦しよう！と荒い鼻息を放っているあなた、ちょっ
と待ってください！　まずあなたの今のレベルをよく見直してください。
今まで何度も何度も口を酸っぱくして「リディアードのピラミッド」と言っ
てきました。ピラミッドは、土台が大きければ大きいほど、高く聳えます。
この「土台」とは、あなたの有酸素能力です。まず最低でも1時間継続して
走れるだけの基礎体力をつけましょう。1時間が難しい方は、まだまだ無酸
素インターバルだのペース走だのを口にするのは早いでしょう。1時間何の
問題もなく走れるようになったら、次は1時間半、そして2時間を目指しま
す。まず当初の2時間走は20キロもないかもしれません。15キロかもしれ
ません。それでも大丈夫。1サイクル全てのトレーニング（ヒル、インター
バル、テンポ走等）を消化したら、次のサイクルでは2時間で18キロ走れ
るようになるでしょう。その次には22キロ…と裾野が広がっていきます。
そうなると2時間半走、あるいは3時間走に挑戦しても何の問題もなくトラ
イできるようになっているでしょう。こうなって来ると、何の問題もなく「マ
ラソン・トレーニング」ができるようになります。しかも、より長く、より
速く走れるようになっていますから、十分な基礎を築き上げることができま
す。「タイムを追ってトレーニングを組むな」もリディアードの持論でした。
「正しいトレーニング・サイクルを繰り返していれば、タイムは自然にあなた

の元にやってくるものだ」と。

　私の住むミネソタ州は冬が非常に厳しく長いんです。マイナス 10 ～ 20 度はザラで、酷い時には風の影響で体感温度がマイナス 50 度なんて時もあります！　早い時には 10 月に雪が降り始め、昨年は 4 月中旬に積雪 50cm の例外の遅雪が降りましたが、一般に年に 4 ヶ月半は雪に埋もれてしまいます。にもかかわらずミネソタは、例えば、1992 年バルセロナ五輪では、陸上競技において他の州と比べて、人口に対して一番多くの選手をアメリカ代表として送り込みました。しかもそれが全て中長距離、マラソンの代表でした。その時の男子 10,000m 代表、スティーブ・プラセンシア選手は現在ミネソタ大学の陸上部監督なんですが、彼とそのことを話した時、「冬の間ガンガン速く走ったりレースに出過ぎたりすることが出来ず、服をたくさん着込んで、長くユックリ走るしか出来ないからだろう」と言っていました。もちろん大学では室内トラックの設備も整ってはいるものの、大半のトレーニングが「下へ下へと根を伸ばす」ための「有酸素能力発達の走り込み」になってしまいます。バルセロナ五輪のみでなく、昔からバディ・エデレン（元マラソン世界記録保持者）、ロン・ドーズ（メキシコ五輪マラソン代表）、スティーブ・ホーグ（1975 年ボストン・マラソン 2 位）、ギャリー・ビョークランド（モントリオール五輪 10,000m 代表）、マーク・ニナウ（元 10,000m アメリカ記録保持者）、ハッサン・ミード（リオ五輪 5,000m 代表、プラセンシアに指導を受ける）など、中長距離、マラソンのトップレベルに名を連ねています。これは、恐らくフィンランド同様、長い厳しい冬の間に「有酸素の土台造り」を強いられているからではないでしょうか。

若いランナーの指導者への提言

　東アフリカのランナーがオリンピック陸上競技で初めて金メダルと獲得したのは、リディアードの神話が始まったのと同じ 1960 年、ローマ五輪ででした。そして東アフリカのランナー達の快進撃が始まったのが 1968 年のメキシコ・シティー五輪ででした。メキシコ・シティーは標高 2,000m、いわゆる「高地」で酸素が希薄で、同じ様な高地で生まれ育ったケニヤ、エチオピアのランナー達が中長距離の表彰台に顔を連ねました。「高地で生まれ育ってるからなぁ…」。ほとんどの関係者はその一言で片付けてしまいがちです。「メキシコ五輪のマラソンの結果を見たか？」リディアードは問いかけます。「確かに優勝はエチオピアだった。しかし 2 位は日本、3 位はニュージーラ

ンド…。しかも3位のマイク・ライアンは高地トレーニングは一切しなかっ
た。しかしこの（2位と3位の）二人は『マラソン・トレーニング』をした
ランナーだった…。」高地トレーニングの効果は「心肺機能を高める」ことに
あります。「シッカリと有酸素の走り込みをすれば同じ効果が得られる」がリ
ディアードの持論でした。

　ここも実は私の意見が少しリディアードと異なるところです。リディアー
ドが指導者としての一線を退いたのがちょうど高地トレーニングのノウハウ
が豊富になって来た頃でした。アメリカでは「心に希望を、足に翼を」持っ
た若いランナー達がニューメキシコ、ユタ、コロラドなどの高地に長期滞在
をして、当時としては考えられないほどの距離、週に200キロ、250キロと「ガ
ンガン」走り込んでいました。本著書の中でも何度か名前が出て来たフラン
ク・ショーター、ケニー・ムーア、ジェフ・ギャロウェイ、そして彼らの同
僚のジャック・バチェラー達です。正しく行われれば高地トレーニングはそ
れなりの効果がある、ということは周知の事実だ、と言っても良いでしょう。
しかし同時に、特に高地で練習することなしに十分な結果を残している選手
がいることも事実です。ロス五輪で初代オリンピック女子マラソン・チャン
ピオンとなったジョアン・ベノイト選手はその良い例です。ですから、東ア
フリカのランナー達が中長距離、マラソンを牛耳っているのは、実は「高地
で生まれ育ったから」ではなく、「心肺機能がバツグンに発達しているから」
なのです。1991年にリディアードが来日した際、翌バルセロナ五輪を目前
にして「ケニヤのランナー達の台頭をどう思うか」との問いに、「彼等は、私
が私のランナー達に人為的に行ったこと（週100マイル走ること）を、子供
の頃から自然に行っているに過ぎない」と答えました。

少年少女のトレーニング

　オーストラリアのコーチ、トニー・ベンソンは、その著書、「Run With
The Best」の中で、年齢に応じた「累積年間総走行距離」というものを示し
ています。これをよく分析してみると、見ようによっては多くも感じられ、
少なくも取れる距離です。日本の高校生のレベルを考えてみると、実際に日
本のマジに走っている高校生であれば、ダントツにもっと多く走っています。
しかし、ここで注目していただきたいのは「継続した走行距離」なんです。
高校生の年齢とすると16、17、18歳の時で、トップクラスの高校生ランナー
であれば週に150キロ程度走ることはザラでしょう。この表で見ると、18

歳で「走り込み期」で週に「たった」86キロとなります。しかし、逆に14歳、15歳の頃に年間で1,000キロ走っている人が何人いるでしょうか。また、5〜14歳の間に年間800キロ「相当」の有酸素運動を続ける人が何人いるでしょうか。これは、年間52週間のうち40週間を「活動期」に当てると仮定して、週に4回、平均5キロ走ると800キロになります。10歳以下の少年少女に5キロ走らせるのは多過ぎる、と考えるあなた、これを「有酸素運動」と置き換えると、大体サッカーを30〜45分行うと5キロのランニングに相当します。また、多く走れば多い程良いというものでもありません。「私は17歳の時、この表の倍走っていた！」と息巻いても、それで焼き切れて高校卒業後止めてしまっては意味ありません。ラッセ・ビレンは18歳当時せいぜい週に50キロ程度しか走っていなかったことを思い出してください。

　リディアードは、少年少女に対するトレーニングについて、ファルトレクの生みの親、ゴスタ・ホルマーの言葉を借りてこう言っています：「あなたが10代の少年の指導を任されたとする。そこで、もしあなたが彼のトレーニングを励ましながら、彼が成熟するまでレースに出場させないようにできれば、それだけでもうオリンピックチャンピオンを育てるための基礎を築いたことになる…」と。リディアードは、1970年半ば、奥さんのエイラ夫人が勤めていた高校の少女達を指導していた時期がありました。その頃のインタ

年齢	年間総走行距離	KM/週	KM/月	累積総走行距離	走り込み期のKM/週
5〜14歳	5歳以降週平均15km走行距離目標			8000km	
15歳	1000km	20km	85km	9000km	25km/週
16歳	1500km	29km	125km	10500km	40km/週
17歳	2200km	42km	185km	12700km	60km/週
18歳	3150km	60km	260km	15850km	86km/週
19歳	4150km	80km	345km	20000km	112km/週
20歳	5100km	98km	425km	25100km	139km/週
21歳	5900km	115km	492km	31100km	160km/週
22歳	6700km	130km	560km	37700km	185km/週
23歳	7150km	138km	595km	44850km	197km/週
24歳	7150km	138km	595km	52000km	197km/週

Tony Benson & Irv Ray; "Run With The Best", p96 の資料を基に橋爪伸也作成

この表は、トニー・ベンソンの「年齢別累積年間総走行距離」をもとに、年間距離、週距離、月距離、そして「走り込み期」走行距離を計算したものです。リディアードは、そのオリジナルの著書の中で、年間走行距離として5820キロを掲げています。この場合、21歳でその距離を支障なくこなせる、と想定することが出来ます。その時の「走り込み期」の距離を160キロとすると、成熟したランナー（22歳以降）であれば走り込みで200キロ近く走ることが可能である、と考えることが出来ます。

ビューでこう語っています：「（今指導している17歳の少女で）800mを2分58秒で走るランナーがいる。その程度のランナーなら、アメリカならばどの州の高校に行っても4〜5人は見つけることが出来るだろう。彼女のタイムを10秒くらい更新することは簡単だ。しかし、そんなことをしたらどうなる？　彼女の将来を潰してしまうだろう。だから周りが何を言おうが一切気にかけず、気長に彼女を育てているんだ…」と。この少女、翌年18歳の時、リディアードに同行して渡米、飛び入りしたアメリカでも有数のピーチツリー10キロ・ロード・レースでジョアン・ベノイトらを抑えて見事優勝しています。

　カナダは、決して経済大国とまで言えないものの、この10年間、スポーツの分野ではかなりの活躍を見せています。そのカナダでは、「Sport for Life」というプログラムを全国に浸透させる様努めています。このプログラムでは、トレーニングの焦点を年齢別に区別し、例えば6〜10歳であれば「焦点」はFUNを基盤とした基礎トレーニング（基本的な体力をつけるトレーニング）となります。ここで最も注目していただきたいのは、小学生高学年から中学生にかけての「トレーニングとはなんぞや」を学ぶ様なトレーニング、そして中学生時代の「トレーニングのためのトレーニング」です。これはどういう意味かというと、例えばリディアードのヒル・トレーニングです。これは「トレーニング」（＝インターバル）のための「トレーニング」（＝脚力と脚の可動性を高め、「速く走る」ための準備をする）という位置づけとなります。「動き」を学習するドリルなども非常に重要な「トレーニングのためのトレーニング」と呼べるでしょう。そして、「勝負」を念頭においた本格的な競技としてのトレーニングを開始するのは高校を出て大学に入った頃で十分だ、ということを示唆しています。「勝負勘」を磨く、ということであれば良いのですが（インターハイ・チャンピオンだった瀬古選手が思い浮かびますが）、勝つことに一生懸命になってガンガン練習、特に無酸素トレーニングを中学、高校時代にやり過ぎることは避けられるべきでしょう。

　逆に、現在の一般市民ランナーを考えた時、本来であれば10代の頃に鍛えられるべきこの「トレーニングのためのトレーニング」があまりにも疎かになっている様に思えます。30代、40代になってマラソン熱に取り憑かれ、何がなんでも距離を踏まなければいけない、とばかりにとにかく走って、練習日誌の「km」の数字と睨めっこする…。しかし、ヘッピリ腰のチョコチョコ走りでどんなに距離を踏んでも「スピードのある走り」は出来ません。む

しろ走れば走るほどその
フォームが助長される
だけです。YouTube な
どでエチオピア選手達の
オフ・シーズンでの「動
き」のトレーニング、あ
るいはウォームアップの
風景を見たことがありま
すが、非常にリズミカル
で、柔軟な動きを助長す
る様なドリルを行ってい
ます。東アフリカのラン
ナー達の台頭の裏には、
（1）酸素の希薄な高地

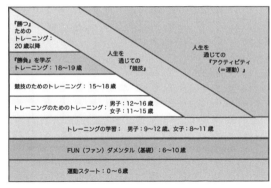

Canada Athletics; "Sport for Life" の表を基に橋爪伸也制作。
「技術」が重要視されるバスケットボールやサッカーと、「生理学」
が重視される中長距離とでは焦点とその年齢が少し異なることもあ
りますが、全般的にそれぞれの年齢で何が重視されるべきかを提
議しています。

で生まれ育って心肺機能が優れている、（2）貧しい環境で、子供の頃から家
から学校までを走って通うことで有酸素能力を知らず知らずのうちに高めて
いる、そして（3）自然の中で裸足か裸足に近い状況で走ることで柔軟で滑
らかな動きを身につける…といった「パーフェクト・ストーム」があったと
思います。それに加えてこの様な自然な動きを助長する様なドリルを行うこ
とで、より自然な走りが出来る様になっているのではないでしょうか。そし
て、これらを知らず知らずのうちに鍛えることが出来ないのであれば、それ
を何らかの形で、どこかで鍛え上げる必要があるのです。もちろん、そんな
ことをしなくても走れなくなってしまう、などということもないですし、そ
れでもそこそこ走れるかもしれません。しかし、故障を減らして、より快適に、
より楽に速く走れるために、この様な「トレーニングのためのトレーニング」
がプラスになるということは紛れもない事実でしょう。

夢見る中年ランナー

　もう一つ、長期的見地に立ったトレーニング計画における「柔軟な走り」
ですが、読者の多くはすでにご存知だと思うのですが、歳をとってスピード
がなくなって遅くなる理由のトップが（1）柔軟性がなくなって走りの動き
が萎縮してしまう、そして（2）脚筋力が下がる、の二つです。1984 年の
ロス五輪で、ポルトガルのカルロス・ロペスが 37 歳にして 2 時間 09 分 20
秒のオリンピック新記録で優勝、続く 85 年春には史上初めての 2 時間 07 分

台で世界記録を樹立しました。実はロス五輪で、リディアードはロペスを優勝候補に挙げていました。「彼は歳をとりすぎている」という反論に対して、「有酸素の発達という見地からはそれはむしろプラスになる」と言っていました。そして、30後半という年齢に対しての懸念においては「ロペスはクロスカントリーで鍛えたしなやかな走りがあるから大丈夫だ」と言っていました。事実ロペスは、世界クロスカントリー選手権大会でアフリカ勢を抑えて3度優勝しています。同じくニュージーランドでも、1974年のクライストチャーチ英連邦大会のマラソンで、41歳で2時間11分40秒でマスター（40歳以上）の世界記録を樹立したジャック・フォスターに関しても同じ様に、クロスカントリーが得意の選手で、地元ロトルア市（ニュージーランドの温泉で有名な街）の起伏の激しい丘陵地でトレーニングしていました。フォスターは遅咲きの選手で、32歳から走り始めました。これに関して、リディアードの持論は「有酸素のトレーニングを始めたら、大体10年後に実を結ぶ」でした。これを証明したと言えるでしょう。ただしフォスターの場合は、ランニングに転向するまではセミプロのサイクリストで、自転車で有酸素の土台を既に築き始めていた、という事実も大いにプラスになっています。特にフォスターの例などは：

1. 有酸素能力の土台造りがもっとも重要、
2. 有酸素の土台造りには時間がかかる――5年から10年、そして
3. クロスカントリーやヒル・トレーニング等でしなやかな走りを身につけることでスピード養成／維持が出来る

　これらのリディアードの持論を良く示しています。そしてこれは同時に、「長期的見地に立ったトレーニングの組み立て方」を指示しています。この章の前半でお話ししましたが、リディアードのピラミッドでは「累積効果」があります。つまり、今回築き上げたピラミッドは次のピラミッドでより多くの効果が期待できるのです。リディアードのランナー達は、一般的に1年間に2サイクル（秋／冬のクロスカントリーと春／夏のトラック・シーズン）でまとめていました。つまり、リディアード門下に入って3年経ったら6サイクル、そして「走り込み」を6回繰り返した、という見方になります。このパターンでトレーニングを積んで、3〜5年したら本当の「素質」が見えてくる…。スポーツの基礎として、本家本元のイギリスでは「アスレチックス」と呼ばれる陸上競技の、しかも「素質よりも練習が結果に大きく影響する」といわれる中長距離イベントとはそういうものなのです。ネットに出て

いた「これがキプチョゲの秘密だ！」的なトレーニングを数回したら来週、再来週に結果が出る、というものではありません。リディアードは常に、「理論立ったトレーニングを3年間一生懸命やって、初めてメダルや表彰台云々と言える様になる」と言っていました。

リディアードが好んでシェアしていた話にニュージーランドのジョン・ロン

1971年福岡マラソンで10位になったことが自慢のジョン・ロビンソン。10位のトロフィーと、交換した「クラレ」と「新日鉄」のユニフォーム。

ビンソン選手の話があります。恐らくほとんど世界中で知られていない「リディアード門下生」の一人です。「ジョンは私が指導したランナーでもっとも素質のない選手だった」とリディアードは言います（もっともジョン本人に言わせると、「（リディアード本人が常に言っている様に）トレーニングを開始して、数年経った時点で見てもらえたら、そこまで『素質がない』とは言えないと思うんだがなぁ…」と）。「当時、ローカルのレースでも一度も勝ったことがなかった」とリディアード。「しかし、ジョンは走るのが大好きで、来る日も来る日も、いつでもどこでも走って走って、彼の有酸素の受け皿を大きくして行ったんだ…」。そんな彼が生涯最高記録を出して優勝したのが1973年のニュージーランド・マラソン選手権。2時間15分03秒、34歳の時でした。そして世界的に脚光を浴びたのが1979年、世界マスター選手権のマラソンで見事優勝（2時間22分）した時です。リディアードの門を叩いてから20年以上が経っていました。「本当の『素質』というものは、理に適った、そしてシステム立ったトレーニングを数年間継続して初めてわかってくるものだ」を"地で行った"素晴らしい例です。

「マラソン日本」復活に向けての提言

私達人間の身体は、生まれてから「成熟」するのに15〜20年かかります。それだけ年月をかけて一人前になる私達の身体に、突然膨大なストレスを与えて、数ヶ月で大きな飛躍を期待する方が間違っていると思いませんか。特

にランニングの中長距離イベントでは、長期的な見地に立った選手の育成というものを真剣に考慮する必要があります。リディアードは、200mのタイムを基準として個人にもっとも適したレースの距離を設定し、「まずその下の（短い）距離からマスターさせる様に」勧めています。つまり、例えばマレー・ハルバーグの場合、まず1マイルのランナーとしてスピードをフルに培うことを目標としました。彼はニュージーランド人として初めて1マイルで4分を切り、ローマ五輪の前のメルボルン大会では1,500mの決勝に残っています。しかしそのはるか前から、リディアードは「彼は27歳で5,000mでオリンピック・チャンピオンとなるだろう」と予言していました。スネルも、800mで五輪二連勝をしており、800mランナーとして世に知られていますが、リディアードは彼の最適の距離は1,500m/1マイルと考えていました。残念ながら、そこに行き着くまでに、お金が全く関与していなかった当時のアマチュア・スポーツ界の状況から、「楽勝」で1,500mの金メダルを獲得した東京オリンピックの翌年、早々に引退しています。

　私がリディアードのクリニックでいつも見せている1枚の写真があります。1970年エジンバラ英連邦大会の男子1,500m決勝の写真です。このレースでは、当時若干21歳のディック・クアックスが最初の1周を56秒というクレージーなハイペースで飛ばし、2周目で追いついたオリンピック・チャンピオンのケニヤのキプチョゲ・ケイノと大接戦の末ケイノに軍配が上がりました。この二人を追走する後続グループの中には、その4年後、クライストチャーチ英連邦大会の10,000mで劇的な優勝を飾るリチャード・テイラー、その6年後のモントリオール五輪の10,000mで銅メダルを獲得するブレン

ダン・フォスターらが顔を揃えています。もちろんクアックスはモントリオール五輪では5,000mで銀メダル、翌1977年には5,000mで世界記録樹立、1979年には飛び入りしたマラソンで2時間11分の初マラソン世界最高記録で走っています。つまり、1970年代の長距離界を代表するランナー達が、揃ってこの世界大会の

1971年英連邦大会1500m決勝。左から3人目がテイラー、ゼッケン96がフォスター、二番目を走るのが若かりし日のディック・クアックス。Photo : Getty Images

1,500m の決勝に名を連ねていたのです。

　1980 年代、日本が世界に誇ったランナー瀬古利彦選手は、高校で 800m/1,500m の中距離チャンピオンだったのを、故中村清監督がマラソン・ランナーに育て上げた、というストーリーは有名ですが、たまたまの偶然なのか、中村監督の先見の明で狙い通りだったのか、そのどちらだったのかはわかりませんが、この例などはリディアードの持論を地で行ったそのものです。リディアードは、既に 1950 年代の頃から「スピードの無い者がマラソンを制する時代は終わった」と言っていました。その当時からリディアードは「本当にスピードのあるランナーが『マラソン・トレーニング』でスタミナを築き上げたらどうなるか…」とワクワクする様なことを話していました。もちろんウサイン・ボルトに週 100 マイル走らせろ、なんていうことは筋肉の構成などの理由で現実味のある話ではありません。しかし、リディアードがフィンランドのナショナル・コーチを務めていた時、フィンランドにウハ・ヴァティネンという選手がいましたが、彼は 100m を 10 秒台で走るスピードがありながら、マラソン・トレーニングで週に 200 マイル近く走るスタミナを身につけ、1971 年のヨーロッパ選手権で、その素晴らしいスピードを活かしてラストスパートの大接戦を制して 5,000m と 10,000m の二冠に輝きました。現在押しも押されもしないマラソンのナンバー・ワン、エルイド・キプチョゲ選手も昨日今日強くなった選手ではありません。彼が 18 歳の時、パリ世界選手権の 5,000m で当時の中距離王者、エル・ゲルージと、長距離の皇帝、ベケレを蹴落として見事金メダルを獲得していたことを覚えているでしょうか。

　日本では、「マラソン」があまりにも花形イベントとなってしまって、高校時代に中距離専門だった選手も、実業団チームに入ると即マラソンに「転向」してしまう傾向にある様に思えます。しかしポイントは、「転向」してしまうのではなく、中距離を走れるだけのスピードを維持しつつ、スタミナの養成を行う、ということなんです。今や悪い意味で「時の人」となってしまったオレゴン・プロジェクトのアルベルト・サラザールですが、彼がまだ指導者として駆け出しだった頃、彼が最初に育てたマラソン・ランナーで成功したのがキャラ・ガウチャー選手でした。ガウチャーは 2007 年の大阪世界陸上の女子 10,000m で銀メダルを獲得、満を持して翌 2009 年、ニューヨーク・シティー・マラソンで 42.195 キロにデビューしました。コロラド大学時代に名コーチ、マーク・ウェットモアに指導を受けた逸材に対して、念には念

を入れていたサラザールは、彼の高校時代の恩師、ボストンのレジェンド的指導者、ビル・スクワイヤーズを何度となく本拠地のポートランドに呼び寄せてアドバイスを乞うています。「『お前はちゃんとやってるよ』と言ってやったんだ」とスクワイヤーズ。「何よりもキャラをトラックから遠ざけていないから…。」スクワイヤーズは、彼の持論として「トラック・ランナーをロードに持って行くのは簡単だ。しかし、ロード・ランナーになり切ってしまった（＝『転向』してしまった）選手をトラックに戻す（＝スピードを蘇生させる）のには一苦労する」と言っています。ガウチャーは、マラソン・デビューの翌年、室内陸上のメッカ、メルローズ・ゲームズで１マイル・レースに出場、見事優勝しています。

　川内優輝選手は、彼の毎月のマラソン参加の合間を縫って（笑）1,500mのレースにも参加しているという話を聞きましたが、確かにそんなアプローチは間違っていないと思います。しかし、私が言っているのは、例えば日本選手権の1,500mで優勝出来る程のレベルでいながらマラソンを走る、という構図です。例えば高岡寿成選手は3,000m、5,000m、10,000m の日本記録を更新してからマラソンに転向しました。私は個人的には、彼が27か28歳の頃にマラソンを走っていたら世界記録だったんじゃないか、と思っているのですが…。高岡選手は、たった10回程度走った1,500mで3分40秒で走っています。800m は、たった一回走って1分50秒だったそうです。トレーニングではゆっくり、ジックリ走ってくれて、そのくせこれだけのスピードを出しているとは、リディアード関係者にとってこんなに嬉しい例は滅多にありませんね！　当然高岡選手自身のラン能力の高さもあると思いますが、これ程のスピードがあったからこそ、あれだけ世界と闘うことが出来たのでしょう。

原理はエリートも市民ランナーも同じ

　リディアードのアプローチの利点の一つに、前の章のスネルとマギーのトレーニングの比較で見ていただいた様に、中距離のトレーニングであってもシッカリ走り込みをするということ、そして、マラソンのトレーニングでも50/50やスプリント的な練習を行う、ということがあります。つまり、ランナーのレベルやレースの距離に関わらず、有酸素能力発達のために走り込みをするし、スピード養成のためのトレーニングも行う、ということを意味します。私自身、一般市民ランナーであっても、例えばマラソンのトレーニン

グ・サイクルを行った人に対して、次のマラソンに挑戦する前に、「リディアード・ランナー」の5キロのプランを行うと良いと奨励しています。5キロのプランであってもシッカリ1時間半～2時間走が週末を埋め尽くしているので、マラソンに必要なスタミナに支障を来すことなくトレーニングの流れを継続させることが出来ます。そして、5キロ用のプランの後半のスピード練習で一段階高いレベルの走力を築き上げることが出来るのです。そしてこれが次のサイクルの基盤となるのです。

　アメリカでは、一時期のマラソン熱で、ネコも杓子もマラソンを走ろうとして、「ラン：ウォーク」プログラムが爆発的な人気となりました。例えば2キロ走って400m歩く…といった風なものです。これが結構効果的なんです、残念ながら（笑）。このやり方でマラソンを走ると、案外練習不足でもなんとか完走（完走/歩？）出来てしまうものなんです。しかしながら、不完全状態でゴールまで辿り着いてしまう分「進化」も中途半端です。「1回だけでも（フルマラソンを）走ったと言えればそれで良いや」という人もいるかもしれませんが、それではちょっと寂しいです。せっかく「ランニング」という「生涯スポーツ」に出会ったあなた、ぜひ10年、20年と走り続けて欲しいと思います。そのためには、まず裾野を広げ、何年か先を見据えた正しいトレーニング・プランを実行して欲しいと思います。

レースのない週

	週7日	週6日	週5日	週4日
日曜日	有酸素ロング・ラン(1)	有酸素ロング・ラン(1)	有酸素ロング・ラン(1)	有酸素ロング・ラン(1)
月曜日	ファルトレク(7)	ファルトレク(6)	休み	休み
火曜日	インターバル(3)	インターバル(3)	ファルトレク(5)	ファルトレク(4)
水曜日	有酸素ラン(4)	有酸素ラン(4)	インターバル(3)	インターバル(3)
木曜日	ファルトレク(6)	ファルトレク(5)	有酸素ラン(4)	休み
金曜日	カット・ダウン(7)	休み	休み	休み
土曜日	アウト&バック(2)	アウト&バック(2)	アウト&バック(2)	アウト&バック(2)

レースのある週

	週7日	週6日	週5日	週4日
日曜日	ロング・ジョグ (3)	ロング・ジョグ (3)	ロング・ジョグ (3)	ロング・ジョグ (3)
月曜日	50/50 (4)	50/50 (4)	休み	休み
火曜日	軽いファルトレク (6)	軽いファルトレク (6)	軽いファルトレク (4)	ジョグ (5)
水曜日	アップ・テンポ (2)	アップ・テンポ (2)	アップ・テンポ (2)	アップ・テンポ (2)
木曜日	ジョグ (7)	休み	休み	休み
金曜日	ジョグ (5)	ジョグ (5)	ジョグ (5)	ジョグ (4)
土曜日	THE RACE (1)	THE RACE (1)	THE RACE (1)	THE RACE (1)

リカバリーの週

	週7日	週6日	週5日	週4日
日曜日	ロング・ジョグ (1)	ロング・ジョグ (1)	ロング・ジョグ (1)	ロング・ジョグ (1)
月曜日	ジョグ (7)	ジョグ (6)	休み	休み
火曜日	ジョグ (4)	軽いファルトレク (3)	ジョグ (5)	軽いファルトレク (2)
水曜日	軽いファルトレク (3)	長めのジョグ (2)	軽いファルトレク (2)	休み
木曜日	長めのジョグ (2)	休み	流し (3)	流し (3)
金曜日	流し (5)	流し (4)	休み	休み
土曜日	アウト&バック (6)	アウト&バック (5)	アウト&バック (4)	アウト&バック (4)

Chapter 13

トレーニングが出来なかったら…

レースよりも練習日誌に何を書き込むかの方が
大事になっていないか？

　ニュージーランドに滞在中、「宿題を怠った」結果フクラハギを故障して走れない時期がありました。そんな折り、前の章で紹介した故円谷選手と大接戦の末、ザトペックの 20,000m と 1 時間走の世界記録を更新したビル・ベイリー選手と会話した際、そのことを話しました。「故障で走れない期間が数週間続いてしまったんだが、こんな時どうしたらいいかなぁ？」「そんなの無視して、プランをそのまま継続すればいいのさ！」という彼の答えにちょっとビックリ。「君はレースに出るためにトレーニングしているんだろう？　リディアードの元では、まずレースを選んで、そこから逆算してトレーニングを組んで行くんだ。だからトレーニング出来る期間というのも当然限られて来る。しかし、あまりにも多くのランナーが、『何をしなければいけないか』ばかりに目が行ってしまって、レースよりも練習日誌に何を書き込むかの方が大事だと思っている。レースの結果が悪くても『この私の練習日誌を見てよ、凄いでしょ！』と。私は、そのランナーがどんな練習をしたかなんて全く興味がない。どんなレースをしたかは、新聞を見ればすぐにわかる！」と。確かにちょっと極端かもしれませんが、これもごもっともな理論です。

　確かにあまりにも多くのランナーからの「ここでこの練習が出来なくなっちゃったんだけど、どうしたらいい？」という質問は多いです。そして、ほとんどの人が「次の日にそれをした方がいいかな？」となります。私は、基本、ビル・ベイリーに教わった通り、「無視してそのまま次に進みなさい」がお薦めです。その理由は、変に小手先の細工を施そうとすると、かえって物事をややこしくしてしまい、挙句が肉体的にも精神的にもストレスが溜まってし

まう、という結果になる場合がほとんどだからです。もちろん、正統派として、正しく「小細工」をすることも当然可能ですので、ここではそのためのアプローチをいくつかご紹介します。

「リディアード・ランナー」のトレーニング・プランには「重要度ナンバー」がついており、毎週のそれぞれのトレーニングの重要度が一目でわかるようになっています。ですから、例えばビジネストリップで走れない日が出てくる、家族サービスで週末は走れない、などという場合、出来るだけ重要度の低い（番号が高い）トレーニングを抜くようにして、重要度の高い（数字が低い）トレーニングは、どこかでするようにした方が良い、という、自分なりに日々の練習を動かせるように配慮してあります。しかしながら、問題は「トレーニングの皺寄せ」なんです。例えば日曜日にロングランをして、翌月曜日に軽いファルトレクで休息、火曜日にインターバルを予定していたとします。それが日曜日に仕事の関係で移動しなければいけなくなり、日曜日のロングランと月曜日のファルトレクを入れ替えたとします。そうすると、ロングランの翌日にインターバルが来る、という図式になってしまいます。これはあまりお薦めできません。ストレスが高過ぎます。それよりは、いっそミスしてしまったロングランは諦めて、ファルトレク、インターバルと持って行った方が故障の可能性も低くなります。

前の章でも触れましたが、リディアード・トレーニングの利点は、スーパー・ロングラン（何がなんでも30キロ！）がなく、その代わり毎週末2時間〜2時間半というプランになっています。毎週末2時間走っている人が、1日だけ走らなくても何の問題もありません！　史上初のサブ4分マイラーとなったロジャー・バニスター博士は、その歴史的ランの前、5日間山籠りに出かけ走らなかった、と言います。歴史的ランの後、そのことについて聞かれた彼は「5日くらいで走ることを忘れるとは思わなかったから」と答えたそうです。もちろん、週末のロングランをミスすることが何度も何度も繰り返し起こるようであれば、何らかの対処法を考えないといけませんが…。

前にも言いましたが（そしてこれは非常に重要なポイントなので、クリニックのプレゼンでは何度も何度も繰り返しスライドが出てきます）、トレーニングを積むに当たって、（1）自分が今持っている能力は何か？（2）今欠けている能力は何か？　そして（3）何の能力を発達させる必要があるのか？と常に考える必要があります。そして、そのトレーニングを行うことによって

（４）何を得ようとしているのか？を理解する必要があります。

　例えば、ビジネストリップで、ヒル・トレーニングが出来なくなったとします。本格的なヒル・トレーニングでなくとも、例えば泊まっているホテルの階段を数回上り下りして脚筋力を刺激させることは出来ます。あるいは、ホテルのジムで固定バイクはどうでしょうか？　負荷を高くしてペダルを漕げば、脚筋力を鍛えることが出来ます。ホテルの周りを早足で歩いて回ってウォームアップとして、部屋に戻ってスクワットかスクワット・ジャンプをすれば脚の筋肉を鍛えることが出来ます。ヒル・トレーニングによって「何を得ようとしているのか」、それさえ理解していれば、簡単な代用品は結構身近に見つけられるものです。

　仕事関係で、あるいは家族サービスのためにトレーニングをミスしてしまう…、そしてもう一つ、恐らく練習をミスする一番大きな理由としては「故障」があります。故障してしまったらどうするか。故障、怪我に関しても忘れられないレッスンがあります。日立にいた時、選手二人と北海道で合宿をしたことがあります。しかし、ホテルに着くや否や、その一人が「脚が痛い」と言い出しました。「どうすればいいんですか？」。当時の岩渕初代監督の答えは「どうも出来ないだろうが」。当然、凡人だった私は、愚かにも、真っ先に考えたことが「せっかく北海道まで合宿に来たのにもったいない…」でした。恐らく多くのランナーの人達は同じ経験があるのではないでしょうか。「せっかくマラソンにエントリーしたんだから、この30キロ走はやらなければいけない…」、「レースが近づいてきたんだから、このインターバルは何が何でもやらなければいけない…」。ちょっとした痛みだった「故障の芽」が、そのことで「故障の花」になって満開になってしまうことにもなりかねません！

　もちろん、私は個人的には、一旦レースを決めたら、何が何でも「悪あがき」をしてもらいたい、というのが本音なんです。もしあなたがオリンピックを目指している場合、どこかがちょっと痛い、故障の可能性がある、ということで簡単に諦めてしまうでしょうか？　何が何でも悪あがきしてスタートラインに立って欲しいんです。実はこれにも興味深い体験談があります。数年前の話ですが、コーチしていた女性と一緒に５キロのレースに出ることになりました。私が彼女のペーサーとなる予定でした。その２週間前、腰痛になってしまい、立っているのもままならない、という状況になってしまいました。仕方なしにジムで固定バイクで何とか体力を維持し、その後シャワーで冷水

を腰に当ててアイシングの代わりとし、ジャクジーに座ってジェットの泡を腰に当てる…ということでレース当日になりました。ウォームアップでかろうじてジョグをし、流しになると、1本するのがやっと。彼女には「1マイルで止めちゃうかもしれない…」といってスタートに着きました。結果は、ここ10年のベストタイムで年齢別の部で3位になりました。決して無理することなく、しかし出来ることだけやって「悪あがき」して、とにかくスタートラインに立ってみないと何が起こるかわからない。しかも、ここまでやれるだけのトレーニングをして来ているんです。水の泡にしてしまうにはまだ早い。

しかしながら、「無理することなしに」というところがポイントです。では、それにはどうすれば良いか。

痛みには2種類あります。（1）「大体この辺なんだけどなぁ」、とジーンと大雑把に痛いこと、そして（2）「ここだ！」と指させる痛み、です。一般に、（2）の場合、筋破損、筋亀裂が起こっている場合が多いです。そして、一般的に（1）の場合だと、ユックリと走り出してみると、最初のうちは少し痛いのですが、身体が温まってくると次第に痛みが和らいで行く…、という場合があります。この場合は、ユックリジョグをすることをお薦めします。そして、走り終わった後、アイシングを忘れないように。一般に、（2）の場合だと、走るにつれて痛みが激しくなって行く傾向が多いです。その場合は即座にランニングをストップして、別の運動を探すべきです。

リディアードは、かなりハードコアなところがあったので、特に走り初めのビギナーに対しては、「多少の脚の痛みはつきものだ。少しくらい痛くなったからといって走ることを止めず、走り続けなさい」と助言していました。私自身も同感ですし、多少の「しこり」であれば、むしろユックリと、しかも芝生や土のコースで走ることが出来るのであれば、ジョグした方がマッサージの効用もあり、血液の循環の増加によっての酸素と栄養の補給も増えるのでよりお薦めです。しかし、この（1）か（2）かの違いをハッキリと意識して、身体が温まっても痛みが消えず、むしろより痛くなるようであれば、リディアードが何と言おうが、即座に走るのを止めるべきです。

脚が、特にフクラハギが張っている場合──そして特に初心者の場合、走り始めた頃は大腿筋がオーバーワークで痛んだりフクラハギが張ったりする

ことがよくあります——ウォーキングがお薦めです。前述の北海道合宿の日立の女性も、合宿中はウォーキングに徹しました。ランニング程の大きなストレスをかけることなく、しかもウォーキングの最後のサイクルにおいて（後ろ足がキックオフする瞬間）アキレス腱が程よくストレッチされます。私自身、アキレス腱を痛めていた時、あるいはフクラハギが張っているときは、夏のクッソ暑い時にも関わらずスウェット・シャツとウインドブレーカー・ジャケットを着てパンツを履いて、極力底の薄いシューズを履いて１時間、１時間半から２時間かけて歩き回りました。レジェンド、瀬古選手が、ウォーキングの際は石を両手に握って腕振りに注意した、と読んだことがあったので、試したこともありましたが、あまり効果があったかどうかわからなかったので、毎回することはなかったですが…（笑）。厚着をしたのは、歩くという強度の低い運動でありながら、厚着をすることで心拍数を少しでも上げることが出来る、という理由からです。これは、マラソンで1980年モスクワ五輪のアメリカ代表となったベンジー・ダーデンという選手が、「夏でも厚着をして走る」ということで注目を集めたことから来ています。そうすることで、「脚には週150キロのストレスをかけながら、心肺機能には週200キロの刺激を与える」という考え方からでした。底の薄いシューズを履いたのは、アキレス腱のストレッチ効果がより大きくなるからです。

靴の工夫で負担を減らす

　私は、「フォアフット」ランニングが騒がれるようになった昨今の遥か昔、ショーターやロジャースを見てフォアフットで走るようになりました。特にスピードを上げて走るとその傾向が顕著になり、それなりの「下準備」（＝ヒル・トレーニング）をしないと、一発でフクラハギがパンパンになったりアキレス腱を故障したりしてしまいました。アキレス腱の故障をしていた時、このことをリディアードに話すと「北国で、寒くて雪がたくさん降るところ（例えばミネソタ州…）に住んでいる人達は、特に冬の間アキレス腱をストレッチする必要がある。寒いからといって柔軟性のないゴツいブーツを履いて、しかも雪や氷の上を歩くことで、滑らないように短いストライドで歩いてしまう。アキレス腱がどんどん萎縮してしまうからだ」と。全くゴモットモ！　早速日本から、春のトラックシーズンの準備用の「ウインド・スプリント」シューズ（アシックス、ミズノ等から出ています）を購入、特に冬の間はそれを履いて歩くようにしました。そして、これは大いに役立ったと感じています。もう一つ、このアキレス腱の故障／フクラハギの張りを克服す

るのに大いに役立ったことがあります。一般に、ほとんどのトレーニング・マニュアルや、ちょっと地元で名の知れたランナーなどのブログなどを読むと、まず十中八九、「ロングランは底の厚いジョギングシューズを履き、インターバルやタイムトライアルは底の薄いレース用のシューズを履く」と書いてあると思います。レースでは底の薄い「レース用のシューズ」を履くのだから、「レース仕様」のインターバルやタイムトライアルは、レース感覚で底の薄いシューズ…、とメイクセンスですよね！私は逆をやったんです。ゆっくりペースで走っているロングランを底の厚い、ちょっと重いシューズを履く…、これはまだ納得するんです。その後、特にヒル・トレーニングでの「宿題」を怠った場合、突然ペースが速く、ただでさえアキレス腱が余計に引っ張られるインターバルやタイムトライアルを、底の薄いシューズで行ったらどうなるでしょう。ダブルパンチですよね！　そこで、ロングランやジョギングを底の薄いレース用シューズで行い（これはリディアードから言われていたのですんなり入っていけました）、インターバルや「流し」までも底の厚いジョギングシューズで行ってみたんです。ピンポーン！　全くの正解でした。このように、僅かの工夫をするだけで故障の原因を大幅に減少させることが出来ます。

故障の「痛み」を感じない代用トレーニング

　代用品としての運動は、まずこの故障の「痛み」を感じないことが第一条件です。例えば、私自身、一時期アキレス腱を痛めていた時、ヒル・トレーニングの際、坂ではなく階段を使った場合、脚筋を鍛える、という意味では同じではあるものの、アキレス腱の「伸び」が少ない分（坂の場合地面そのものに傾斜があって自然とアキレス腱がストレッチされるのが、階段の場合、接地部分はフラットなのでアキレス腱の「伸び」が最小限に抑えられる）かなり痛みが少ないことがわかりました。もちろん、このアキレス腱の伸びも重要なヒル・トレーニングの要素の一つですし、恐らく「流し」も避けられるべきなので、全体的なヒル・トレーニングの趣旨が半減されることも事実です。しかし、もっとも重要な部分である脚筋、特に大腿部の筋肉を鍛える、という点ではステップ・ランニングに勝る「代用品」はないでしょう。膝に痛みがあってロングランが出来ない場合、この痛みを感じない範囲で、例えばサイクリングや水泳、ローイングなどで「有酸素運動」をすると良いでしょう。「リディアード・ランナー」には、各トレーニングに対して、目安となる心拍数が、年齢と安静時心拍数を基にして示されています。例えば、トレー

ニングが「２時間走を心拍数135回/分で」だとします。その代用品として、「心拍数が135を維持するようにして２時間のサイクリング」が良いでしょう。もちろん、前の章で示した通り、本来であればサイクリングや他の有酸素運動であれば、ランニングの時間の２〜３倍の時間で行えることが出来ればベストなんですが、心拍数さえ同じにすれば同時間でも十分効果があります。

　ここで、無酸素インターバルの代用品として非常に素晴らしい例があるのでご紹介したいと思います。1983年、モスクワでのオリンピック・ボイコットを経験して、国際陸上競技連盟は、初めて陸上競技だけの「世界陸上競技選手権大会」を開催することに決定、その第一回としてフィンランドの首都、ヘルシンキがホストとなりました。当時女子の中距離は東欧圏の東ドイツ、ソ連が牛耳っていました。もちろん今となっては「何故」なのかがかなり明るみになっていますが…。ちょうど同じ頃、アメリカにはメアリー・デッカーという既に10代前半から国際大会で活躍している天才少女がいました。ただ非常に脆い脚の持ち主でもあり、故障が絶えなかったのが玉に瑕でした。ちょうど1983年春先にも脚の故障で、無酸素インターバルをするべき時期に全く走れない状態が続きました。彼女は当時、アメリカのアスレチック・ウエストに所属、「リディアード・ランナー」の私との共同制作者でもあるディック・ブラウン博士がコーチしていました。彼は、「無酸素トレーニング」は、１〜３分の、心拍数が180程に上がる高強度の無酸素運動を行い、リカバリー、また無酸素運動…、を繰り返す、ということに着目。全てのインターバル・トレーニングをアクア・ベスト（浮きジャケット）をつけてプールで行うことにしました。水に浮いた状態で、ハーハーゼイゼイ息が荒くなるまでの強度のアクア・ランニングを２分間継続、３分の軽い水泳でリカバリー、これを繰り返す、という「無酸素トレーニング」をしました。このトレーニングを週に数回、そして４週間続けて、プールから出てから５週間後に、2,000mでその年のランキング世界一のタイムを叩き出しました。そして迎えたヘルシンキ第一回世界陸上では、優勝候補の筆頭に挙げられていたソ連のランナー達を一蹴し、見事1,500mと3,000mで金メダルを獲得したのでした。そのトレーニングの趣旨を理解し、代用品トレーニングを上手く使った見事な実践例です。

ディック・ブラウン（左）とアーサー・リディアード

今の自分にとってもっとも「バランスの取れた」
ピラミッドを完成させる

　さて、ビル・ベイリー先生は、「ミスったトレーニングは無視して次に進み
なさい」と言いましたが、確かにそれがもっとも単刀直入で無難なやり方な
んですが、ちょっと上級者向けのもう一段込み入った対処法をお教えします。

　無酸素トレーニングの章でもお話ししましたが、リディアードが英連邦大
会を目指すリチャード・テイラーのトレーニングを引き受けた時、ちょうど
本番レースの6週間前でした。「本来であれば、本番6週間前にヘビーな無酸
素インターバルを行うのは好まないのだが…」と前置きをしておきながら「し
かし、テイラーは『無酸素能力の発達』がまだ出来ていなかったので、それ
を補う必要があったのだ」と。何度か言いましたが、リディアードは、「有酸
素能力」、「無酸素能力」、そして「スピード」の3つの要素が必要だ、といつ
も言っていました。そして、「コーディネーション」のブロックに来たら、こ
の3つを上手くバランス良くミックスさせるのです。すなわち、この3つが
発達されていなかったらミックスさせることはできませんよね！　つまり、
もしこのどれかをミスする必要に迫られたのであれば、どの要素の発達がお
ろそかになってしまったのかを分析する必要があります。そして、たとえパー
フェクトに発達させられることが出来なかったとしても、与えられた時間内
で、出来る限りバランス良くそれらを発達させる必要があるのです。

　ちょっと状況が異なって来ますが、例えば、パーフェクトにリディアード
のサイクルを完了することが出来るとします。全サイクルは24週間、有酸
素能力発達の走り込みに10週間、ヒル・トレーニングに4週間、無酸素イ
ンターバルに4週間、コーディネーションに4週間、そして最後の最終調整
に2週間。この24週間が1サイクルとなります。例えばヒル・トレーニン
グに移行する直前に脚を痛めて、ヒル・トレーニングの最初の2週間を抜か
さなければならなくなったとしましょう。この場合、レースまで残りが14
週間ではなく12週間となります。本来であれば、4－4－4－2週間と取
れれば良いのですが。ビル・ベイリー流で行けば「じゃあヒル・トレーニン
グの最初の2週間を抜いて、2－4－4－2週間にすれば良い」となるので
すが、バランスということを考慮に入れると3－3－4－2週間とした方が
良いでしょう。それか、実はこれは実際にやったことがあるのですが、ヒル・
トレーニングとインターバルを合わせてで4週間しか取れなかった場合、2

週間 –2 週間とする代わりに、スティープ・ヒル・ランニングやヒル・バウンディングをする代わりに、少しなだらかめな坂を探して、上り坂を速く走ることでインターバルを行う、という形を取りました。すなわち、ヒル・トレーニングとインターバルをミックスさせたのです。なお、「リディアード・ランナー」では、この短くなった場合のそれぞれのブロックの割合をバランス良く組み合わせるためのアルゴリズムが既に組み込まれています。

　自分の今までのトレーニングのバックグラウンドも考慮されるべき大切な要素です。例えば、レースまで 18 週間あったとします。フルのリディアードのサイクルは 24 週間ですから、どこかから 6 週間分取り除かなければなりません。その割合は、（1）今まで 10 年近く走ってきているベテランランナーと、（2）高校生低学年で、走り始めたばかりの若年ランナーとでは、省くべきブロックが全く違って来ます。また、まだ走り始めて数年という初心者に毛が生えた程度のランナーであっても、（3）つい 2 ヶ月前にフルマラソンを走ったばかり、というランナーであればブロックの組み立て方が違って来ます。同じように、まだ高校低学年であっても、（4）小学校の頃からサッカーをやって来たランナーであれば、それなりの有酸素能力がすでに築かれて来ている、と考えても良いでしょう。ここまで読んでこられた方であれば、（1）、（3）、（4）の場合であれば、有酸素能力発達の走り込みのブロックを 10 週間ではなく、5〜6 週間に減らしても大丈夫だろう、とわかると思います。（2）の場合は、8〜10 週間は欲しいところです。ですから、本来であれば 4 週間ずつのヒル・トレーニング、インターバル、コーディネーションを 2 週間に減らすこともやむを得ないかも知れません。あるいは、ヒル・トレーニングとインターバルをフュージョンさせた例で説明しましたが、例えば走り込みを 8 週間、ハイブリッドのヒル／インターバルを 4 週間、コーディネーションを 4 週間、最終調整に 2 週間で 18 週間にするアプローチもあります。常に今自分が（1）何の能力を持っているか、（2）何の能力が欠けているか、そして（3）何の能力を発達させる必要があるか、を考えることで図が見えてくると思います。故障してしまった場合も同じです。短くなってしまったプランのどこを削ってどこを強調するか、最終的にいかにして、今の自分にとって最も「バランスの取れた」ピラミッドを完成させるか、それこそがサクセスの鍵となるのです。

Chapter 14

ランナーにとってもっとも重要な道具

怪我の原因は足元から

　リディアードのクリニックを行うにあたって、「走り込み」ということを話すと、「でも走り過ぎると故障の原因になるから」という反論をよく耳にします。では「走り過ぎ」とはどれくらいか、との質問に、多くの人は大体「週に50キロ以上位」と言います。リディアードのランナー達は、1950年代でも150キロから200キロ以上楽に走っていました。前に説明した様に、徐々に身体が順応して行く様にすることで、思っていた以上に「安全に」距離を踏むことが出来る様になります。しかも、それ程故障することもなしに、です。私たちは、故障の原因は「走り過ぎ」ではなく、「自分に合ったトレーニングでない、誰か別の、他人のトレーニングをやっているから」が最大の原因だと考えます。つまり、身体の準備ができていないうちに突然多く走り過ぎる、あるいは速く走り過ぎる、と言うことです。そして、その次に大きな問題が「間違ったシューズ」です。

　1983年夏、アメリカの大学に通っている間、リディアードのクリニックに何度か参加して来ました。その中で、シューズについて彼はこう言っていました：「本当に自分の足に合ったシューズを履いていれば、靴下もいらないし、新品を履いて20キロ走っても何の問題もないはずだ。」夏休み中、日本に一時帰国、その間に新品のシューズを購入しました。早速それを履いて20キロ走。結果土踏まずの部分に大きなマメができ、走っている最中にそれが潰れて新品のシューズが血まみれになりました！　たとえリディアード本人の言っていることでも、その内容をしっかりと把握することなく、表面の「言葉」だけで取り上げてしまうと本質を見失ってしまう、という良い例です。この時の私の問題は：

1. インソールの表面が荒く、しかも私の足にうまく合っていなかった
2. ストアの人にいわれるままに、一般的に（今でも）信じられている「少なくとも1センチは大きめのシューズを履くべき」という「ルール」を真に受けて、本来のサイズでなく大き過ぎるシューズを購入してしまった
3. 私の足は汗をかきやすいのに、リディアードの「靴下なしでも」を真に受けて、靴下なしで走ってしまい、汗で滑りやすくなって、シューズが大き過ぎたことも重なって足がスライドしてしまった

　リディアードは、恐らく世界で一番口うるさいランニング・シューズのクリティック（批評家）でした。リディアード自身、当時としては稀な「メガ・マイレージ」（＝単純に「たくさん走る」）ランナーでもあり、同時に彼は、地元の靴製造工場のチーフでもあったのです！　ですから、自らランナーであり、指導者であり、そして「靴職人」でもあったのですから「ランニング・シューズ」にうるさくて当然でした。1982年、私はオレゴン州ビーバートンで行われたリディアードのクリニックに参加しました。オレゴン州ビーバートンといえば（ジャーン！）ナイキの本社のあるところです。いつもの如く、リディアードのシューズに対する「愚痴」になると、後ろの席から質問が出ました。「あなたはナイキのシューズは良くないといわれるが、ナイキはこのクリニックのスポンサーですが、一体何がどう悪いと言われるのでしょうか？」。恐らくナイキの関係者だったと思うのですが、言わない方が良かった質問でした。続く20分間、リディアードの独演で、ナイキのシューズのどこがどう気に入らないのか、事細かに説明される羽目となってしまいました！「アメリカ人は『綺麗（pretty）』なランニング・シューズは作れるが、『実用的（practical）』なシューズを作るのは上手くない」が彼の口癖でした。底の厚い、ゴツくて柔軟性のないシューズを見て「足底筋膜炎は『アメリカ製シューズ病』だ」と批判していました。私も実は1980年代に彼が話していたシューズに関するポイントに、当時は首を傾げるばかりでした。それまで読んだり人から聞いた話とはあまりにもかけ離れていたところがあったからです。しかし、今思うと、彼がその当時私に話してくれたことが、今になっていろんな人達によって証明されているのです。つまり、リディアードはシューズに関しても「時代を先取りしていた」のです。

　リディアードによると、ランニング・シューズは、基本的に、次の4つのポイントが焦点となります。

1. 軽くて柔軟でなければいけない
2. 足が曲がるところで曲がらなければいけない
3. 足の機能を妨げてはいけない
4. 圧点があってはいけない

　この4つが中心となるのですが、その後詳しく話を聞くと、次の各種ポイントも重要となります：

5. ソールは厚過ぎても良くない
　　──足が地面から離れていれば離れているほど安定性が低くなる
6. 先端に余分なスペースがあるのは良くない
　　──爪先がわずかにシューズの先に、触れる程度が良い
7. 踵部は、卵がケースにすっぽりと収まっているように、ブレないことが
　 大事だ

　そして、リディアードの専売特許、ちょっと賛否両論があることも事実ですが（これについてはもう少し後で説明します）：

8. 人間の足は「バナナの様に」カーブがある、
　 だからシューズもカーブ・ラストであるべきだ

　1990年に入って、ランニング・シューズはより分厚く（「着地のショックは吸収されなければならない」という考えから）、より柔軟性に欠ける硬くてゴツい（「安定性を高めるために、特に『プロネーション（内転）』するのを防ぐために」）シューズに偏って行く一方でした。1991年、日立チームがニュージーランド合宿をしていた際、リディアードの自宅にお邪魔しました。玄関口にレース用のシューズが置いてあります。当時74歳だったリディアード、ちょっと冷やかし半分で「最近レースに出てるんですか？」と聞いたところ、彼の得意の説教が始まりました。「シューズは薄ければ薄い程、足が地面に近ければ近い程、安定性が増すんだ。それに、レースの方が着地のショックが少ないなんて誰が言ったんだ？　ストライドが長い分、レースの方がショックは大きくなる。それなのにレースで分厚いシューズを履くランナーなんているか？シューズの底が厚ければショックが吸収されるというのは錯覚に過ぎないんだ…。」

1981 年、初めてリディアードと会い、彼と手紙のやり取りをする中で、また、本や雑誌で、リディアードが書いた文献、彼のインタビュー、単なるのコメントも含めて、入手できるものは全て集めて読み漁って来ました。しかし、トレーニングに関してのことはそこそこわかって来た手応えがあったものの、シューズに関しては、まだ「あれっ？」と思うことがたくさんありました。その後アメリカに舞い戻って来た頃（1991 年中旬）、私は左足のフクラハギを故障、これが結構しつこいケガで、休んでも快くならない、マッサージも役に立たない、ゆっくりしたジョグでも解決策にならない…。そんな時、私の友人が書いた「ミニマリスト・シューズ（最小限に薄いシューズ）」の記事が雑誌に出ました。「そういえばリディアードも、底の薄い、レース仕様的なシューズを奨励していたっけ…。」そう説くのであれば、そう実践してみようか。当時一番薄いレース用のシューズの一つに、ニューバランスの、確か RC1 という名前だと思ったのですが、シドニー五輪で高橋選手を猛追して、日本のファンをハラハラさせたルーマニアのシモン選手が愛用していたレースシューズがありました。そのシューズを履いてちょっと恐る恐る、「忍び足」的にフォアフットでジョグします。「あれっ？フクラハギ、大丈夫だぞ…」。この 10 年後、世に出て世界中で大きな反響を呼んだ「走るために生まれた」（＝ Born to Run）の著者、クリストファー・マクドゥーガルも同じ様な経験をしたのでしょう。私の場合「裸足」ではなかったのですが…。

　その頃から何となくイメージがわかって来た気がします。いろんな雑誌やカタログで、よりどりみどりのシューズに目を通しながら、「これだったらアーサーが好きそうだなぁ…」と、何となく彼が「お墨付き」するシューズがわかって来ました。当時、アディダスの「コンバーター」というレースシューズがありました。リディアードに「最近はどんなシューズを履いているの？」と聞いたところ「アディダスのコンバーターだ」という答。しめた！これでわかったぞ！と嬉しくなりました。1999 年、彼が初めてアメリカ講演ツアーの企画を私に頼んで来た時、ミズノの「スーパーソニック」というレースシューズを彼に送りました。「これは良い！すまないがニュージーランドでは入手できないので、数足送ってくれないか？」講演ツアーでは、彼とシューズの話をしていて、最近どんなシューズが彼のお眼鏡にかなったのか、という質問に「最近ニューバランスのレースシューズで凄く良いのを見たな…」との答え。これか、と見せると確かに RC1 でした！　彼はそれまで「ニューバランスはノーバランスだ」と、あまり好意は持っていなかったのが、その頃から意見が変わって来ました。ちなみに、私の個人的な意見ですが、特に

2010年あたりからニューバランスは私個人のリストの中では「急上昇赤丸付き」で、リディアードの重要ポイントを満たしているシューズをいくつも出している様に思います。

　1998年、リディアードの最後の著書となった「Running to the Top」が出ます。その中に、シューズに関してかなり詳しく彼の意見が書かれています。その内容は、追って詳しく説明したいと思いますが、基本的に、当時としてはまだまだ聴き慣れていなかった「ミニマリスト」のシューズを説いています。そんな折、地元ミネソタで、ランニングのクラスを受け持ってくれ、と頼まれました。そこで「シューズ」について話をしたのですが、リディアードの新著からの知識の受け売りで、「ミッドソールの厚さとショック吸収は関係ない」と説いたところ、物凄い反論を受けました。シューズが薄い方が良いなんてそんなことあるわけがない、私は内転するので、安定性（スタビリティー）のあるシューズでしか走れないんだ…、などなど。残念ながら、その時は私もまだ細かく説明するだけの自信もなければ、まだ当時はそれらのことを証明するリサーチもあまり見られませんでした。

　ちょうどその頃でした。ウチの娘が小学生の時です。学校でスポーツ・デイ、いわゆる運動会がありました。今でもハッキリと覚えているのですが、リレーをしながら、芝生のフィールドの端にあるバケツの水を、スポンジで吸って、もう片方にあるバケツに移し替える、というレースでした。あたり一面水浸しになるし、芝生の上、ということで、ほとんどみんな裸足で走り回っています。ちょうど同じ頃、ウチの娘は子供バスケットボールのチームに入っていたのですが、ゴツゴツのバッシューを履いて硬い体育館の床を走っている娘のフォームと、裸足で芝生の上を走っている娘のフォームが全く違うことに気がつきました。着地です。バッシューの場合、踵からドスンと着地するのに、裸足の場合は膝から下が前に伸びないものの、爪先がキチッと上を向いて、「母指球」がうまく丸まって、いわゆる今でいうところの「フォアフット」

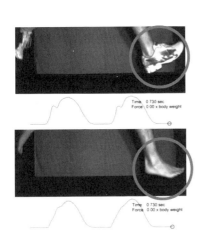

Dr. Daniel Leiberman作成のビデオを基に構成

で着地しているのです。ちょうど今のようにスマホでビデオが撮れる時代ならば、私ももっと有名になっていたかもしれません！　しかし、この私の「発見」の５年後、ハーバード大学のダニエル・リーベルマン博士が、この同じ「発見」を、見事なスローモーション映像と着地のショックの重量のグラフと合わせて発表、一躍「時の人」となりました。2007 年のことです。

　実は、この「2007 年」は、パーフェクト・ストームとも呼ばれて然るべく、いくつもの出来事が重なって起こった年でもあるのです。まずは、このリーベルマン博士の論文発表。そして、同じく「裸足ランニング」を奨励する、クリストファー・マクドゥーガル氏の「走るために生まれた」（英名：「Born to Run」）が出版されます。彼は、私同様、故障に悩まされていたのが、古いタイヤを切っただけという「サンダル」を足に巻きつけただけでメキシコの山々を何百キロも走り回るタラウマラ族のランナー達を目の当たりにして感銘を受け、ミニマリストよりももっと極端に、裸足で走り出したら全く故障しなくなった、ということでこの本を書くに至りました。そして最後に、初めてフォアフット・ランニングを奨励するニュートン（Newton）という新しいランニング・シューズの会社が発足し、この全く新しいコンセプトのシューズを発売し始めたのが 2007 年でした。同時に、足袋シューズとしても知られるファイブフィンガー、ヴィブラム・シューズが発売されたのも同じ時期でした。主流アスレチック会社の一つ、ニューバランスも「ミニマス」という本格的ミニマリスト・シューズを発売、ミニマリスト、あるいはベアフット・ランニングというのが大いに注目を集めることになりました。

　リディアードは、1998 年の彼の最後の著書となった「Running to the Top」の中で、カナダの大学教授、スティーブン・ロビンスという人を紹介しています。ロビンス博士は 1980 年後半から 1990 年前半にかけて、センサーを足に設置し、ソールの厚いシューズと薄いシューズ、そして裸足で走った際に直接足にかかるショックの大きさを測定しました。その結果、驚くことにソールが厚ければ厚い程、着地のショックが大きいという結果が出ているのです。人間の足は、その他の部所と同じく、センサーがついています。身体のセンサーというものは、例えば、熱い物に触るや手が引っ込む、いわゆる条件反射と同じで、外からの刺激に対して瞬時に反応する、という仕組みがあります。何のサポートもなしに裸足で走ろうとすると、ショックが最小限で済むようなフォームで走るよう、瞬時に動きを調整する能力が備わっているのです。しかし、この反応能力とは、例えば靴下を履いただけで約 20％

鈍くなる、とわかっています。ましてや、シューズを履いたらどうなるでしょうか。そのシューズが、分厚くて硬かったらどうでしょうか。スキーブーツを履いて、どこまで外部からの刺激を把握することができるでしょうか。それと同じことで、ソールの厚い、クッションがバリバリに効いているシューズを履くと、かえって実際の着地のショックの大ききさえわからなくなり、むしろ逆に「こんなにショックがないのならば（本当はショックがあるのに）多少ショックのあるような走りをしたって平気だ…」というシグナルが脳に届きます。結果ショックバリバリのフォームが確立させられる図式となるのです。

　裸足で走ると、あるいは最低限のソールのミニマリストのようなシューズを履いて走ると、フォームが自然とそのショックを和らげるような走りになります。いわゆる「抜き足、差し足、忍び足」のようなフォームとでも言いましょうか。福岡国際マラソンで前人未到の４連勝（あの瀬古利彦選手でさえも、４勝したものの「連勝」は３連勝でストップしています）を遂げたフランク・ショーター選手の足を見たことがあるのですが、必ずしもヘルシーな足とは到底言えない、むしろボロボロというか、ガタガタというか、ボクサーでいう「ガラスの顎」のようなひ弱な足なのです。そのショーターが、「私が羽のように軽やかなフォームで走るようになったのは、足が弱く、繊細

だったからだろう」と言っています。ソールの厚いシューズを履いて走った時と、同じ人が同じスピードで裸足で走った場合、フォームが瞬時にして変わるのが、リーベルマン博士のスローモーション画像で見事に捕らえられています。そして、裸足で走る場合、着地の際の「ショックウェーブ」が見られないのです。恐らく、裸足で走った場合そんなショックウェーブがあれば「身が持たない」からでしょう。

　これらのことを、私は、リーベルマン博士よりももっと前に気づいていました！などということは、全く証拠がないので誰も信じてくれないから言いません（言ってますが…笑）。それに、私にそんなことに興

味が向くように仕向けたのは、他ならぬリディアードの指針があったからこそです。特にロビンス博士の論文は非常に興味深いもので、折しも「ワールド・ワイド・ウェブ（＝ www）」が普及され出した時期で、ネット上での彼の論文を読むことができました。そして、ちょうど同じ頃、マイケル・イェィシスというトレーナー、バイオメカニストが「爆発的ランニング（Explosive Running)」という本を出版しました。ここでは、各種プライオメトリックスのドリルを示すと同時に、いわゆる爪先の「掻い込み」、ポー・バック（Paw Back)の動きを強調していました。昨今急に注目を集めるようになった「フォアフット・ランニング」です。フォアフット・ランニングは大迫選手が発明したと思っているあなた、間違いです。実は私は中学生の頃からフォアフットで走っていました！　理由は簡単で、私のヒーローだったフランク・ショーター、ビル・ロジャースがフォアフット走法だったからです！　特に私が走り始めた 1970 年始め頃は、主流の「ランニング・シューズ」はオニツカ・タイガー（今のアシックス）の「マラップ」でした。この様な典型的な「ミニマリスト」のシューズでロードを走るには、フォアフット走法が一番合っているのでしょう。

　私は個人的には「ベアフット（裸足）ランナー」ではありません。もちろん反対するわけでもありませんが、あえて勧めることもありません。個人的には「シューズ」の位置付けというものがあるのも事実ではないか、と思っています。ある時、フランク・ショーターが裸足ランニングについて質問された時、「1960 年、ローマ五輪で、エチオピアのアベベが裸足で走って世界記録で金メダルを取った。これは裸足ランニングの良さを示しているし、『裸足ランナー』達はこの例をそのように推奨している。4 年後、東京五輪で、アベベは今度はシューズを履いて 3 分速く走って、またまた世界記録を樹立している…」と、逆に質問として投げかけています。シューズは、足本来の動きや機能を妨げてはいけません。かといって、それなりのサポートの役割も果たさないと意味がありません。私の場合、ほとんどレース用のシューズで普段から走っているのですが（1991 年にリディアード本人から教わったことです）、一般的な「レース用シューズ」でも、軽くてフレキシブルで薄いんだけど、ちょっと「心もとない」というシューズがあります。私の「生涯ベスト」のお気に入りのシューズの一つにアシックスの「ソーティ」がありますが、実はリディアードと最後に一緒だったのが 2004 年、ニューヨーク・シティ・マラソンででした。2004 年、リディアード本人のリクエストで私が企画した彼の全米講演ツアーは日本が誇るアシックスがスポンサーと

なってくれました。リディアードは、「オニツカ・タイガー」の時代からアシックスがお気に入りだったので、ちょうどドンピシャリでした。宿泊しているホテルの部屋で、その時提供していただいたソーティ・ジャパンの紐をリディアード本人が通してくれました。後で詳しく説明しますが、いわゆる「リディアードの紐の通し方」をやってくれたんですが、彼は片手をシューズの中に入れ、もう一方の手で底の部分を持って左右に動かしながら、「このシューズの素晴らしいところは、こんなに軽くて薄いのに左右にブレないことだ」と言ったのを今でも覚えています。このように、軽くて薄いレース・シューズでも、どうも足元が「心もとない」シューズもあるので注意しています。

　さて、リディアードが奨励するいくつかのポイントですが、（1）～（3）はかなりストレートです。とにかく私達の足には26個の骨と、33カ所の関節があります。人間の身体は、関節がある、ということは、「動く」ということです。この26個の骨が、微妙に関連しあって「動く」ことで、体重の数倍のショックといわれるランニング時の着地のショックを、一般ランナーであれば、フルマラソンを走り切るのに3万から4万回耐える、ということを繰り返すのです。しかし、その「動き」が妨げられると、色々な故障の原因が生じて来ます。例えば、皆さんはウィンドラス・メカニズムというのをご存知でしょうか。簡単にいうと、指先が真っ平らか、上向きになっているか

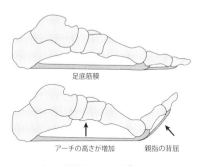

足底筋膜

アーチの高さが増加　　　親指の背屈

ウィンドラス・メカニズム

で、これら26個の骨が硬くなったり柔軟になったりするメカニズム、と考えてください。端的にいうと、着地の瞬間は柔軟で、着地のショックを和らげる、プッシュオフの瞬間には硬くなることで、力を上手く地面に伝達するようにする。この一連の動きに瞬時に対応できるよう、私たちの足は自然に上手くできているのです。これは、今風にいえば「プッシュ・トイ」のようなもので、爪先を持ち上げることで足底の靭帯が収縮され、ピンと張ることで足全体を硬直させ、着地時には靭帯がゆるむことで足全体を柔軟にして着地のショックを和らげるようにするのです。しかし、柔軟でないシューズを履いてしまうと、この瞬時の対応をすることができません。つまり、足本来の機能を妨げることになるのです。

（4）の「圧点」、つまりプレッシャー・ポイントですが、昨今のシューズは、見てくれを気にするあまり、不要な「部品」がたくさんついていることがあります。それが足本来の「動き」の流れに上手く当てはまった部分を避けてついていると良いのですが、多くの場合、足の機能よりも見てくれに焦点を置く場合の方が多いです。そのために、例えば余分なパーツが、足が曲がった時に「折れ目」を生じ、それが足に食い込んでしまう、という現象が起こることがあります。また、場合によっては、例えばヒールカップ等の硬いプラスチックの部品が、足の形に合っていないために、突起状になって足に食い込む、または、本来ならばアキレス腱を保護するために取り付けられた「タブ」が、形が合っていない、パーツが固すぎる、分厚くなり過ぎて足首の動きについていけない、等の理由から、アキレス腱に食い込んでしまう、という現象もよく見られます。このことでアキレス腱炎を起こしてしまう場合が多々あります。リディアードは、まずシューズを選ぶ時に、履いて立ってみて、重心を左右に動かしながら、プレッシャー・ポイントがないかどうか確かめろ、と言っていました。そして「足と語れ」というのも彼の持論でした。この同じことを故中村清監督も言っていたと聞きます。もしそのシューズがあなたの足に合っていて、他に相応のシューズが見つからない場合、そのプレッシャー・ポイントを取り除く作業を行うことを躊躇ってはいけません。以前、$100 以上もするシューズを買って来たウチの奥さんが、あまり機能を果たしていないような「見てくれ」のためだけのパーツが足の指の甲に食い込むと愚痴をこぼしていたので、じゃあそのパーツを取り除こう、というと、「高いシューズだったんだから失敗したら承知しないわよ！」と怒られてしまいました！（笑）その気持ちももっともなんですが、プレッシャーポイントがあるのをそのまま放っておいてマメの原因になったり、その他の故障の原因になったりすると、病院からの請求書の方がずっと高くなる場合が多いです。

（5）〜（8）に関しては、ちょっと詳しく説明したいと思います：

　まず（5）の「厚さ」ですが、レース用のシューズの件でも触れましたが、リディアードは、そもそも基本「足は地面に近ければ近いほど良い」が持論でした。昨今では「厚さは速さ」という語呂の良いコピーも流行っていますが、女性のハイヒール同様、厚ければ厚いほど、足が地面から離れていればいるほど、安定性は減るのです。その当時瀬古選手が好んで履いていた「マラップ」のようなシューズを履いていてプロネーションなんて心配する必要などまずありませんよね。ところが、1970 年後半から、いわゆる「ランニング・

ブーム」が始まり、ランニングによる怪我の原因の理由に対して「着地の際のショック」に白羽の矢を立てました。1970年後半に入ってから以降、ランニング・シューズのミッドソールは、「着地のショックを和らげるために」という名目でドンドン分厚くなって行きました。ソールの部分のゴムも、色々な種類のより「ショックを和らげる」素材が出て来ました。しかし、このゴムの部分が厚くなればなる程、安定性が低くなり、オーバー・プロネーションを始め、各種の「不安定性」の問題が出て来ました。それを補うために硬いゴム、あるいはプラスチックや、果ては金属のパーツを付けることでゴム底が分厚くなった分不安定になったシューズの安定性を高めようと努めて来たのです。そしてこの悪循環を30年近く繰り返す間に「ランニング・シューズ」はどんどんゴツく、硬くなって行きました。考えてみればおかしなもので、昨今の「フォアフット走法」にあやかって、「これを履くだけで、自然にフォアフット走法になれる」などと吹聴するシューズさえあります。それなのに、踵の部分が分厚く、そこにショックを吸収できる素材を使っていることに疑問が残りますが…。

　もちろん、この「理論」に全く反したシューズが近年ナイキから出て、しかもスポンサーされて直接キャッシュを受け取っているランナー達だけでなく、一般のランナーであっても、走りやすい、（ストライドが伸びて）速く走れる、疲労回復が早い…などなど、絶賛しています。私自身履き試してみたことがないのでコメントすべきではないですが、理論として考えてみた時、機械的にストライドを伸ばした場合、まず真っ先に考えた時、着地のショッ

クがそれだけ増える、と考えてしまいます。それが逆に「疲労回復が早い」と来たら、説明のしようがないですねぇ…。写真を見ただけでも、不安定性というのが明らかなんですが、それの悪影響も出ていないようです。非常に興味深くはありますねぇ…。4％速く走れる、ということですが、まぁ結果オーライで良いのではないかと思いますが、カネボウの、元マラソン日本記録保持者の高岡寿成氏には、「設楽選手と大迫選手のタイムは、4％を考慮すると2時間11分になるから、実質的にはまだ日本記録保持者だよ！」と気休めを言っています（笑）。何事もプラス面とマイナス面があり、その総合

性で最終的にプラスになれば良いのかな、とも思います。シューズを履くことに関しても、靴下を履いただけで足のプロプリオセプター（神経の受容体）の感度が20％減少します。しかし、たとえセンサー能力が半減したとしても、足そのものの保護や、力や重力の移動、アーチのサポート、横ぶれ防止など、プラスの面がマイナス面を上回るのであれば、それでヨシとするので良いのではないでしょうか。そして、シューズメーカーのチャレンジは、いかにそのプラス面を増やし、マイナス面を減らすか、でしょう。実際に、足を通しただけで「違いがわかる」シューズというものがありますから。

F-1ドライバーの革手袋か、ブカブカの庭いじり手袋か

　さて、（6）のサイズについてですが、最近チラホラと目にする機会が日本では起こっているようですが、残念ながらまだアメリカではほとんど取り沙汰されていません。一般に「爪先に（手の）親指の幅一個分の『余分なスペース』があるべきだ」ということです。しかし、本当にそうなんでしょうか？中学生の頃から走り始め、最初はオニツカ・タイガーのナイロンの「マラップ」的なシューズでした。面白いことに、当時の広告を見てみると、あの当時のシューズは、まさに「手袋（靴下？）のように」足にシックリと馴染んでいるように見受けられます。私の高校時代には、半分ファッションの色合いが強く、当時の憧れとしてアディダスや、結局当時は高嶺の花で一度も履いたことがなかったのですが、ナイキのワッフル・トレーナーが出たのもちょうどこの頃でした。アメリカの大学に進み、初めてハッキリと、「爪先に親指一個分のスペースが必要」と文章で読んだのがこの頃でした。そのアドバイスに沿って、当時ちょっと凝っていたニューバランスの、確かNB320と思ったのですが、青いトレーニング・シューズを購入して大変な目に遭いました！とにかく踵の部分が滑って、ヒールカップの素材がボロボロになることが続きました。今でも覚えているのですが、320は爪先の部分が尖っている、というイメージが残っています。その次に凝ったのがNB550という名前だったと思うのですが、銀色のメッシュで、ちょっとお気に入りで、数足購入しましたが、爪先の部分が丸くなっており、足自体の爪先がうまく収まっていた、ということを記憶しています。それが理由、とは当時は関連づけていなかったのですが、1サイズ小さくて済んだということ、そして踵部分が擦り切れなかった、ということを覚えています。ちょうどその頃でした、リディアードと知り合ったのは。

そもそもリディアードの考え方は、「もし（そして、これは非常に重要な『もし』なんですが）シューズが足に合っていれば、爪先に余分なスペースなんていらない。世界一遅いランナーであっても最後に地面をプッシュするのは爪先だ。そこに余分なスペースなんてあったら、地面をシッカリ噛むことが出来ない」でした。

歯の付いたスパイクシューズ

スピードボールを投げようとしている時、ピッタリの革手袋をして投げますか？それともブカブカの布製の庭いじり用の手袋ですか？　陸上用のスパイクシューズには、ほとんど全部、爪先にプラスチックの「歯」が付いています。これはプッシュオフの最後の部分で地面を「噛む」のは爪先の先端だからです。最後の最後で「ヘコッ！」と滑ってしまっては力が抜けてしまいます。トラックシューズの場合、ここまでシッカリと物理的な「スピードの原理」を追求しているのに、それが何故か「ジョギングシューズ」、一般的なランニング、ロードシューズとなると、それが全く無視されているのが現状です。リディアードは、「キッチリとしたシューズを履くだけで、10キロのタイムが1分は速くなる」とさえいっています（もちろんこれは一般市民ランナー対象の場合ですが）。

　もちろんこれは、ただギチギチのシューズを履けば良いといっているのではありません。逆に「キッチリとあなたの足の形に合ったシューズであれば、余分なスペースなど必要ない」ということなのです。単純に、例えば足の幅が合っていない、あるいは、（8）でもう少し詳しくお話ししますが、カーブしている足を、真っ直ぐっぽいシューズに入れようとすると、上手く合わない分、どうしても余分な大きさのシューズにせざるを得ない、ということになります。それで爪先の部分に1センチ以上の余分なスペースが必要となってくるのです。

　数年前、通称「シューズ・マスター」こと野村憲夫先生とツイッターで知り合いました。野村氏のブログ、ツイッター上でのコメント等、非常に感銘を受けることがあります。特にシューズのサイズに関しては同感するところが多々あります。野村氏は、著書も出しておられるし、各地でセミナーを開催されているので、是非参加されることをお勧めします。おそらく多くの人にとって「目から鱗」になると思います。私も、それまで漠然とわかってはいるんだけど…程度だった「感覚的」にわかっていたことに、ハッキリと指

針を示してくださったと感じています。野村氏は、まず足の「実測」を測ることを奨励しています。日本ではシューズ・サイズは一応センチで示されていますが、アメリカでは全く意味不明の 9.0（27.0cm）とか 11.5（29.5cm）とかで表示されています。リディアードのクリニックを行って、「あなたの『足』のサイズは何ですか？」と聞くと、10 人のうち 9 人以上（！）が、この意味不明のシューズのサイズを言います。シューズのサイズとは、その時あなたが履いて「楽」と感じているシューズのサイズ以外の何物でもありません。野村先生は、まず自分の足を実測で測ってみることを勧めています。私の場合、左足が 26.8cm、右足が 26.5cm です。この場合、この実測の「センチ」を繰り上げて一番近いサイズ（私の場合 27.0cm）をまず試して、そのサイズを「ちょっときついかな」と感じた上で、その半サイズ上（27.5cm）を試してみるように、と勧めています。「ほとんどの人が、本当にピッタリのサイズ、というものを理解していません」と野村先生は言います。

どうして 27.0cm の足に 28.0cm のシューズ？

　読者の中には既にご存知の方もいるかと思いますが、シューズに表記されているサイズというのは、実際にその「長さ」ではなく、大体一般に 1 センチ余分の、「捨て寸」というものが既に加算されています。つまり、27.5cm と表記されているシューズは、実際には 28.5cm の大きさになる様に出来ているのです（レースシューズであれば 28.0cm）。私は、高校生の頃、近所のスポーツ用品店に行って、「（当時の）27 センチのサイズのシューズをください」と言ったところ、「じゃあ 28 センチだね」と言われたことを覚えています。そこで初めて「シューズは 1 センチ位（手の親指の幅分位）大きい目のシューズを履くべきなんだよ」と聞かされたのですが、その時「じゃあどうしてシューズ会社は 28 センチのシューズを作って、それに 27 センチの表記をして売らないんだろう？」と疑問に思ったことも覚えています。実はもう既にやってたんです！　問題は、よくわかってない店員さんが、それに更に 1 センチ上乗せして売っているのが現状だったということなんです。最近はもうそんなことは少なくなったのではないか、と期待しているのですが、アメリカではまだまだほとんどその辺りが全然わかっていないのが現状です。

　当時のシューズには、「補強」と称して爪先の部分に皮、あるいは合成樹脂が縦に一本走っていました。実はそれがシューズの爪先の部分を押さえ込んでフラットにしてしまうきらいがあったんです。そのために、ちょっと反り

左の様なシューズに立体的な「指」を入れ
ようとすると先端に余分なスペースが必
要になる。右の様にトウ・ボックスが立体
的になっていると余分なスペースは必要
ない。

返り気味で上を向いている親指の爪の先
端を「守る」というために、（手の）親
指の幅分の余分なスペースが先端部に必
要だ、という考えが定着してしまったん
です。ところが、かなり早い時期に、各
種シューズメーカーは、馬蹄型（U型）
の補強に変え、それによってシューズの
前部を立体形の箱型にすることで爪先が
すっぽりと収まるような、いわゆる「ト
ウ・ボックス」を確立しました。しかし、この「親指の幅分の余分なスペー
スが必要」という概念だけは残ってしまったのです。シューズの「型」が足
にピッタリかほぼピッタリで、しかもトウ・ボックスの部分はちゃんと立体
形になっていた場合（と、実はこの「前置き」が非常に大事なのですが）、
「シューズは、指を曲げた時（この時足は僅かに前にスライドするので）、爪
先が僅かにシューズの先端に当たるか当たらないか、程度のサイズが一番良
いんだ」とリディアードは言っていました。

　野村先生がこの「サイズ」に関しての話をされる時、数年前に NHK が行っ
た実験の話をされます。ピッタリサイズのシューズを履いたグループと「普
通の」ワンサイズ大きなシューズを履いたグループとで登山をしたところ、
ピッタリサイズのグループの方が楽に登れ、その時のシューズ内の様子をレ
ントゲン映像で見てみたところ、ワンサイズ大きいシューズでは「余分なス
ペースがある」ために、足が伸びてしまい、土踏まずのアーチが落ちてしまっ
ていたそうです。足のアーチは「バネ」としての役割を果たします。それが「落
ちて」しまう、すなわち「のびてしまったラーメン」のごとく、その役割をシッ
カリと果たすことが出来なくなってしまう、ということを意味します。

　その他にも、大き過ぎるサイズのシューズを履いていると、いろいろな問
題が出て来ます。一般的に（当然ですが）ランニングシューズは足の形にで
きています。シューズのサイズが１センチ、ひどい場合には２センチ近くも
大き過ぎる場合、シューズの一番幅広い部分と足の一番幅広い部分が合わな
い状況が起きて来ます。そうすると、ちょうど親指の付け根あたりのアーチ
の部分が、狭くなり始めて来る部分に当たってしまい、そこが擦れてマメが
出来てしまいます。実はこの章の冒頭でお話しした私の血マメの状況という
のがちょうどこれだったのです（と言うことで、その時１cm サイズアップ

のシューズを売りつけた店員さんのせいにしておきます！）。また、シューズがブカブカ、ということで、どうしても紐をキツく結びがちになってしまいます。このことによって足の甲の神経や靭帯が締め付けられ、各種故障の原因となりかねません。しかし、大き過ぎるシューズを履くことの最大の弊害は（ジャジャーン！）黒ヅメです。

足の爪、特に親指の爪がシューズの中で圧迫され、それが長時間継続されると爪の下の部分に血マメが出来てしまい、爪が剥がれてしまう結果となります。昔から、黒ヅメ、あるいは足の爪を無くしてしまったことを、あたかも誇りのように威張ってみんなに見せているマラソンランナーを見たことがあります。それは、長時間のトレーニング、何度もマラソンを走っている証でもあり、「何本もの爪が黒い、あるいは無くなっている＝とても頑張っている」という方程式と思い込んでいるからです。そんな人10人のうち8人が大き過ぎるシューズを履いています。これは特に昔足にシックリと合っていないシューズを履いてしまい爪を殺してしまった経験から、ひとサイズ大きなシューズを履くことで「圧迫」の度合いを下げようと努め、それがいまだに尾を引いているからだと思います。しかし、実際にはオーバーサイズのシューズを履くことで、足がシューズの中で前後にスライドしてしまい、そのために一歩ごとに爪先がシューズの先端に「ぶつかる」という現象に陥ってしまい、実は現状をもっと悪くしてしまい、その結果もう一つサイズの大きなシューズを求める、という悪循環を繰り返す結果となっています。私は、もう20年以上も「ぴったりサイズ」のシューズを履いて走っていますが、時として爪先

爪先にこんなに「空き」があって、効果的に地面を「噛む」ことが出来るでしょうか？　これで「フィッティング」とはちょっとひどいんではないでしょうか…。

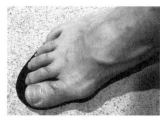

私の足と、27.5cmのターサーのインソール。実測26.8cmで、シューズのサイズが27.5cmで、捨て寸を入れてインソールが28.0cm、約1cm少々の余裕になります。下が実際のシューズで、「僅かに爪先がシューズの先端に触れるか触れないか（シッカリと触れてます）。黒ヅメの問題全くなし！

が「詰まる」時がないこともありません。しかしそんな時、薄いソックスを履いて調整しようとすると、かえって十中八九事態は悪くなってしまいます。逆に厚手のソックスを履くと痛みがなくなります。シューズの中で足が動き回る隙間がなくなるからです。

　アメリカでリディアードのクリニックを行う際（2019年春から日本でも導入しました）、シューズとフォームのクリニックも行います。そこで「実習」として、自分の足型を取ってその形に紙を切り抜き、それを実際に自分のシューズの底の部分に当てて見る、というプラクティスをします。数年前、一目瞭然で最低1サイズ半は大き過ぎのシューズを履いていた女性がいました。アリゾナから来ている50代の女性で、全米オリンピックマラソン予選会にも数回参加したことがある2時間50分代の立派なランナーです。しかし足を一目見ただけで、いわゆる「黒ヅメ」が4〜5枚ありました！「いつもまともな爪は2〜3枚しかないの」とそれを当たり前と受け止めている様子。その時履いていた彼女のシューズは女子のサイズ8.5（25.5cm）。その場で彼女を地元のランニング店に連れて行き実際にフィッティングを行ってもらって、なんとか説得してひとサイズ下げて7.5（24.5cm）のシューズを購入。「明日の朝15マイル（25km）走る予定なの」と彼女。これにはちょっと不安を感じたことも事実なんですが、そんなことは微塵も見せず（笑）大丈夫と送り出します。翌朝彼女からテキスト・メッセージが届きます。「信じられない！」の一言。「今まで黒ヅメになると、『もっと余裕を持たせないと…』と、大き目のサイズのシューズを選ぶようにしてたけれど、『サイズを下げる』なんて考えもしなかった！」と。その後彼女からビデオメッセージが届き、その中で「いまだに黒ヅメは残ってるけどせいぜい1枚程度。残りの9枚の爪にペティキュアを塗ることが出来て嬉しいわ！」。それに加えて、上り坂を走る時の足のスナップが速くなったこと、ドリルをしても足の「バウンス」が素早く感じられることなど、「ぴったりサイズ」のシューズの効果をシェアしてくれました。彼女の「生き証言」ほどこのポイントを如実に語ってくれるストーリーはありません。

　（7）の「シューズの踵部」ですが、リディアードは、彼が1970年代、ドイツのEB社と提携してデザインしたシューズに関して「私のシューズは、踵の部分があたかも『卵が卵ケースにスッポリと入る』様に、フラットでなく丸みを帯びている」といっていました。私自身がこれを痛感したのは、1980年中頃、当時のナイキのレースシューズを履いた時でした。イーグル、

マリア…、特にサラザールが初マラソン世界記録で走った時にプロトタイプとして履いていた「アメリカン・イーグル」は私のフェイバリットでした。とにかく踵が細いんです！　その結果、踵がスッポリとシューズ内に収まって全くブレがなかったんです。一般に「トレーニング・シューズ」、あるいは「ジョギング・シューズ」と呼ばれている、いわゆる底の厚いシューズは踵部が広がっています。アウトソールが大きく広がっているくせに、人間の足の踵は丸くなっています。

　シューズの踵部というのはアンカー（錨＝アンカーを下ろして支点とする『焦点』）となるべきポイントなんです。よく「ランニング・シューズの履き方」と称して細かなステップを示しているパンフレットとかネット上のブログや YouTube のビデオなどを見かけますが、「足をシューズに入れてから『踵でトントンと地面に叩いて』から紐を結ぶ…」というコメントを見たことがありませんか？　これが正当なステップなんです。それなのに、せっかく踵を焦点として、わざわざ履く際に踵をトントンとシューズのヒール部にピッタリと沈めておきながら、シューズの踵部がブカブカ過ぎて左右にぶれてしまう、あるいは（6）でお話しした様に、オーバーサイズのシューズを履いているために前後にぶれてしまう…。それでは足自体が焦点を無くしてしまいます。

　近年では「スタビリティー」シューズと称して、足が動かなくなる様にシューズ自体をゴツゴツで柔軟性の欠けた、いわゆる故意に「動きを妨げる」様にして、しかも硬いプラスチックや、挙句は金属のパーツを取り付けることで足の様々な動き、特に「内転」、プロネーションを防ぐ…というものが出回っています。しかし、シューズのヒールの部分が大き過ぎると、シューズ自体は横ぶれしないものの、シューズの中で踵自体が横ぶれしてしまう、という現象が生じます。よく履き古したシューズのヒールの内側を見ると、生地がすり減ってボロボロになっていることがあります。これは足がシューズ内でぶれまくっていて、しかも足がシューズ内の内側に向かって行こうとしている証拠です。つまり、「バナナ型」をしている足に対してシューズが真っ直ぐ過ぎて、次の部で詳しく説明しますが、足のいくつかの部分が「突き出してしまう」状態になっているからです。

　もう一つ非常に気になるポイントがあるのですが、あまりにも多くの昨今のシューズには「アンチ・プロネーション」と称してシューズの内側（シュー

ズの「中」ではなく、土踏まず側）をビルドアップし、自然に履いて立っているだけで足が外側に倒れ込むきらいのあるシューズがあります。1970年後半、ブルックスのシューズには「ヴァラス・ウェッジ」と呼ばれ、ただでさえ内側を少し厚めにビルドアップすることでオーバープロネーションを防ぐための設計がされていました。ただし、その当時には、このシューズには「これはランニング用のシューズなので、普段履きやウォーキングの使用は避けてください」という注意書きが添えられていました。ところが、昨今のシューズは、これかそれ以上の「アンチ・プロネーション」の設計がされているにも関わらず、ほとんどの人が「普段履き」しています。さて、ランニングのもっとも典型的な故障の一つにITBS（ITバンド・シンドローム）があります。すなわち腸脛靭帯炎です。ほとんどの人が「走り過ぎが原因だぁ」と言っていますが、考えてもみてください。普通に立っているだけで、足の外側、特に膝の外側（腸脛靭帯）にストレスをかけているのです。痛くならない方がおかしいです！これも「アメリカ製シューズ病」の一つです。

足の型とシューズの型

最後に（8）ですが、実はこのポイントだけは、私は個人的にリディアードと少し異なる意見を持っています。いわゆる「リディアード・ラスト（シューズの足型）」は、一般のシューズに比べて非常にカーブが利いています。「人間の足は上手く体重を受け止めるためにアーチがあり、そのために実際に地面に接する部分は『バナナ型』でカーブがある」がリディアードの強い持論でした。足は目線で上から見下ろすとかなり真っ直ぐに見えます。

しかし、確かにリディアードのいう通り、実際に地面と接する部分を見るとカーブがあります。リディアードはこれを「オーソ・フープ（ortho-hoop）」、つまり「足の輪」（正式には半円ですが）と呼んでいました。専門家の中にはこれを「角度」と呼ぶ人もいます。つまり足の後ろの部分と前の部分をブロックとして見た時出来る角度です。カーブが強い場合角度は大きくなり、カーブが緩やかだと角度は小さくなります。私がリディアードとちょっと違うの

は、誰彼となく闇雲に「カーブがある」とするのではなく、足の細い人、あるいはカーブが緩やかな人は、多少ストレートなシューズでも大丈夫、というかむしろ多少ストレートなシューズの方が良い、ということです。ボストン・マラソン２度優勝しているイギリスのジェフ・スミス選手は1980年代、リディアードがコンバースから出していた「イクイノックス」を履いていました。

私の一番のお気に入りの「ソーティー」が一番右端。私の足型に合っているのが一目でわかります。左の３つのシューズでは、踵のプレッシャー・ポイントが内側に入り込んで、「プロネーション」してしまうのがよくわかります。

このシューズは、私にしてみれば生涯もっともお気に入りだったシューズの一つなんですが、2012年、ボストンで彼と話す機会があった時、このシューズのことを彼に聞いてみました。「あのシューズは私の足には合わなかった。特注してもらうしかなかったよ」とジェフ・スミス。どこが気に入らなかったのか、との質問に、「カーブがきつ過ぎた」と！（笑）ですから、私自身は、何がなんでも闇雲にカーブしてないとダメ、ではいけないと思うのですが、もちろん根本的な理論としては全くリディアードに同意しています。つまり、十分なカーブのある足をストレートなシューズに入れるとどうなるか。当然の如く、親指の付け根か、小指の付け根か、あるいは踵の内側がシューズから突き出てしまいます。このどの部分が突き出てしまうかは、シューズの補強、あるいは足の動き、ねじれ方等で決まります。しかしどちらにしても、自分の足型に上手く合ったシューズであれば、ほとんどの場合の内転、外転を防ぐことが出来るはずです。

　ほとんどの人がオーバーサイズのシューズを購入しがちになってしまう理由として、この「型が合っていない」ことが挙げられます。型がキチッと合っており、しかも爪先の部分がちゃんと立体形のトウ・ボックスになっていれば、リディアードがいうところの「爪先が僅かにシューズの先端に当たるか当たらないか」のシューズを履きこなすことが出来るはずです。ちょうど革手袋の様にピッタリとして機能的で、それでいて何の問題も起こさない様な、あなたにとっての「シンデレラのガラスの靴」が必ずあるはずです。

　リディアードはいつも「足と語れ」と言っていましたが、シューズを選ぶ

際、まず履いてみて、立って体重を乗せてみて、足を地面から離すことなく体重を左右に動かしてみてください。この際足がシューズの中で動き回る様ではダメ。また、足の外側のラインがいかに上手くシューズの「型」とも言えるソール部分のラインと噛み合っているかを確認します。大抵の場合、足前部の外側、つまり小指の付け根あたりが僅かに外にはみ出ている

左のシューズでは私の足には合わないが、細くてカーブの少ない足（中央）ならばピッタリ合う。私がこのシューズに無理に合わせようとすると右のようになる。

状態ではないか、と思います。体重を足に乗せた場合、足は多少広がるので、数ミリの出っ張りであれば「普通」と考えて大丈夫でしょう。しかしこれが１センチも飛び出して、いわゆる「小指の付け根の部分の真下に何もない」状態になってしまっていてはダメです。ちょうど踏ん張った時に足自体が外側にねじれてしまい、ひどい時には足首捻挫にさえなりかねません。同じことが足前部の内側、つまり親指の付け根の部分にも言えます。典型的なプロネーション、「内転」です。この様に内転してしまう人のシューズのミッドソールの部分が、ちゃんと親指の付け根の部分にあったならどうでしょうか。内転なんてしませんよね。これが、リディアードをして「あなたが内転、外転するのではない。シューズが内転、外転するんだ」と言わしめた理由なんです。もちろんシューズにはそれなりの「補強」がされており、この様に体重を左右に動かすと、それなりの「ねじれ」のパターンが見えてくるはずです。踵の部分も、大抵の場合、実際の足の踵の外側が大きく突き出していると思います。これも多少であれば問題ありませんが、あまりに大きく突き出して、しかも踵の内側の下に何もサポートがない場合、まず確実に踵部がオーバープロネーションしてしまうでしょうから良くありません。

ストレート気味のシューズに「バナナ型」の足を入れると、親指の付け根か小指の付け根、あるいはカカトの内側が突き出るか「圧点」となってしまう

この様に、簡単なチェックの仕方で足にあったシューズかどうかを確認することが出来るので、単に著名ランナーが履いているから、広告でよく見るから、好きなブランド名だから…とか（一番ひどいのが「この色好きだから」…?）、実質面と全く違う理由でシューズを選ばない様に注意しま

しょう。

ナイキ・フリーのアイデアの産みの親はリディアード？

　ここでお話しした2007年の「パーフェクト・ストーム」の少し前、アスレチック・シューズ業界で「あっ！」と驚く大事件（だと私は思ったのですが…）が起きました。それまで分厚く、ガチガチの、リディアードをして「レンガのような」と言わしめたようなランニング・シューズのトレンドの先頭を切っていたナイキから全く意表をついたシューズが出ました。「ナイキ・フリー」です。2004年のことです。ごくごくシンプルなゴムをミッドソールに使用して、しかもそれをザクッと幾つものブロックに切り分けて、とにかくフレキシブルに、あたかも「雑巾」のように絞ることすらできるくらい「柔軟な」シューズということで、広告にも捻じ曲げられたシューズの絵を用いていました。その当時は「裸足感覚で、足の自然な動きを促すことで、足を鍛えるための普段履きのシューズ」という売り込みだったのですが、その後ミニマリスト・シューズで走る人が増えて来て、フリーで普通に走る、ということも日常茶飯事となっていきます。若者の間でも大人気となり、「健康的だ」ということで年配の人も履き出して、ナイキから売り出されたバリエーションは数え切れないくらいでしょう。

　2004年のツアーを企画している時、リディアードから「私の意見を取り入れてナイキのシューズも良くなって来た。ナイキにスポンサーを頼んだらどうだ？」と言って来ました。その時は既にアシックスと話が進んでおり、リディアードの口からは常に反ナイキのことばかり聞いていたので、何を今更と思い「はいはい、わかりましたよ…」程度で聞き流していました。「それってバウアーマンの頃の話じゃないの？」と…。それから10年近く経って、ボストンで「走るお医者さん」の集いに参加しました。その時のプログラムの中に見慣れた名前が載っていました。その少し前に亡くなったジェフ・ホリスター氏です。ホリスターは、オレゴン大学でバウアーマンの指導のもと走っていたランナーで、バウアーマンと、同僚のフィル・ナイトに誘われてブルーリボン・スポーツ社という小さな会社に入った最初の一握りの社員の一人でした。この小さな会社は、後に名前を変えます。ギリシャ神話の「勝利の女神」に肖って「ナイキ」と…。ナイキは1997年のオレゴン州ユージーンで有名な「プリフォンタイン・クラシック」というトラック競技会にリディアードを招待しましたが、その時ナイキ側で企画したのがホリスター氏、リ

ディアード側の「エージェント」を務めたのが私でした。ホリスター氏は、この「走るお医者さん」の会をサポートしており、先だって亡くなったということで彼の追悼の記事が出ていたのでした。そこでホリスター氏の個人的な友人という人から話を聞きました。「ナイキ・フリーは実はジェフのアイデアの申し子だったって知ってたかい？」。全くの初耳でした。そして「あれは実はアーサー・リディアードのアイデアだったんだよ」と！ 危うく椅子から転げ落ちそうになりました！ これも全くの初耳でした。実は私が初めてリディアードの全米講演ツアーを企画したのは1999年秋でした。その時、オレゴン州ビーバートンでクリニックをホストしたいといって来た若者がいました。そのすぐ後彼はナイキに入社、リディアード・クリニックのローカル・スポンサーにナイキを付けてもいいか、と聞いて来たのです。残念ながら、その時の全国スポンサーはブルックスだったのでそれは遠慮しました。しかしその時、クリニックの後でナイキ本社の研究開発ラボの見学に連れて行ったそうです。その時のガイドを務めたのがホリスターでした。「ウチ（ナイキ）のシューズはどうだい？」と何気なしに聞いたホリスターに向かって、長々と愚痴とシューズに関する「リディアード節」の意見を投げつけるリディアードの姿が目に浮かびます！（笑）そんなリディアードの意見に対し、強い興味を示したホリスター氏、翌2000年春、わざわざニュージーランドまで飛んで、リディアードにお世話になって1週間、缶詰になってリディアードのシューズ哲学を学んだそうです。そうして産まれたのが「ナイキ・フリー」だったのです。そして、このことに関して、リディアード本人はロイヤリティーなど一銭も受け取っていない、ということは確信を持って言えます！ しかし、リディアードの隠れた功績として、是非皆さんに知っておいてもらいたいストーリーなんです。初めの章でお話ししたように、私達一般市民ランナーにとって、誰でもいつでもどこでも走ることが出来る自由、というものを得ることができたのは、リディアードのお陰だ、と書きましたが、それと同じように、それまであたかもスキー用ブーツのようにゴツくて硬くて重い方向に行きつつあったランニングシューズのトレンドに「待った」をかけ、180度転換して、私達の「足」が「フリー」を手に入れたのは、もちろんジェフ・ホリスターとナイキの功績でもあるのですが、実は陰の功労者としてリディアードがいたのです。

紐の結び方も疎かにしないように

最後に、昨今ではネット上のブログなどでも「リディアード式紐の結び方」

として紹介までされている靴紐の結び方があります。リディアードは、その昔キャンバス生地のシューズしかなかった頃、新しいシューズを購入すると、それを一度丸ごと水につけてから走りに行ったそうです。「給水所に来て横で走っているランナーがぶっちゃけた水がシューズにかかって、それが生地を縮めてマメの原因になるやもしれない。だからそうならないか試す必要がある」と。そこまで細心の注意を払っていたリディアードです。「間違った紐の結び方をすることで足の甲を傷めてしまうこともあり得る」と、足の甲

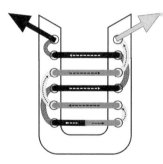

足の甲の上で紐が交差しない

を圧迫することなく、なおかつシッカリとホールドする様な紐の結び方を奨励していました。足の甲には腱や靭帯、そして血管、神経がたくさん走っています。特にただでさえ大き過ぎるシューズを履いている場合、紐をきつく結びがちになってしまい、これらの靭帯や、ひどい場合には神経まで傷めてしまうことさえありがちです。最近では、丸くなっている紐さえあって、それを一般的に交互に交差させることで、予想以上に足の甲を圧迫してしまうことが多々あります。

　図の様に、足の甲の上では交差しない様に平行に紐を走らせます。どっちの紐を引っ張ればいいのかややこしくて、しかも昨今の薄くて軽い素材の生地だとシューズのアイレットの部分がシワになってしまう可能性もあり、アイレットの数が偶数でないとちょっと「技」が要ることもあり、私自身も当初はかなり抵抗がありました。リディアードと会う度に、彼は私の足元に目を落として、「まだその紐の結び方をしているのか？」と言われて来ました。しかし、走り込みをしていると、時たま足の甲が痛くなったことも事実でした。ニュージーランドでもまた足の甲が痛くなって来ました。いつもリディアードと顔を合わせていたので、とうとう年貢の納め時か、と彼の紐の結び方を試すことにしました。そうすると、確かにプレッシャーが減り、結び方もかなり早く慣れました。しかも、その後足の甲の痛みは全くありません！今では全くの信奉者となっています。

　では、エリートランナーで、そんな紐の結び方をしている人なんているの？ということですが、ディック・クアックスは、競技中はしていませんでしたが引退して指導者となってからはこの結び方を信奉していました。実際に確

認をしたことではなく写真での憶測でしかないのですが、見た限りでは元マラソン世界記録保持者、オーストラリアのロバート・デ・キャステラ、そしてロス五輪マラソン・チャンピオンのカルロス・ロペスが紐が交差しない平行の結び方をしている様でした。実は、ニュージーランドから帰って来て、当時の NEC の故佐々木功監督にリディアードの資料の日本語訳を送ろうと決心した理由というのが、確か翌 1985 年 1 月の大阪女子マラソンだと思ったのですが、佐々木監督の指導する浅井えり子選手が日本選手のトップでゴールし、その時陸上競技マガジンに載っていた浅井選手の写真に、当時のナイキの、アメリカン・イーグルを日本人の足型に合わせて改良した、確かエキデン・レーサーとかいう名前だったと思ったのですが、その写真が明らかにリディアード結びでした。それで佐々木監督ならリディアードのことを理解してくれる、と思ったからでした。

リディアードのトレーニングでは「たくさん走り」ます。紐の結び方も含めて、シューズの選び方は、とにかく「快適に走れる様にする」ことが第一ポイントとなっています。リディアードがフィンランドのナショナル・コーチに就任した際、冬の間、週に 60 キロも走っていなかったフィンランドのランナー達の尻を叩いて週に 160 キロ走らせようとした時、多くのランナーが黒ヅメで爪を剥がしてしまったり、アキレス腱を痛めたりして「走り込み」が出来なかった、と言っていました。そこで、アディダスと、フィンランドのローカルの「カーフー」社で「バランスの取れたシューズ」に改良してくれと頼みに行ったそうです。「快適なランニング」を通しての「生涯スポーツ」とのお付き合いはまず足元からです。決して軽く考えないで、細心の注意を払ってください。

Chapter 15

リディアードの現在とこれから

目覚ましい記録の進化、でも…

　マラソンで2時間を破ることは達成すれば歴史的な偉業となると考えられてきました。2019年10月12日の「サブ2チャレンジ」では、ケニヤのキプチョゲ選手が1時間59分40秒で走り、参考記録ではあるものの見事にこの偉業を達成しました。このチャレンジに対して、南アフリカの著名運動生理学者、ラス・タッカー博士は面白い見方をしてこういっています：「人間を月に送り込む、という『偉業』は、地球の重力との戦いだった。この『マラソン1：59チャレンジ』は、あたかも人間を（地球より重力の少ない）火星で高飛びさせる様なものだ」と。真っ平らな周回コース、あるいは一直線のコースでペースメーカーで周囲を固めて、なおかつ先頭に一定の決められたペースで走る車に大きな表示板を乗っけて風除けとし、科学の粋を集めた栄養補充液を定期的に手渡しながら、バネの反発を利用したシューズで走る…。

　競技自転車の世界には「1時間走（？）」という種目があります。1972年、エディ・マークスが49.432kmという世界記録を打ち立てました。24年後の1996年、イギリスのクリストファー・ボードマンが56.375kmにまで更新しました。ところが、2000年になって世界自転車協会（UCI）が「1時間走の世界記録挑戦には、1972年と同じ器具を使用する」という規律を設けました。そこで、エディ・マークスが用いた器具と同じものを使って世界記録保持者、ボードマンが再挑戦。結果は49.441km。唯一異なっているのは、風の影響が少ない室内トラックで行われたこと。それで28年経って記録の更新はたったの9mでした。

リディアード法トレーニングは、アーサー・リディアードが自分自身を実験台として13年の歳月をかけて試行錯誤を繰り返して編み出したトレーニング法です。彼は、スネルやハルバーグやマギー達を指導するにあたってギャラを一銭も受け取りませんでした。リディアードのランナー達は、毎日8時間仕事をして、家に帰って来てから日が暮れて薄暗くなった頃、土砂降りの中でも風が吹き荒れるコンディションでも、ロードに飛び出して行きました。トレッドミルも固定バイクもなく、ジムに行って室内トラックを使うこともなく、タータンのトラックは国中たった一個しかなく、ほとんどのスピード練習はローカルな芝生のトラックかロードで行われました。シューズもペンペラなズックのテニスシューズに毛が生えた様なもの、あるいは靴職人だったリディアード本人の手作りのシューズ。レース用のスパイクも革製でゴツくて重く、レイ・パケットに見せてもらった彼が当時愛用していたスパイク・シューズはまるでレンガの様でした！

　ピーター・スネルは、1962年1月27日、ニュージーランドのワンガヌイの350mの芝生のトラックで、生まれて初めて「真剣に」1マイルレースに挑戦します。ヒル・トレーニングのところでも紹介した、走り込み期の締めくくりとしてフルマラソンを2時間41分で走り、リディアード・グループに入って初めて、まともにヒル・トレーニングを実施した後、レース仕様の「トラック・トレーニング」を始めてひと月半のことです。結果は思いがけなく世界記録！（3分54秒4）そしてその1週間後、今度はクライスチャーチの芝生のトラックで800mと880ヤード（同レースで）の世界記録を樹立します。800mは1分44秒3。実はこの記録は、57年経った現在でもニュージランド記録なんです。しかもその間、ニュージーランドからはジョン・ウォーカー（1976年モントリオール五輪1,500m金メダリスト、史上最初の1マイルサブ3分50秒を達成）とニック・ウィリス（2008年北京五輪1500m銀メダル、2016年リオ五輪1,500m銅メダル）という中距離のチャンピオンが出て来ており、何度となくチャレンジして来ているのです。

　先だって行われたゴールドコースト・マラソンで日本の設楽選手が2時間07分台で見事優勝しました。その時3位でニュージーランド記録を樹立したのがゼイン・ロバートソン。彼は、双子の兄弟のジェイクと一緒に17歳の時ケニヤのイテンに移住し、それ以来高地でケニヤのランナー達と凌ぎを削り、世界のトップクラスのランナーに成長し、異色な例として注目を集めていました。彼は2016年のリオ五輪の10,000mでも27分33秒でニュー

ジーランド記録を更新しています。彼が破った前記録保持者はディック・クアックス。なんと、1977 年に出した記録です。クアックスは、高校生の時「Run to the Top」を読んで、すぐに"週 100 マイル"に挑戦したと言います。1,500m で英連邦大会で銀メダルを獲得して世界デビューしたクアックスは、その後 5,000m でオリンピック銀メダル、1977 年には世界記録（13 分 12 秒）、片手間で走った 10,000m でもニュージーランド記録（27 分 41 秒）、そしてオレゴンに渡ってアスレチック・ウエストのコーチとなった 1979 年、教え子達と一緒に走った初めてのフルマラソンで 2 時間 11 分 13 秒の当時初マラソン世界記録を樹立。私にとっては高校生時代のヒーローでもあり、1984 年にニュージーランドでリディアードに紹介されて以来の「親友」でもありました（2018 年 5 月没）。彼は、10,000m は数える程しか走るチャンスがなかったものの、彼のニュージーランド記録は、異色の準高地ランナー、ロバートソンがたった 8 秒更新するまで 39 年間国内記録として君臨したのです。クアックスはこう言います：「我々人類が二本足で立ち上がって洞窟から這い出して来て以来、私たちの『生理学』はどれだけ進化しただろうか？人間の生理学は全く変わっていないんだ。だから『生理学的に正しい』リディアード法トレーニングは、50 年経とうが 100 年経とうが古臭くなんてならないんだ」と。

時空を超え、いまだ輝き続ける「リディアード」

　ちょうどこの本を書いている真っ最中、ドーハで 2019 年世界陸上競技選手権が行われていました。女子 3,000m 障害では、アメリカのエマ・コバーンが見事銀メダルを獲得しました。彼女は前回ロンドン大会では優勝、リオ五輪でも銀メダルを獲得しています。彼女の同僚、ジェニー・シンプソンは 2011 年のテグ大会の 1,500m で優勝、モスクワとロンドン世界選手権でも銀メダル、リオ五輪では銅メダルを獲得しています。2019 世界選手権では残念ながら 8 位に終わってしまいましたが、押しも押されもしない世界のトップ中距離ランナーです。この二人は、今まで何回かお話ししているコロラド大学のマーク・ウェットモア・コーチに大学時代から指導を受けています。ウェットモアは、ニュージャージーの高校で陸上部を指導していた頃からリディアード法を実践しています。ヒル・トレーニングを置き換えた「オムニ」のトレーニングも含めて、おそらく現在もっとも元祖「リディアード」に近い指導法をしており、しかももっとも成功しているコーチと言えるでしょう。今でこそコバーンは彼女の旦那さんがコーチ兼マネージャーを

勤めていますが、シンプソン同様、大学時代から「リディアード・ピラミッド」を実施して来ていました。この二人は、その頃から週末は、ゴールド・ヒルで35キロを走り込んで来ています。日本人の皆さんなら、ボルダーの「マグノリア」という名前は、Qちゃんがシドニー五輪前に走り込んだ起伏の激しい土のコース、と覚えている方もいるかと思います。ゴールド・ヒルは、マグノリアよりも標高が高く、起伏も激しいコースなのです！　ちなみに、エマ・コバーンの愛犬の名前は「アーサー・リディアード」です！

　ところで、コバーンの良き友人でもあり、チーム・ニューバランスの同僚、トレーニング・パートナー、そして良きライバルでもあるジェニー・シンプソンですが、ちょっと興味深い裏話があります。彼女は、コロラド大学学生時代に、2008年の北京五輪の3,000m障害にアメリカ代表として参加し、決勝に進んで9位になっています。その後1,500mを専門とするようになって、2011年のテグ世界陸上でダークホースとして優勝しました。ところが、実はこの時のシンプソンは、ウェットモア・コーチの元を離れて別のコーチの指導を受けていたのです。その年の春先から鞍替えし、よりスピード中心のトレーニングをして来ての世界チャンピオンの栄冠だったのですが、当然のようにこれに気を良くして、満を侍して続くロンドン五輪の年を迎えました。ところが、全米オリンピック予選の決勝にも進めないという惨敗だったのです。「テグ大会の時は、おそらく私が彼女に叩き込んだ『土台』の上に立ってのスピード・トレーニングだから上手くいったのだろう」とウェットモア・コーチは分析します。「しかし、翌年は、新たな土台造りなしのスピード練習に、ジェニーの体調はボロボロになっていたんだ」と。その失敗に気づいたシンプソンは、落とし前をつけ…たかどうかはわかりませんが（笑）、ウェットモア・コーチとのよりを戻してトレーニングの軌道修正を行い、その後名実共に世界のトップクラスの中距離ランナーの座を確保しています。

　よく耳にする話なのですが、何年も何年も、カーディオで有酸素トレーニングばかりやって来て全然記録が伸びなかったのを、高強度トレーニング、いわゆるハイ・インテンシティ・トレーニング（HIT）に変えたら一気に記録が伸びた！　HITこそが記録更新の鍵だ！…と、短絡的に考えてしまう人達がめちゃくちゃ多いです。しかし、ちょっと考えてみてください。

●何年もカーディオばかりやって来た＝有酸素能力の土台を築き上げて来た
●その後、高強度トレーニングに変えた＝土台を築き上げた後、プログラム
　の後半にインターバルを加えた

あれ？どこかで見たことがありませんか？　そう、リディアードのピラミッ
ドそのものなんです。有酸素の土台だけでもダメ、スピードだけでもダメ…。
そう、初めにお話しした「バランス」の重要性そのものなんです。どちらが
欠けても上手く行きません。しかし、あまりに多くの人が、目先のことだけ
に目が行ってしまって、結果が出た時の直前の練習だけに焦点を合わせてし
まいがちになります。その結果、「おかしいなぁ、去年はこれで上手く行った
のに…」と、続く数シーズンを、棒に振ってしまうことにもなりかねません。
それに気づいて前コーチに頭を下げたシンプソンは立派であり、この逸材を
無駄にしなかった良い例です。

日本でのリディアードの軌跡

　そんなリディアード・マジックをいち早く導入した日本ですが、現在にお
ける日本でのリディアードの影響となるとどうでしょうか。

　リディアードの、当時全く革命的だったトレーニング法（Chapter2 でも
触れましたが、当時中距離選手は週に3〜4回トラックで速いスピードでの
スプリントの反復を数回するのが主流でしたが、リディアードはそんな中距
離選手に週7日で合計160キロ走らせたのですから！）が世界中の注目を集
めたのは1960 年、ローマ五輪でのことでした。そして、次の1964 年の五
輪ホスト国は日本でした。「我々が行っていた『リディアード方式』のトレー
ニングを世界でいち早く導入したのが日本だった。」日本で初めて、当時の「朝
日マラソン」で2時間20 分の壁を破ったバリー・マギーは懐かしそうに話
します。1963 年新年始まった早々に、日本チームは当時のトップレベルの
長距離ランナーたちをニュージーランドに送り込みます。期待の星、寺沢徹
選手、新星君原健二選手、そしてまだマラソンは走ってないもののトラック
でのスピードを買われた故円谷幸吉選手たちがそのグループに名を連ねてい
ました。チームリーダーは、故中村清監督でした。「その後日本がマラソンで
銅メダル（円谷選手、東京）と銀メダル（君原選手、メキシコ）を獲れたの
はリディアードのおかげなんだ」とマギー。そして、その時学んだ「リディアー
ドの真髄」は、実は未だに日本ランニング界の根底に力強く脈打っているの

です。

　私は、まだ海のものとも山のものともわからない1985年春、当時飛ぶ鳥落とす勢いだった瀬古利彦選手のカリスマ的指導者だった中村清監督にリディアードのトレーニング法のパンフレット（「Athletic Training」）の手書きの日本語訳（不肖著者訳）を送りました。即刻、ハガキの裏に万年筆でビッシリと書かれた返事が来て、「一度家に来なさい」とありました。当時ロックスター的な人気のあったSB軍団のトップです。そんな「セレブ」にお目にかかれたのも「リディアード」あってのものでした。ちょうど川釣りに行かれて不慮の事故死された1週間前のことでした。氏はいつも「いろいろなトレーニングをパズルのように上手に組み合わせるリディアードのトレーニング法が一番好きだ」と公言されていました。氏のお部屋の壁に、ロールの茶色の紙に、各選手の（瀬古選手、故金井選手、中村孝生選手、ワキウリ選手の名があったのを記憶しています）日々のトレーニングをビッシリと書き付けてあるのを、竹刀を持たれて一つ一つ、「これなんかリディアードそのものでしょ」と説明していただきました。後になって瀬古選手のピークへの持って行き方を知るにつけ、Chapter11で触れたリディアードのピーキング法が見えてきます。

　まだまだQちゃんのシドニー五輪での金メダル熱が冷めない2001年夏、私はもう一人の「ロックスター」的指導者、小出義雄監督のボルダーのご自宅/合宿所にお邪魔しました。「日本人でリディアードに精通している人がいると聞いたので是非会いましょう」とのこと。その後「誕生日が同じ」ということで大変意気投合し、懇意にしていただいて来ました。「選手として、そして指導者として、どうやったら速くなれるかわからなかった時、リディアードの本が出て、その通りやったら強くなるんだよねぇ！」と小出監督。「みんな速い練習してるかというとそうじゃないんだよね！　ジックリじっくり時間かけてやってる時にいい結果が出るね」と、リディアードの真髄でもある「有酸素能力の基礎作り」の大切さを説かれています。

　中村、小出両監督から指導/影響を受け、また私同様ニュージーランドまでリディアード本人を追いかけて押しかけて行った珍しい日本人で、三井住友海上女子陸上部元監督の渡辺重治氏がいます。彼は、コーチとして土佐礼子、渋井陽子両選手の指導を実際に手掛けた、まだまだこれから先が期待できる若手指導者の一人です。「小松（美冬）さんが訳された『リディアードの

ランニング・バイブル』の中で、『やり過ぎるよりも少し足りないくらいのほうがまだましだ』という一言を読んで『これだ！』と思いました」と渡辺氏。ここにも「リディアードの真髄」が垣間見られます。

　しかし、現在の日本のトップレベルの指導者の方々は「リディアード」をどう考えておられるのでしょうか？　ほとんどの著名コーチが「私の指導法の基礎はリディアードです」と言われるようですが、それは「走り込んで土台を築く」というところだけが突っ走っているだけのようにも思えるのですが。マラソン・グランド・チャンピオンシップ東京オリンピックマラソン予選会を目前に、現住友電工監督の渡辺康幸氏が面白いことを言っていました。「（MGCの準備の一環として）大迫選手や設楽選手が、本番の2ヶ月前に10,000mのレースに参加しているが、一昔前では考えられなかったこと」と。現状の「殻」を打ち破る、という意味で、それまでの「常識」を覆すようなことをする、という意味では面白いかと思います。しかし逆に、リディアード的に考えると、本番の2ヶ月前には、むしろインターバルでガンガンとスピード（無酸素能力発達）を追い込んでいる最中になります。マラソンに向けての準備、という意味では期間の長さが多少異なるところがありますが、リディアードはマラソンへの準備として、インターバルよりも5キロ、10キロのタイム・トライアル的なテンポ走で追い込んで行く、というアプローチを好んでいました。ですから小松さん訳の「ランニング・バイブル」の中の一般向けのスケジュールでさえ5キロや10キロ、あるいは3キロから25キロまでのタイム・トライアルをガンガンやっています。もちろん、クラブ・レベルでの「草レース」に毎週参加出来るというニュージーランドならではのお国柄を活用してのことですが。とかく「長くユックリと走るだけ」と思われがちなリディアードですが、実は彼の言葉の節々に「スピードのあるランナーをユックリじっくり育てることで、世界と闘える選手を育てる」という先見の明が伺われているのです。「将来の5,000m、10,000mの選手を育てたかったら、彼にはまず800m、1,500mを走らせろ」といつも言っていました。ハルバーグは1マイルでニュージーランド人として初めて4分を切った選手でしたが、その当時、リディアードはすでに「彼が27歳になる頃にはオリンピックチャンピオンになっているだろう」と予言していました。同じように、ローマ五輪目指してのニュージーランドのマラソンでのチャンスは、と聞かれた時、まだマラソンを一度も走っていなかったマギーをして「マギーがニュージーランドの期待の星だ」と言いました。

大迫選手は何故オレゴンに活路を見出したのか

　大迫選手は、現状打破を目指して、特にもっとスピードを念頭に置いたトレーニングをやってみたい、ということでオレゴン・プロジェクトのサラザールの門を叩いたと聞きます。YouTube 等でモー・ファラーや 1,500m のセントロウィッツと肩を並べて 400m をほぼ全力疾走したり、坂の上りと下りを利用してかなりのスピードで走る大迫選手の姿を見たことがあります。同じく YouTube で、1958 年の英連邦大会目指してトレーニングするマギーとハルバーグの姿を見たことがあります。芝生のトラックで、素晴らしく美しいフォームで全力疾走している姿です。1958 年ですよ！　しかもマラソン選手が！　実は、このビデオを見る度に大迫選手がオレゴン・プロジェクトで全力疾走している姿がダブって見えるんです。リディアードは、1950 年代に、彼のマラソンランナー達に、クラブレベルの大会で 100m に参加させていました。「スピードのないランナーがマラソンに勝つ時代はもう終わった」が彼の口癖でした。「リディアードは長くユックリ走るだけでスピードに欠けている」という批判家の中に、マギーがローマ五輪後のヨーロッパ・ツアーで、スネル、ハルバーグと一緒に 4×1 マイルのリレー世界記録に貢献して、第三走者として 4 分 07 秒で走っている、という事実を知っている人が何人いるでしょうか。1,500m に換算すると 3 分 50 秒になります。大迫選手と高岡選手は 1,500 で 3 分 40 秒という特筆されるべきタイムで走っていますが、設楽選手は 3 分 48 秒、服部勇馬選手は 3 分 51 秒です。マギーの時代のマラソンが 2 時間 17 分、「レンガの様な」スパイクシューズと土のトラックということを考慮すると、マギーのマイル・タイムは、大迫選手や高岡選手の 1,500 のタイムに勝るとも劣らないものがあると思います。それは、取りも直さず、中距離選手にも 100 マイル走らせながら、マラソンランナーにも 50/50 やスプリントの全力疾走をさせていた、という「バランス」の取れたトレーニングに裏付けされたものに相違ありません。

速く走るために速くトレーニングをする
vs 速くトレーニング出来る様に土台を広げる

　もう一つ気になる点は、世界中の情報が指先で即入手出来るということで、どこどこの誰それがこんな凄い練習をしている、という情報が絶えず入って来る、ということです。それを見て、「世界は 5,000m13 分切りのレベルでトレーニングしている。レベルアップした練習が必要だ…」と思いがちになっ

てしまいます。スピードマラソンに対応するにはもっとスピードアップした練習が必要だ、と…。しかし、これでは何がなんでも4時間を切ろうとして目標タイムを3時間45分と設定し、無理押しを承知でガムシャラに頑張っている市民ランナーと同じではないでしょうか。13分を切るために、13分を切るための練習をするのではなく、13分を切るタイムで走るためのトレーニングが楽に出来るようになるように「基礎となる有酸素の土台」を高めてやることこそ急務なのではないでしょうか。当然のように「今までと違うことをする」ために今までと違うことをする、では何の意味もないでしょう。ましてや「2ヶ月前に10,000mを走る」ことが重要なのでもありません。それよりも、もう一度本当の「原点」に戻って、「リディアードの原点」を見つめ直すことも良いのではないでしょうか。

博識コーチの間でも残っているリディアードへの誤解

数年前、「魔術師」とさえあだ名がついて、日本でも「ちびっ子指導教室」のようなテレビ番組にも出演したことのあるイタリアのレナト・カノバ博士とネット上で知り合って以来個人的にメールのやり取りをしました。実は彼は当時は「反リディアード派」だったのです。その理由は「リディアードは全体的に総走行距離が少ない。ペースも遅すぎる」でした。「私が指導するケニヤのランナー達は週に200キロ以上をもっと速いペースで走っている」と…。「週に100マイルでは（マラソンには）不十分だ。」「いや、それは1日1回の練習での走行距離で、それに朝練も加えたら、（マラソン連中は）週に150マイル近くも走っていたよ。」「それでもマイル7分は遅過ぎる。」「週2本の10マイル走では55分か、それよりも速く走っていたし、スネルでさえ22マイルを2時間12分で走ったことさえあるよ（マイル6分、キロ3分45秒ペース）。」「…。」それ以来、実はカノバ氏は、「基礎理論としてのリディアードは正しい」とネット上で言ってくれるようになりました。

日本への提言

よく日本の実業団の指導者にリディアードの話をすると、「トラック、駅伝、マラソンとレースが立て込んでいて、とても悠長にリディアードのブロックなんてやってらんねえよ…」という答が返って来ます。確かに、トラック、駅伝、マラソン、ロードレースと、年間を通して試合が花盛りで、しかも実業団として、会社の方針が「ユニフォームを着てテレビのスクリーンに出

ること」が目的となると、なかなかその間を
縫って「鍛える」期間を取るのが難しいかも
しれません。また、マラソンを見据えたト
レーニングが「走り込み」の要素を補い、駅
伝レースに参加することでスピード養成に繋
がっているのも事実でしょう。しかし、ごく
単純な原理で、シッカリした土台なしに上へ
上へと建物を築き上げて行ってはいつか無理
が生じて倒れてしまいかねません。思い切っ
て「訓練期」として数ヶ月、シッカリと「走
り込み」と指定するのも良いのではないかと
思います。私の知る限り、日本の実業団のト
レーニングでは（大学チームがどうなのか興

味があるところなのですが…）、試合が多いからかブロックがどうも短くな
りがちな気がします。「さぁ、今回の合宿は『走り込み』をするぞ！」といっ
て１週間から２週間…。しかも３日に一度は「足の動きを刺激するために」と、
トラックに出てテンポ的反復走（インターバル）をする…。リディアード本
人は、「時間が惜しい」といって「走り込み期」の間は「流し」をするのも嫌がっ
ていた程です（もっとも、中距離のスネルをはじめ、レースに出るのが好き
だったビル・ベイリーなども、週に一度の「流し」はプラスではないか、と
言っています）。確かに精神的なストレスもあるでしょうが（1,500m のジェ
ニー・シンプソンは、「６ヶ月の走り込み」の期間中に「精神的な単調さを打
破するために」クロスカントリーのレース（８キロ）に数回参加したと言っ
ています）、もっとザックリとブロックを区切って、各ブロックの発達要素に
取り組んでみても面白いのではないか、と思えてなりません。第一生命の山
下監督も、「世界と闘える様になるために」と、駅伝のためのトレーニングと、
「その他」（主にマラソンになるのですが）とのトレーニングの取り組み方を
別個に捉えている様なことを話されていました。

　実は、2016 年、初めて日本で「リディアード・コーチ承認クリニック」
を開催した際、実業団の指導者に２日半もクリニックに割くことを強要する
のはきつい、ということで、その前哨戦（？）として、高岡監督がカネボウ
主催で実業団、大学のコーチ主体に特別リディアード・クリニックをホスト
してくださいました。「勉強会」と銘打ったこの２時間クリニックには、何
と（高岡監督も含めて）元マラソン日本記録保持者が二人（当時は高岡さん

はまだ「現」日本記録保持者でしたが…)、オリンピック、世界選手権で日の丸を着た方が8名も顔を揃えるというそうそうたるメンバーが40人も集まってくださいました。私がスピーカーだったにも関わらず、ついつい2003年福岡マラソンで大接戦された国近、諏訪、そして高岡各選手にサインをねだってしまいました！（笑・前ページ写真参照）しかし、その様な「お歴々」の方々が、リディアードに対して非常に強い興味を示してくださったことに大きな感動を覚えました。

　このように未だ「リディアードの真髄」は日本のトップクラスの指導者の間で力強く脈打っています。まだまだシドニー五輪の熱が覚めやらぬ2001年以来懇意にしていただいた小出監督ですが、ボルダーのご自宅/合宿所には何度もお邪魔する機会をいただきました。誕生日が一緒だ、ということで大いに気が合い、いつも誕生日には「4月15日誕生日クラブ」と称してカードやメールを送っていました。「リディアードさんの本は、今でも毎日1ページは目を通してますよ」と、本当かお世辞か、言っていただき、何かにつけリディアードと同じ持論だと知ると、「そう！　リディアードさんもそう言ってたんだ！」と嬉しそうに相槌を打たれていました。小出監督は、「距離やペースは違いますが」と但し書きをされながらも、「リディアードは、中距離選手に100マイル（160キロ）走らせて、ラストの200mで全力疾走出来るようにしました。私は、マラソン選手に200マイル（320キロ）走らせることで、ラストの5キロが全力疾走出来るようにしているんです」と話されていました。つまり、数字は異なるが「真髄」にかわりはない、ということです。逆にいうと、この「真髄」さえ把握すれば、同じシステムを初心者にも、4時間半マラソンランナーにも、世界を目指すトップクラスのランナーにも応用させることが出来る、ということです。つまり、60歳のおじさんにも、16歳の女の子にも…、4時間マラソンランナーにも、4分マイラーにも応用出来る、ということです。この本を通じて、その「リディアードの真髄」をみなさんに伝えることができたならば幸いです。

故小出義雄監督（左）と筆者

リディアード語録

　実は 2017 年は、アーサー・リディアード生誕 100 周年記念でした。リディアードは、その画期的なトレーニング法もさることながら、その人間性でも私たちの心を惹きつけました。この本の締め括りとして、そんなアーサー・リディアードの名言集と心に残る「ストーリー」をいくつか紹介して締めくくりたいと思います。最後まで読んでいただき本当にありがとうございました。

「チャンピオンは、どんな小さな町にも、山奥の村にも、どこにでもいるものだ。 必要なのは、正しくトレーニングすることだ。」── 誰もがチャンピオンになれるわけではありませんが、チャンピオンたる原石はどこにでもある、要は磨き方、という意味。

「個人の素質というものは、正しい、理にかなったトレーニングを、何年か続けて行って初めて見えてくるものだ。」── 正しいトレーニングをする前から、理論だけに基づいてやれる、やれないなどと決めつけるのは間違っている、ということ。

「今やっていることは、来年になって初めて実を結ぶ。」── 目先のことに囚われて今現在のタイムがあまり速くないことを嘆くよりも、今やっていることが明日の糧となる、ということを理解して基礎造りに励むことの大切さを説いている。

「今年や来年、どんな成績を出すかよりも、5 年先、7 年先にどんな走りをしているか常に念頭におくべきだ。」── 人間の身体が成熟するのに約 20 年（とビル・ベイリー）。1 年や 2 年で爆発的進化を期待する方が無理。それよりも理に適った正しいトレーニングを積むことで、長期的見地に立ったトレーニングへのアプローチをすることを説いている。

「たとえ 15 分でも、今日走りに行ったなら、それであなたは『勝者』なのだ。」── とにかく毎日シューズに足をとおして、少しでも走れ、ということ。

「試合で優勝するのはベストのランナーとは限らない。ベストの準備をしたランナーだ。」── 特にオリンピックや世界選手権では、一番速いタイムを持っている選手が勝つとは限らない。10 回走って 9 回負ける相手でも、その選手がベストの体調にない場合（例えば事前にレースに出過ぎたりして）、逆にあなたがベストの体調で臨み、しかも緻密に計算されつくした試合運びをしたら、十分に勝てる可能性が出てくる。

「チャンピオン大会のマラソンでは、有力選手が 10 人いたらそのうち 7 〜 8 人は調整とレース運びで失敗してしまう。自分がベストで臨めば、競争相手はたったの 2 〜 3

人しかいない。」—— 特にオリンピックなどの選手権大会では、他の選手の記録やランキングを気にしている暇があったら自分の体調をベストにしてミスをしないようにした方が勝つチャンスは遥かに高くなる、という意味。

（「何故走るのか？」と質問されて）「もし走らなかったら、今のあなたのような気分になるだろう。それが嫌なんだ！」—— ランニング、特に有酸素ランニングによって得られる酸素摂取能力と、それに伴って鍛えられる基礎体力で、高められた気分が保てる。それに疑問を持つような質問をする肥満気味のレポーターに対して皮肉をこめた、彼らしい答え。

「オリンピック・チャンピオンや世界記録保持者がどんな練習をしているかなんて興味を持つ必要はない。彼らが 10 年前、駆け出しの頃どんな練習をしていたかに注目すべきだ。」—— チャンピオン・ランナーがどんな練習をしているかという情報はネット上に溢れている。しかし、そんな練習ができるようになるまで、5 〜 8 年かけて下地作りをしてきた過程はあまり取りざたされていない。キプサングやキプチョゲが、どんな凄いインターバルをしているかよりも、彼の 12 歳の息子が毎日 20 キロ走って（有酸素ランニング）学校にかよっているというケニヤ人達の「下地」に注目するべきだ、ということ。

「1 年間に 52 日も練習をしない日を設けておいて、世界と戦おうなんてうぬぼれにもほどがある。」—— 1 週間に 1 日は休んだほうが良いんじゃないか、という問いに対して、リディアードがいつも返していた答え。

「コーチは投資だ。」—— 英語では「誰かに魚を一匹与えればその人を 1 日だけ満たすことが出来る。しかし魚の捕まえ方を教えれば、一生満たすことが出来る」という言い回しがある。特にアメリカでは、既に強い選手を連れて来て、その一人だけをサポートする、という風潮が強いことを批判し、「指導者をサポートすることで、強い選手を次から次へと育てていける環境を作るべきだ」と常に主張していた。それ故に、彼がフィンランドでナショナル・コーチを務めた時は、直接ランナーを指導するのではなくコーチを指導することに努めた。

「私は、エリート・ランナーをオリンピックの表彰台に送り出すよりも、60 歳の心臓病患者にジョギングを教えることにより多くの喜びを感じる。エリート・ランナーは、メダルを取ったら『俺の実力だ』とばかりにコーチへの恩を忘れてしまうことさえある。しかし、新しい人生をジョギングで手に入れた中年ランナーは、その恩を一生忘れないだろう。」—— 彼自身も実際に苦い経験をしたことから、強い選手を表彰台に上げるだけでは、その人は時として天狗になって、コーチのありがたみを忘れてしまうことがある、と。しかし、市民ランナー、あるいは、瀕死の状態にあった中年男に「ジョギングの真髄」を教えることで、その人は新しい人生を取り戻し、そんな人はその恩を決して忘れない、とい

うことを指す。

「親子で走っている姿を見る程胸のすくような喜び
を与えてくれることはない。」── ランニング、「かけっ
こ」を日常生活に浸透させることを奨励していたリディ
アード、家族で楽しんで走る、ということを、そしてそ
の「走る喜び」を親から子供へ受け継がせることを非
常に重宝していた。

「あなたがプロネートやスピネートするんじゃない、
シューズがプロネート、スピネートするんだ。」──
リディアードには、指導者になる前、40 年靴製造会
社で働いていたときに身につけたノウハウがあった。彼
のランナー達のシューズは、全て彼が手作りしていた。シューズに対する彼の持論は、「バ
ナナ型の足を真っ直ぐ過ぎる靴に入れようとしたら、どこかが外側にはみ出してしまう。そ
れがプロネーション、スピネーションの原因だ。自然な足にそんな問題は起こらない」だった。

「もしハナっから正しいシューズを作っていれば、毎年新しいシューズを紹介する必要
なんかないはずだ。」── 毎年同じモデルのはずなのに全く違った、特に「ラスト」まで
変えてしまい、マーケティングと見てくれ主体のシューズ業界に対する批判。

「もしオリンピックに 20 × 400m という種目があったら、アメリカがメダルを独占する
だろう。」── コーディネーションでも紹介したが、インターバルは無酸素能力養成のト
レーニングである。私たちの身体は、与えられた刺激に対して、適応できるよう順応する。
速く走って休んで、速く走って休んで…を繰り返していると、速く走って休むことに順応する。
それを理解せずにインターバルを信奉するよくある一般的アメリカの高校チームにたいする
皮肉。

「無酸素トレーニングを上手くコントロール出来る選手が、レースの当日に体調をピー
クに持って行くことが出来、自己のベストのランが出来るのだ。」── ほとんどの指導者、
ランナーが、インターバルを早すぎる時期に行う、速く走り過ぎる、多くやり過ぎる、レー
スの間近までやり続ける…、といったミスを犯している。それに対する警告。

「『ゆっくり過ぎるランニング』なんていうものはない。」── ゆっくり走ることは時間の
無駄、と思っている人たちに対する警告。

「走るのをストップさせるのはスピードであって、距離ではない。」── 同じく、速く走ろうと頑張りすぎてしまうことへの警告。

（感覚で選手に走らせると、選手が怠けてしまうのでは、との質問に）「個々のトレーニングに対して『何故』を理解しているランナーは、それがモチベーションとなって正しいトレーニングをするようになるだろう。この『何故』が説明できないコーチは選手を指導する資格はない。」── あまりに多くのコーチ達が、「これをやれ」と無理強いさせるだけで、そのトレーニングの「何故」を説明できないことに対しての批判。

「若いランナーが故障したり、精神的に焼き切れたりするのは、無酸素トレーニングのし過ぎによる生理的なアンバランスから来るものだ。有酸素ランニングをしている限り、（正しいシューズを履いていれば）走りすぎて故障したり焼き切れたりすることはない。」── ほとんどの人が、トレーニングを「距離」とだけのみで捉えている。多く走り過ぎると故障の原因になる、という不安から、短めの距離をより速く走ろうとしてしまいがちである。正しいシューズを履いて、これといってフォームに欠点がなければ、ということを前提に、ほとんどの人が思っている以上に有酸素ランニングを故障することなくすることができるのだ。ところが速く走りすぎて有酸素から無酸素への境界線ギリギリかそれを超えた走りをしてしまうと、故障やストレスの原因となる。

　本文の中でも紹介しましたが、私に多くを教えてくれたレイ・パケットは、一時期仕事と家族が忙しくなって半分引退した状況でした。1957年、コーチのリディアードと一緒にマラソンにカムバックすることを決意し、二人で真剣にトレーニングを再開します。「走り込み」の章で「3日間連続でワイアタルアの35キロを走る」練習をご紹介しましたが、この時は二人は4日間連続でワイアタルアを走りました！　1日の仕事を終えた後、真っ暗な中をコーチと二人で5キロも続く上り坂を駆け上がっていきます…。「もう太腿がビンビンだ！」最後の4日目のランの途中、レイが泣き言を漏らします。「俺のもだ…」と一言だけ言ってリディアードはペースアップします。「あれが俺がアーサーに愚痴をいった最後だったな」とレイは話してくれました。この後二人は、マラソンのオークランド選手権で1－2位となります（1位パケット、2位リディアード）。リディアードは40歳でした。

　1960年9月2日、ローマ五輪、奇しくも同じ日の決勝となった男子800mと、その30分後の5,000mに出場するスネルとハルバーグを引き連れてリディアードは競技場、スタジオ・オリンピコに向かいます。リディアードが右側、真ん中にスネルを挟んで左にハルバーグと並んで3人でスタジアムの入り口に向かいます。と、リディアードが、中央のスネルを通り越して、遮る形でハルバーグに一言ささやきます。「スネルの方がお前より一足先にオリンピック・チャンピオンになってしまうなぁ…。」前回大会の1500mで「ブービー

賞」となったハルバーグ、この4年間、オリンピック・チャンピオンになることだけを考えて精進を続けてきました。片やスネルは弱冠21歳、世界ランキング25位というダークホース。当然ハルバーグを落ち着かせ、自信を持たせるためのコメント…、と思って当然なんですが、今、振り返って、ハルバーグはこう言います。「あれは実は、静かな自信をスネルに持たせるために、直接彼にそう言うのではなく、私を『出汁』にしてあんなことを言ったんじゃないだろうか」と。

　リディアードが「トレーニングの鍵」を求めて試行錯誤を始めた当初、当時はあまり文献などもなく、ネットとかブログで意見を交換し合うなんていうことも当然ながら皆無でした。地元のハリヤーズ・クラブの指導者たちに意見を求めると、むしろ余計に困惑させられるような相異なった答えが返って来ました。逆に、ネットでも文献でも、情報が氾濫しまくっている現在、同じように困惑し切ってしまっているランナー達も多いかと思います。そこでリディアードは決意しました：「ランニングを楽しもう」と。これが彼にとって「最初のインスピレーション」だった、と言っています。そして：「ランニングを楽しむことへの第一歩は――誰でもその第1歩を踏み出せば、ランニングを楽しむようになるだろう――完全な適合性を作り上げることである。私の意味することは、身体をこわさずに、1週間に1回、半マイル（800m）を走れる能力のことではない。私のいうのは、楽な、安定したスピードで長距離を走り切る能力のことである。」(Run to the Top; p5) この「完全な適合性」とはつまり「有酸素能力の土台造り」を指しています。このように、基礎造りを正しく行えば、真の意味で「ランニングを楽しむ」ことが可能となる、という意味です。その後、p33で、1961年のオワイラカ・マラソンでの出来事に触れています。このクラブ・マラソンには、前年のローマ五輪での金メダリスト、マレー・ハルバーグが参加していました。彼は2位となったのですが、その時、彼のお父さんのジョック・ハルバーグもこのマラソンに参加していました。息子のマレーがゴールした約1時間半後、息子夫婦と孫娘に迎えられてジョック氏は4時間でゴール。「その時の精神的肉体的な満足は…走り終わった彼のランニング・パンツとシューズが雄弁に物語っていた」と。私にとって、この光景こそが、本当にリディアードが追い求めた「真髄」ではなかったのか、と思えるのです。リディアードは続けます：「楽しみながら走っているうちに、次には勝ってやろうという気になるだろうし、その意欲がオリンピック・チャンピオンを生むことになるのである。走るうちに楽しみのあることを発見すれば、今度は前に述べた自己の限界点までトレーニングを進めることがもっと容易になる」と。苦しみに耐えて走るのではなく、小出監督が愛着を込めて「かけっこ」と呼んでいた「ランニング」を心の底から「楽しむ」…。この本では、「リディアード法のトレーニングとは何か」、そして「個々の状況に応じてどのように応用していくか」、「リディアードの真髄：そのファンダメンタル（基礎）とフォーミュラ（方程式）」を説明しようと努めました。しかし、とどのつまり、この「ランニングを楽しむ」心こそが真の意味での「リディアードの真髄」なのかも知れません。ここで示した「正しいトレーニング」の方程式とは、あなたにとって「ランニングを心から楽しむためのツール」なのです。

橋爪伸也　はしづめ・のぶや

三重県津市出身。1980年からアーサー・リディアードに師事。日立陸上部の初代コーチを経て、2001年にランニングを通して有意義な人生を育む目的としてNPO、「ファイブ・サークルズ」を設立、その後その傘下としてリディアード法のトレーニングの普及をミッションとする「リディアード・トレーニング＆アカデミー」を設立。2004年以降はリディアード式のトレーニングの普及に努めている。アメリカ・ミネソタ州在住。

アーサー・リディアード

1917年ニュージーランド生まれ。2004年12月にアメリカでのランニングクリニック中に急逝。1950年代中頃、「リディアード方式」と呼ばれる独自のトレーニング方法を確立した。心臓病のリハビリに走ることを導入した、ジョギングの生みの親でもある。

リディアードの
ランニング・トレーニング

2020年　2月28日　第1版第1刷発行
2024年　7月31日　第1版第3刷発行

著者　　橋爪伸也

発行人　池田哲雄

発行所　株式会社ベースボール・マガジン社

　　　　〒103-8482　東京都中央区日本橋浜町2-61-9　TIE浜町ビル

　　　　電話　03-5643-3930（販売部）

　　　　　　　03-5643-3885（出版部）

　　　　振替　00180-6-46620

　　　　https://www.bbm-japan.com/

印刷・製本　大日本印刷株式会社

©Nobuya Hashizume 2020
Printed in Japan
ISBN978-4-583-11261-9 C2075

※本書は、ランニング専門誌「クリール」（ベースボール・マガジン社）にて2017年5月号より連載した「リディアード方式のすべて」の内容を整理し直すとともに、新たな内容を加え、再編集したものです。